Linda Mitterweger

PAARTHERAPIE für zu Hause

Das Workbook, um Beziehungskonflikte zu lösen und wieder miteinander glücklich zu werden

YES

Originalausgabe
4. Auflage 2025

Türkenstraße 89, 80799 München
info@yes-publishing.de

Redaktion: Mihirican Özdem
Umschlaggestaltung: Ivan Kurylenko (hortasar covers)
Autorenfoto S. 288: Stefan Mayr
Layout und Satz: Müjde Puzziferri, MP Medien, München
Druck: Florjancic Tisk d.o.o., Slowenien
Printed in the EU

ISBN Print 978-3-96905-151-1
ISBN E-Book (EPUB, Mobi) 978-3-96905-152-8

Linda Mitterweger

PAARTHERAPIE

für zu Hause

Inhalt

TEIL 4

Willkommen zur Paartherapie!

Wie schön, dass du hier bist!

Wie schön, dass du eine glückliche und erfüllte Beziehung führen möchtest.

In diesem Buch werde ich dich dabei begleiten.

Gemeinsam erarbeiten wir deine Ziele, setzen uns mit deinen Wünschen und Bedürfnissen auseinander, reflektieren, was deine Partnerschaft gerade braucht, und erarbeiten Techniken und Strategien, die dir dabei helfen, eine Partnerschaft nach deinen Wünschen zu gestalten.

Als Psychologin und Online-Paartherapeutin arbeite ich täglich mit Paaren, die genau diesen Wunsch hegen: glücklich und erfüllt in ihrer Partnerschaft zu sein.

In diesem Buch werde ich all mein Wissen aus der Paartherapie-Praxis mit dir teilen. Ich werde dich Schritt für Schritt durch die Prozesse leiten und dich dabei unterstützen. Die Aufgaben, die dir in diesem Buch begegnen, dienen der Reflexion und der Entwicklung deiner Beziehung.

Nimm dir Zeit für die Arbeit mit diesem Buch!

Einige Kapitel und Übungen werden dir leichter fallen als andere. Einige werden mehr Spaß machen, andere dich mehr fordern. Bleibe dran! Mache dieses Buch zu deiner Routine. Mache die Arbeit an deiner Partnerschaft zu deinem Projekt, setze den Fokus darauf.

Vielleicht bearbeitest du dieses Buch gemeinsam mit deinem Partner oder deiner Partnerin und ihr tauscht eure Erkenntnisse aus den einzelnen Kapiteln direkt miteinander aus. Vielleicht arbeitest du vorerst allein an den Inhalten – auch das ist möglich. Das Buch unterstützt dich dabei, eine erfüllte Partnerschaft zu führen und der Partner oder die Partnerin zu werden, die du gern sein möchtest. Jede Übung, jeder Impuls und jede Minute, die du mit diesem Buch verbringst, wird einen Effekt haben.

Nicht alle Kapitel werden für dich relevant sein: Du kannst einzelne Kapitel überspringen oder das Buch von vorne bis hinten durcharbeiten. Es gibt kein falsches Vorgehen. Entscheide intuitiv, wie die Arbeit mit diesem Buch dir am besten dient.

Und falls du einmal nicht weiterkommst: Mache eine Pause. Probiere es am nächsten Tag erneut. Überspringe eine Übung und komme einige Tage später auf sie zurück. Aber bleibe dran. Für dich und deine Traumbeziehung – weil du es verdienst und weil es für dich möglich ist!

Ich freue mich auf alles, was wir in diesem Buch zusammen erleben werden!

Alles Gute für dich!
Deine Linda Mitterweger

Wie deine Paartherapie für zu Hause funktioniert

Wie werden wir in diesem Workbook miteinander arbeiten?

Die Arbeit mit diesem Buch basiert auf der Haltung, den Grundlagen, Methoden und Interventionen der systemischen Therapie und Beratung sowie all den Erkenntnissen und Erfahrungen, die ich in den letzten Jahren in der praktischen Arbeit mit Paaren und Einzelpersonen im Beziehungskontext in meiner Online-Paartherapie-Praxis machen durfte.

Die Arbeit mit diesem Buch kann dir dabei helfen, wieder mit deinem Partner oder deiner Partnerin in Kontakt zu kommen. Sie fördert das gegenseitige Verständnis, die Verbindung, die Toleranz und den achtsamen Umgang miteinander.

In der Paartherapie bedeutet das: sich selbst gut kennenlernen, die eigenen Erfahrungen und Einstellungen reflektieren, sich mit dem Partner über die Erkenntnisse austauschen und sich öffnen für die Erfahrungen und Erkenntnisse des Partners.

Durch diesen Prozess werdet ihr Schritt für Schritt begleitet.

Ich freue mich, dass du dich darauf einlässt!

Für wen ist die Arbeit mit diesem Buch geeignet?

Die systemische Arbeit richtet sich an alle Menschen, die in Beziehung zu anderen Menschen stehen. Deshalb ist dieses Buch geeignet für Einzelpersonen und Paare aller Ethnien und jeder sexuellen Orientierung und Beziehungskonstellation. In der systemischen Arbeit betrachten wir Menschen als Individuen mit einer einzigartigen Kombination an Erfahrungen, Wünschen und Bedürfnissen. Die Arbeit mit diesem Buch steht also allen Personen offen, die ihre Partnerschaft erfüllt leben, weiterentwickeln und gestalten wollen – um eine Beziehung zu leben, die sie aus tiefstem Herzen heraus erfüllt und bereichert.

Für eine gendergerechte Schreibung des Textes habe ich mich entschieden, möglichst genderneutrale Begriffe wie »Menschen«, »das Gegenüber« zu gebrauchen. In einem Buch über Paartherapie fällt es allerdings schwer, das Wort »Partner« zu vermeiden. So habe ich in diesen Fällen die männliche und weibliche Form gewählt: Partner und Partnerin. Damit spreche ich nicht nur Frauen und Männer an, sondern auch Menschen, die sich weder dem einen noch dem anderen Geschlecht zugehörig fühlen. Es ist mir bewusst, dass auch das »Mitmeinen« von Menschen keine ideale Lösung ist, doch soll der Text noch lesbar bleiben. Aus gleichem Grund wähle ich beispielsweise in Sätzen mit zahlreichen Personalpronomen oder in Titeln nur das eine oder andere Geschlecht beziehungsweise wähle das Personalpronomen des letztgenannten Geschlechts.

Wie die konkrete Arbeit mit diesem Buch aussehen wird

Im ersten Schritt werden wir reflektieren, was du in deinem Leben über Beziehungen gelernt und erfahren hast, was du dir in einer Partnerschaft wünschst und was sich in deiner Beziehung noch verändern darf.

Nach dieser ausführlichen Reflexion werden wir uns Schritt für Schritt die einzelnen Beziehungsbereiche ansehen und deine Ziele für die jeweiligen Bereiche festlegen. Du erhältst psychologisches und paartherapeutisches Wissen zu den Bereichen sowie konkrete Übungen und Aufgaben, die dir dabei helfen, die Beziehungsqualität der einzelnen Beziehungsbereiche zu verändern.

Wie die systemische Arbeit für Paare funktioniert

Manchmal erzählen mir Paare in der Beratungssitzung, dass sie bestimmte destruktive Verhaltensweisen nur ihrem Partner oder ihrer Partnerin gegenüber zeigen. Dass sie eigentlich nicht so richtig wissen, woher dieses Verhalten kommt, und sich selbst fast nicht wiedererkennen in der Art, wie sie sich ihrem Partner gegenüber verhalten.

Eine Grundannahme der systemischen Arbeit besteht darin, dass Menschen *Kontextpersönlichkeiten* sind. Das bedeutet, dass sich unser Verhalten dem Kontext anpasst – den Menschen, mit denen wir gerade zu tun haben. Sicherlich bemerkst auch du, dass du dich deinem Partner gegenüber anders verhältst als gegenüber deinen Eltern, deinen Kindern oder deinen Arbeitskollegen. Wir sind in unserem Leben Teil vieler verschiedener Gruppen und übernehmen so in verschiedenen Kontexten verschiedene Rollen. Diese unterschiedlichen Kontexte werden in der systemischen Arbeit als *Systeme* bezeichnet. Jeder Mensch ist gleichzeitig Teil ganz unterschiedlicher Systeme: Die Partnerschaft ist ein in sich geschlossenes System, ebenso unsere frei gewählte Kernfamilie, die Herkunftsfamilie, das berufliche Team, die Nachbarschaft, der Sportverein. In jedem dieser Systeme gelten eigene ausgesprochene und unausgesprochene Regeln, die die Mitglieder des Systems kennen müssen. In jedem System gibt es *Wechselwirkungen* zwischen den Mitgliedern, die unser Erleben und Verhalten maßgeblich bestimmen. So werden in verschiedenen Kontexten unterschiedliche Erwartungen an uns gestellt: Unser Chef erwartet ein anderes Verhalten von uns als der Partner. Wir sind verschieden stark emotional involviert, bestimmte Lebensbereiche sind uns wichtiger als andere. In den verschiedenen Bereichen unseres Lebens haben wir unterschiedliche Erfahrungen gemacht und deshalb auch verschiedene Schlüsse gezogen. Wir verhalten uns niemals in zwei Lebensbereichen vollkommen gleich und das ist gut so und richtig.

In der systemischen Arbeit fokussieren wir uns darauf, die Wechselwirkungen zu erkennen, die in unseren verschiedenen sozialen Beziehungen stattfinden, und sie sichtbar zu machen. So können wir ein besseres Verständnis füreinander entwickeln und Lösungen finden für die Herausforderungen, die sich uns in den unterschiedlichen Lebensbereichen bieten. Denn die systemische Arbeit geht davon aus, dass wir alles, was wir zur Lösung benötigen, bereits in uns tragen.

Und doch sind Menschen unterschiedlich, ganz egal, wie gut sie sich kennen. So kann es zum Beispiel sein, dass ein Verhalten unseres Gegenübers von außen betrachtet wenig einfühlsam erscheint. Doch aus der Sicht dieser Person ist genau dieses Verhalten sehr angemessen und konstruktiv. Denn jeder Mensch verfügt über eine eigene *innere Landkarte*. Auf dieser Landkarte sind alle bisherigen Erfahrungen und die Lehren und Glaubenssätze aus diesen Erfahrungen gespeichert. Deshalb ist es möglich, dass die gleiche Situation auf zwei Menschen mit unterschiedlichen inneren Landkarten völlig anders wirkt und das Verhalten des Gegenübers deplatziert erscheint.

In der systemischen Arbeit geht es unter anderem darum, die Personen in einer Partnerschaft miteinander in Kontakt zu bringen über ihre individuelle Wahrnehmung und das eigene Erleben. Durch Reflexion und Austausch können Teile der inneren Landkarte sichtbar gemacht werden und so kann mehr Verständnis füreinander entstehen. Zudem können Lösungen gefunden werden, die sich für beide Personen stimmig und konstruktiv anfühlen.

Für die gesamte Arbeit mit diesem Buch gilt: Nutze, was dir hilft. Wenn etwas gut für dich funktioniert, mach mehr davon. Und wenn dir etwas nicht hilft, lass es sein. Nicht alles, was in diesem Buch geschrieben steht, ist für dich wichtig und richtig. Du darfst dieses Buch als Angebot verstehen und den Fokus auf all die Impulse, Übungen und Erkenntnisse lenken, die dich dabei unterstützen, zukünftig eine bessere Beziehung zu führen.

Was du für das Gelingen beitragen kannst

Vielleicht stellst du dir im Vorfeld die Frage: »Was kann ich neben der Arbeit mit dem Buch konkret tun, um größtmögliche Erfolge zu erzielen?« Einen Satz gebe ich in der Paartherapie fast jedem Paar mit:

Die eigentliche Arbeit passiert zwischen den Sitzungen!

Und das gilt genauso für die Arbeit mit diesem Buch. Hier erhältst du Input – psychologisches Wissen und Erkenntnisse aus der Paartherapie, Reflexionsfragen, Aufgaben und Übungen. Diese Inhalte helfen dir dabei, Klarheit zu bekommen, was du erreichen möchtest. Sie werden dir helfen, zu verstehen, weshalb manches in deiner Partnerschaft ist, wie es gerade ist. Du wirst lernen, Bereiche deiner Beziehung zu verändern und neue Erfahrungen zu machen. Der langfristige Erfolg steht und fällt jedoch damit, inwieweit du die Inhalte aus diesem Buch in deinem Beziehungsalltag anwendest.

Wir alle neigen dazu, in bekannten Strukturen zu verharren. Nicht, weil diese Strukturen das bestmögliche Ergebnis in unser Leben und unsere Beziehung bringen, sondern ganz einfach, weil wir an die alten Strukturen gewöhnt sind. Es fällt uns leicht, alles so zu machen wie immer.

Die wichtigste Strategie des menschlichen Organismus lautet: überleben. Sie lautet nicht glücklich sein, Erfüllung finden oder die Traumbeziehung leben.

In unserem Kern geht es uns um Sicherheit. Wenn wir etwas gefunden haben, was sicher ist – eine Verhaltensweise, eine Strategie, eine Partnerschaft – ist das im Kern genug. Nach einiger Zeit wünschen wir uns jedoch mehr: Erfüllung. Und um diese Erfüllung zu erleben, müssen wir die Extrameile gehen. Neues Verhalten einüben. In einfachen Situationen dieses neue Verhalten anwenden, bis es sich so sicher anfühlt, dass es uns auch in herausfordernden und von Stress geprägten Situationen leichtfällt, dieses neue Verhalten anzuwenden. So lange, bis dieses neue Verhalten unser normales Verhalten ist. Du kannst dir das in etwa so vorstellen:

Wie aus neuem Verhalten automatisches Verhalten wird

Nehmen wir an, du fährst jeden Tag die gleiche Strecke mit dem Auto zur Arbeit.

Stelle dir vor, du biegst vor deinem Haus zuerst rechts ab und dann links und dann noch mal links und fährst dann auf die Autobahn. Und du kennst diese Strecke so gut – du fährst sie jeden Tag. Du weißt im Schlaf, welche Ausfahrt du nehmen musst. Und nachdem du von der Autobahn abgefahren bist, biegst du noch mal rechts ab und noch mal links und dann bist du schon da. Seit mehreren Jahren ist das dein Weg zur Arbeit, du musst nicht darüber nachdenken, so automatisch geht das schon.

Und dann, an einem Morgen, beschließt du, statt der Autobahn zukünftig über die Landstraße zur Arbeit zu fahren. Dieser Weg ist zwar ein bisschen länger und auch ein bisschen umständlicher, aber du kannst während der Fahrt die schöne Natur genießen, du stehst seltener im Stau, du bist dir sicher: Ich möchte ab heute auf der Landstraße zur Arbeit fahren. Und du gehst aus dem Haus, biegst rechts ab und dann links, aber anstatt dann noch mal links abzubiegen und auf die Autobahn zu fahren, fährst du nach rechts auf die Landstraße. Und du bist ein bisschen aufgeregt und freust dich, was dich hier auf dieser Straße erwartet. Und du genießt das Neue, diesen neuen Weg, den du eingeschlagen hast. Aber es erfordert auch all deine Aufmerksamkeit. Du kennst diese Strecke nicht so gut. Du musst ganz aufmerksam die Schilder lesen, damit du den Weg findest und an den richtigen Stellen abbiegst. Und die ersten Male, die du auf der Landstraße fährst, brauchst du einige Minuten länger, als die Strecke eigentlich dauern würde, weil du manchmal falsch abbiegst. Weil du dir ab und zu unsicher bist, wo du lang musst, und deshalb nicht ganz so schnell unterwegs bist. Aber am Ende erreichst du immer dein Ziel. Du erreichst deinen Arbeitsplatz über die Landstraße, so wie du es dir gewünscht hast.

Und ab und zu gibt es doch noch Tage, da gehst du aus dem Haus und bist noch in Gedanken, irgendetwas beschäftigt dich, und ehe du dich versiehst, fährst du schon auf der Autobahn, weil du aus Versehen links abgebogen bist anstatt rechts. Einfach, weil du den Weg so viel besser kennst, weil du ihn seit Jahren eingeübt hast. Und weil du dich für einen Moment nicht voll und ganz darauf konzentriert hast, welche Strecke du fahren möchtest. Aber das macht nichts. Das ist überhaupt nicht schlimm. Am nächsten Tag nimmst du einfach wieder die Landstraße, denn du hast jeden Tag aufs Neue die Wahl!

Genau wie in deiner Beziehung. An jedem Tag kannst du dich entscheiden, ob du deine Beziehung führen möchtest so wie immer, oder ob du einen Schritt in Richtung glückliche und erfüllte Partnerschaft gehst. Und ich freue mich für dich, wenn du das tust!

An manchen Tagen wird dir die Arbeit an deiner Partnerschaft leichter fallen als an anderen. Manchmal wirst du mehr Motivation verspüren, etwas an deinem Verhalten zu verändern, und manchmal weniger. Was du beitragen kannst, um langfristig eine erfüllte und glückliche Beziehung zu leben, ist, dein Verhalten zukünftig bewusst zu wählen. Einen Umgang in deiner Partnerschaft zu pflegen, der dazu beiträgt, deine Partnerschaft so glücklich und so erfüllt zu gestalten, wie du dir das wünschst. Dich von Rückschlägen nicht unterkriegen oder ausbremsen zu lassen. Und zu verstehen, dass jeder Tag eine neue Chance beinhaltet. Übe weiter und bleibe dran, so lange, bis das neue Verhalten dein normales Verhalten ist. Es liegt alles in deiner Macht und deiner Verantwortung.

Tagesreflexion

Um dir dabei zu helfen, kontinuierlich an deiner Partnerschaft zu arbeiten und deine erfüllte und glückliche Partnerschaft zu erschaffen, kann dir folgende Tagesreflexion helfen: Übertrage die Fragen in ein Notizbuch und beantworte sie täglich. Fülle den ersten Teil der Fragen jeden Morgen nach dem Aufstehen aus, den zweiten Teil abends, bevor du schlafen gehst. So wirst du Tag für Tag in der aktiven Arbeit an deiner Partnerschaft bleiben.

Die Morgenreflexion umfasst drei Fragen.

Dankbarkeit: Notiere hier drei Punkte, für die du in deiner Partnerschaft oder gegenüber deinem Partner dankbar bist. Es spielt keine Rolle, ob es sich um große Gesten oder kleine Aufmerksamkeiten handelt. Regelmäßig Dankbarkeit zu praktizieren, ist eine Technik aus der *Positiven Psychologie*, die nachweislich zu mehr Zufriedenheit und Optimismus führt. Davon kann auch deine Partnerschaft profitieren.

Intention: Sich täglich eine Intention – einen Fokus – zu setzen, hilft dir dabei, deine Beziehungsziele zu erreichen und die Veränderungen herbeizuführen, die du dir wünschst. Deine tägliche Intention kann klein oder groß sein, sollte sich jedoch auf Dinge beziehen, auf die du selbst einen Einfluss hast. Beispielsweise kann deine tägliche Intention lauten, dich in Geduld zu üben, deinem Partner oder deiner Partnerin liebevoll zu begegnen oder ihr gut zuzuhören. Du kannst deine Intention täglich wechseln, eine Wochenintention festlegen oder so lange an einer Intention festhalten, bis es dir an mehreren Tagen infolge gelingt, sie in deinen Alltag zu integrieren.

Ziel: Die Frage danach, was du heute für deine Beziehung tun wirst, unterstützt dich bei der Festsetzung eines konkreten Ziels. An manchen Tagen wirst du größere Ziele verfolgen als an anderen. Es geht hier nicht darum, sich jeden Tag selbst zu übertrumpfen, sondern im

Gegenteil darum, kontinuierlich an deiner Beziehung zu arbeiten. Dein Ziel sollte an deiner Vision einer glücklichen und erfüllten Beziehung ausgerichtet sein und kann sich Tag für Tag unterscheiden. Ein Ziel kann beispielsweise sein, gemeinsam mit deinem Partner oder deiner Partnerin zu essen, ihr eine Umarmung zu schenken, sie zu fragen, wie es ihr geht, oder sie zu einem gemeinsamen Spaziergang einzuladen.

Abends reflektierst du deinen Beziehungstag hinsichtlich folgender zwei Aspekte:

Erkenntnis: Wenn du aufmerksam bist, wirst du an jedem Tag etwas Neues finden, das du über deine Beziehung oder deinen Partner bzw. deiner Partnerin gelernt hast. Beispielsweise etwas, das an diesem Tag gut funktioniert hat, oder etwas, das für euch nicht funktioniert.

Erfolg: Du kannst dich darin schulen, die großen und kleinen Erfolge in deiner Partnerschaft zu erkennen. Wann immer ihr etwas Neues ausprobiert, etwas dazulernt, etwas tut, was euch guttut, oder euch liebevoll begegnet, kannst du das als Erfolg verzeichnen. Schule dich darin, jeden Tag einen Erfolg in deiner Partnerschaft zu erkennen – ganz egal, wie groß oder klein der Erfolg auch sein mag. Es gibt an jedem Tag etwas, wofür du dich und euch feiern kannst – auch wenn es manchmal vielleicht einfach nur die Tatsache ist, dass ihr euch nicht gestritten habt oder du dir einen verletzenden Satz verkniffen hast. Ihr seid auf dem richtigen Weg!

Tagesreflexion, Datum: ____________________

Morgenreflexion

Heute bin ich dankbar für:

____

____

____

____

Meine Intention für den Tag:

____

____

____

____

Was ich heute für meine Beziehung tun werde:

___

___

___

___

Abendreflexion

Meine Erkenntnis des Tages:

___

___

___

___

Mein Beziehungserfolg des Tages:

___

___

___

___

Was du tun kannst, wenn dein Partner nicht mitzieht

Möglicherweise hast du Angst, mit dem Wunsch nach Veränderung allein zu sein. Vielleicht möchte dein Partner oder deine Partnerin nicht an der Beziehung arbeiten, hat Schwierigkeiten dabei, über Gefühle zu sprechen, oder sieht den Sinn einer Paartherapie oder der Arbeit mit diesem Buch noch nicht. Damit stehst du nicht allein! In meiner Paartherapie-Praxis arbeite ich häufig auch mit Einzelpersonen, deren Partner oder Partnerin noch nicht bereit für diesen Schritt ist. Denn auch Einzelpersonen können allein etwas bewirken.

Indem du Teufelskreise unterbrichst, verändert sich etwas. Indem du etwas anders machst als bisher, veränderst du automatisch das Ergebnis. Du allein hast die Macht, die Dynamik eurer Partnerschaft zu verändern.

Natürlich ist es hilfreich, sich in der Partnerschaft über Erkenntnisse, Wünsche und Bedürfnisse auszutauschen. Das ist jedoch auch außerhalb der gemeinsamen Arbeit mit diesem Buch möglich.

Und selbst wenn dein Partner jeden Versuch eines Gesprächs über eure Beziehung abblockt: Durch die Arbeit an den Themen in diesem Buch wirst du mehr über dich erfahren: welche Wünsche und Bedürfnisse du in der Partnerschaft hast; was du im Laufe deines Lebens über Beziehungen gelernt hast und welche Verhaltensmuster sich daraus entwickelt haben.

Du wirst dich verändern, und das kann Türen öffnen in eurer Partnerschaft – ob mit dem Zutun deines Gegenübers oder ohne.

Dass andere Menschen sich weigern, an sich selbst zu arbeiten, sollte dich niemals davon abhalten, an dir zu arbeiten. Was du hier tust, tust du für dich selbst. Du bist dein Grund und deine Motivation. Du kannst stolz auf dich sein!

Vielleicht wirst du in der Arbeit mit diesem Buch Phasen erleben, in denen es dir schwerfällt, dich zur Arbeit an deiner Partnerschaft zu motivieren. In solchen Phasen kann es helfen, dir vor Augen zu halten, weshalb du tust, was du tust.

Schreibe dir hier auf, warum du für deine Beziehung losgehst und Zeit und Energie in die Arbeit an deiner Partnerschaft und deiner Beziehungsfähigkeit steckst, um dich in herausfordernden Phasen wieder daran zu erinnern.

Mein Versprechen an mich selbst!

Ich entscheide mich für die Arbeit an meiner Partnerschaft, weil ...

____

____

Wenn es einmal hart wird, denke ich daran, was durch die Arbeit an meiner Beziehung für mich möglich wird. Ich habe ein Ziel und eine Vision für meine Partnerschaft vor Augen:

____

____

Ich verspreche mir, wann immer es schwierig wird, meinen Weg zurück zur Arbeit an diesem Buch zu finden und kontinuierlich kleine Schritte in Richtung Veränderung zu gehen – egal, wie lange es dauert.

Weil ich es wert bin, eine glückliche und erfüllte Partnerschaft zu führen.

________________	________________
Datum	Unterschrift

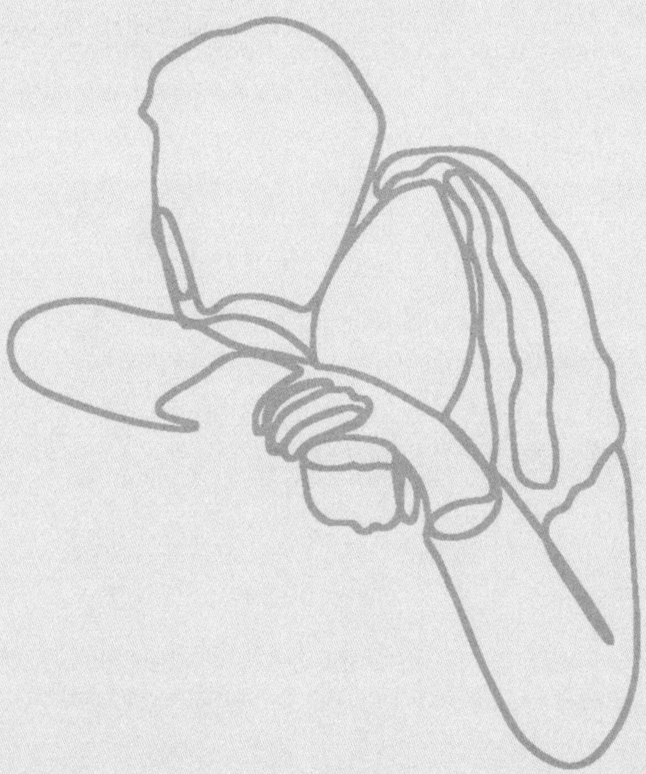

TEIL 1

REFLEXION – PARTNERSCHAFT VERSTEHEN

1. Wo steht deine Beziehung gerade?

Zu Beginn der Arbeit an der Beziehung hilft es, den Fokus einmal darauf zu legen, wo ihr gerade steht. Wenn ich die Paare in der ersten Beratungssitzung bitte, mir die Geschichte ihrer Beziehung zu erzählen und zu beschreiben, wie es ihnen gerade geht, höre ich meist völlig unterschiedliche Geschichten über ein und dieselbe Beziehung. Und das ist völlig normal!

Wir betrachten unsere Realität zu jeder Zeit durch unsere ganz persönlichen Filter – wir erzählen uns eine Geschichte über die Situation. In der systemischen Therapie sprechen wir hierbei von *Narrativen*. Was wir über unser Leben – und somit auch über unsere Beziehungen – glauben, ist nichts anderes als die Geschichten, die wir uns erzählen. Und so kann es sein, dass du und dein Partner oder deine Partnerin eure Beziehung und auch die Situation, in der ihr euch gerade befindet, völlig unterschiedlich wahrnehmt. Während die eine Person mit Gedanken an Trennung spielt, kann die andere völlig zufrieden in der Partnerschaft sein und nichts von der drohenden Beziehungskrise ahnen.

Dass ihr eure Situation unterschiedlich wahrnehmt, ist völlig normal. Es macht aber deutlich, wie wichtig es ist, die eigene Sichtweise der Situation regelmäßig zu reflektieren und sich mit dem Gegenüber genau darüber auszutauschen. Die Fragen auf der folgenden Seite können dich dabei unterstützen.

Reflexionsfragen: Wie sehe ich meine Partnerschaft aktuell?

Wie geht es dir gerade in deiner Partnerschaft und weshalb?

Was ist bereits gut in eurer Partnerschaft?

Was sollte sich noch zwischen euch verändern?

Betrachte die folgende Skala von 1 bis 10. Wo siehst du eure Beziehung gerade auf dieser Skala?

Eine 1 bedeutet hierbei, dass die Qualität eurer Beziehung aktuell sehr schlecht ist, eine 10 bedeutet die höchstmögliche Beziehungsqualität – ein Miteinander, an dem es nichts mehr zu Verbessern gibt.

Kreuze an, wo ihr euch – aus deiner Perspektive heraus – gerade befindet.

sehr schlechte Beziehungsqualität – 1 2 3 4 5 6 7 8 9 10 + bestmögliche Beziehungsqualität

Was geht dir durch den Kopf, wenn du diese Skala betrachtest? Welche Gedanken und Gefühle entstehen bei dir?

Wir werden im weiteren Verlauf dieses Buches noch häufiger mit dieser Skala arbeiten.

Vielleicht hast du jetzt schon festgestellt, dass du dir mit deinem Partner oder deiner Partnerin in einigen Punkten einig bist. Vielleicht gibt es aber auch Punkte, in denen ihr die Qualität eurer Beziehung unterschiedlich einschätzt. Unterschiedliche Wünsche und Bedürfnisse habt. Das ist vollkommen normal. Lass uns zum Abschluss dieses ersten Abschnitts einmal ganz klar herausarbeiten, welche Geschichte du dir über eure Beziehung erzählst. Es gibt keine falschen Antworten auf die folgenden Fragen. Es geht einzig und allein um deine Wahrnehmung, denn die ist subjektiv immer richtig! Es ist wichtig zu wissen, welche Geschichte du dir über eure Partnerschaft erzählst, um überprüfen zu können, ob diese Geschichte dir dient. Denn du kannst deine Sichtweise jederzeit verändern.

Reflexionsfragen: Welche Geschichte erzähle ich mir über meine Beziehung?

Welche Zeiten und Momente waren in eurer Beziehung besonders bedeutend?

____

____

____

Welche Phasen hat eure Beziehung bereits durchlaufen?

____

____

____

Welche Einschnitte habt ihr in eurer Partnerschaft erlebt – im Guten wie im Schlechten?

____

____

____

Wann war eure Beziehung einmal besonders gut?

____

____

____

Woran hast du gemerkt, dass die Beziehung gerade sehr gut funktioniert?

____

____

____

Welche Herausforderungen habt ihr bereits gemeistert?

____

____

____

Vor welchen Herausforderungen steht ihr aktuell?

____

____

____

Wie habt ihr Herausforderungen in der Vergangenheit gemeistert?

____

____

____

Was muss sich noch verändern, damit die Partnerschaft richtig gut wird?

____

____

____

Wir werden später noch tiefer in diese Fragen einsteigen und gemeinsam erarbeiten, welche Veränderungen du dir in deiner Partnerschaft konkret wünschst. Da wir aber niemals ganz unvoreingenommen in Partnerschaften sind, macht es Sinn, vor der Arbeit an eurer Beziehung einmal zu reflektieren, was du grundsätzlich im Laufe deines Lebens über Beziehungen gelernt hast – denn deine bisherigen Erfahrungen beeinflussen maßgeblich dein Verhalten im Hier und Jetzt.

2. Was denkst du über Beziehungen?

Als Menschen sind wir grundsätzlich beziehungsfähig und brauchen soziale Verbindungen. Das heißt aber nicht, dass wir intuitiv wissen, wie wir unsere Beziehungen langfristig gesund und harmonisch aufbauen und aufrechterhalten können. Bereits als Kind lernen wir von unseren wichtigsten Bezugspersonen – in den meisten Fällen den Eltern oder engen Vertrauenspersonen – wie Beziehung gestaltet wird. In der Psychologie spricht man vom *Modelllernen*: Wir lernen am Modell unserer Vorbilder, indem wir sie nachahmen. Leider sind auch unsere Eltern und engen Bezugspersonen nicht unfehlbar: Nicht alles, was wir von ihnen lernen, dient uns langfristig. Wenn unsere Vorbilder aus Kindheitstagen Schwierigkeiten damit haben, gut in Beziehungen zu sein, werden wir ihr dysfunktionales Verhalten übernehmen. Außerdem kopieren wir unbewusst die Beziehungsziele unserer engsten Bezugspersonen und all das, was sie über Beziehungen glauben, ganz einfach, weil uns in frühen Lebensphasen andere Vorbilder fehlen. Wir eignen uns Verhaltensstrategien an, die den Beziehungszielen und -vorstellungen unserer Bezugspersonen entsprechen, aber unseren eigenen Wünschen und Zielen nicht langfristig dienen. Als Erwachsene können wir jedoch Zugang zu unseren eigenen Wünschen und Vorstellungen erlangen und Verhaltensstrategien entwickeln, die uns diesen näher bringen. Wir können neues Verhalten lernen. Es benötigt allerdings eine aktive Auseinandersetzung mit allem, was wir bereits gelernt haben, und viel Übung bei den neuen Verhaltensweisen.

Früh erlernte Verhaltensweisen erscheinen dir in deinem bisherigen Leben als einzig mögliche Verhaltensweisen – als das, was normal ist. Dabei ist erst einmal zweitrangig, ob es dir dient und dir dabei hilft, deine Beziehungen so glücklich und erfüllt zu gestalten, wie du es dir wünschst. Wenn du ein neues Verhalten erlernen möchtest, musst du es aktiv wählen und bei jeder Gelegenheit üben. Das neue Verhalten wird dir erst dann als die Strategie der Wahl erscheinen, wenn du es mindestens genauso oft angewendet hast wie das alte Verhalten – besser sogar noch öfter. Das kann herausfordernd sein und manchmal zu Frustration führen. Wenn du aber verstehst, woher deine alten Verhaltensweisen kommen, kann es dir helfen, erfolgreich neues Verhalten zu integrieren.

Die nebenstehenden Fragen unterstützen dich bei der Reflexion.

Reflexionsfragen: Woher kommen meine Verhaltensweisen?

Was hast du in deiner Herkunftsfamilie über Partnerschaft gelernt?

Wie waren die Bezugspersonen deiner Kindheit miteinander in Beziehung? Wie hast du sie miteinander erlebt?

Was denkst du ganz allgemein über Partnerschaften?

Welche Chancen und Möglichkeiten siehst du in Beziehungen?

Welchen Herausforderungen bist du immer wieder begegnet, wenn es um Beziehungen ging?

Welche Beziehungserfahrungen hast du vor deiner aktuellen Partnerschaft gemacht?

Was durftest du schon in Sachen Liebe und Partnerschaft in deinem Leben erfahren?

Welche positiven Erfahrungen hast du in Partnerschaften gemacht?

Welche Erfahrungen haben dich negativ beeinflusst?

Wie beeinflussen deine bisherigen Beziehungserfahrungen dich in deiner aktuellen Beziehung?

Wie beeinflusst dich das Bild, das du in deiner Kindheit über Beziehungen gewonnen hast, heute in der Partnerschaft?

Oftmals sind unsere Überzeugungen und Glaubenssätze rund um Partnerschaft und Beziehung noch tief verankert und können durch die reine Reflexion nicht bewusst gemacht werden. Die folgende Übung hilft dir dabei, auch tief sitzende Überzeugungen zu erkennen.

Übung: Meine tief sitzenden Überzeugungen

Vervollständige folgende Sätze über Beziehungen intuitiv und ohne lange darüber nachzudenken – die ersten Impulse sind meist die richtigen.

Beziehungen sind ______________________________.

In Beziehungen erfahre ich ______________________________.

In meiner Beziehung erfahre ich ______________________________.

In meiner Kindheit habe ich über Beziehungen gelernt, dass ______________________________

______________________________.

Meine Eltern haben mir über Partnerschaften beigebracht, dass ______________________________

______________________________.

Ich wünsche mir für meine Beziehung ______________________________.

Es fällt mir in der Beziehung leicht ______________________________.

Es fällt mir in meiner Partnerschaft schwer ______________________________.

Wenn ich sofort etwas in meiner Partnerschaft ändern könnte, dann wäre das ______________________________

______________________________.

Wenn ich sofort etwas an mir selbst als Partner oder Partnerin verändern könnte, würde ich

______________________________.

Wenn ich mir etwas von meinem Partner oder meiner Partnerin wünschen dürfte, wäre mein

Wunsch ______________________________.

Liebe ist ______________________________.

Ich fühle mich geliebt, wenn ______________________________.

Ich zeige meine Liebe, indem ich ______________________________.

Von der Arbeit mit diesem Buch erhoffe ich mir ______________________________.

Ich würde gern einmal mit meinem Partner oder meiner Partnerin über folgendes Thema

sprechen: ______________________________.

Wenn ich keine Angst hätte, würde ich ______________________________.

Wenn sichergestellt wäre, dass es klappt, würde ich ______________________________

______________________________.

Wie geht es dir mit deinen Antworten auf diese Fragen? Hast du dich selbst überrascht? Ist dir etwas klar geworden?

___

___

___

Welche Erkenntnis hast du bereits jetzt über dich und deine Beziehung erhalten?

___

___

___

Deine Gedanken und dein Verhalten sind Ergebnisse von Lernprozessen. Bereits in deiner frühen Kindheit hast du erste Lernerfahrungen gesammelt. Frühe Beziehungserfahrungen sind tief verankert und bestimmen, wie du Beziehungen eingehst. Doch auch neuere Erfahrungen bilden deine Realität mit.

Wenn du in den Übungen festgestellt hast, dass dein Bild von Beziehung und Partnerschaft tendenziell eher abwertend und negativ geprägt ist, hängt das möglicherweise mit negativen Erfahrungen zusammen: Vielleicht hast du in deinem bisherigen Leben wenige vertrauensvolle Beziehungen erlebt.

Hast du jedoch positive Beziehungserfahrung sammeln können und von Modellen gelernt, die erfüllte und erfolgreiche Partnerschaften führen, hast du mit großer Wahrscheinlichkeit ein positiv geprägtes Bild von Partnerschaft verankert.

Spannend ist, dass dich in deinem Leben genau die Beziehungserfahrungen erwarten, die deiner Einstellung entsprechen. Egal ob du positiv oder negativ über Beziehungen denkst: Es wird dich genau das erwarten, was du erwartest oder auch befürchtest. In der Psychologie spricht man dabei von einer *sich selbst erfüllenden Prophezeiung*. Und das ist kein Hokuspokus – im Gegenteil: Wir verhalten uns meist unbewusst so, dass die Erwartung eintritt. Sehen wir uns dieses Phänomen anhand eines Beispiels von zwei Personen an, die mit Herausforderungen in ihrer Partnerschaft konfrontiert sind.

Person A denkt über sich selbst: »Ich bin einfach unfähig, langfristige Beziehungen einzugehen. Bei mir geht das immer schief!«

Person B hingegen denkt über sich selbst: »Ich kann alle Herausforderungen, die mir in meiner Beziehung begegnen, gut meistern, solange ich an mich glaube und an mir arbeite.«

Person A wird sich im Angesicht der Herausforderungen in ihrer Beziehung bedroht fühlen. Ihre Gedanken werden geprägt sein von Sätzen wie »War ja klar, dass das wieder nichts wird! Es hat so gut angefangen, aber jetzt gibt es wieder Probleme – ich bin einfach nicht fähig, eine langfristige Beziehung zu führen. Ich muss mich trennen.« Sie wird sich in ihrer Annahme, keine langfristigen Beziehungen aufrechtzuerhalten, bestätigt fühlen.

Auch Person B wird die Situation als Bestätigung ihrer eigenen Annahmen deuten. Jedoch wird sie beispielsweise folgende Gedanken haben: »Gerade bin ich mit sehr vielen Herausforderungen in meiner Beziehung konfrontiert und es ist alles andere als einfach. Zum Glück kann ich auch diese Herausforderungen gut meistern, solange ich nur an mich glaube und an mir arbeite. Am besten suche ich direkt ein Gespräch mit meinem Partner und verabrede einen Termin für eine Paarberatung.« Durch die Erwartung, die Situation aus eigener Kraft heraus lösen zu können, wird Person B genau dies gelingen.

Kurz gesagt: Wenn du etwas Schlechtes erwartest, kommt selten etwas Gutes heraus!

Wenn du festgestellt hast, dass deine Gedanken über Beziehungen aktuell eher negativ geprägt und destruktiv sind, so kannst du dein Bild von Beziehung verändern zu einem Bild, das dir besser dient, das dafür sorgt, dass du glückliche und erfüllte Beziehungen erfährst. Doch dafür ist es entscheidend, die Geschichte, die du dir über Beziehungen erzählst, in genau diese Richtung zu verändern, indem du dir deine eigenen Gedanken bewusst machst, sie reflektierst und dich in positivem Denken übst.

Die Fragen auf der folgenden Seite können dir dabei helfen. Träume hier wirklich groß, erlaube dir, deine tiefsten Wünsche zuzulassen.

Übung: Erschaffe deine bestmöglichen Gedanken über Partnerschaft

Welche positiven Gedanken möchtest du über Beziehungen denken?

Was möchtest du in deiner Partnerschaft erfahren?

Wie willst du dich als Partner oder Partnerin fühlen?

Wie willst du dich als Partner oder Partnerin verhalten?

Was wünschst du dir von deinem Partner oder deiner Partnerin?

Wie soll dein Partner oder deine Partnerin dir begegnen?

Dich auf diese positiven Wünsche, Gedanken und Bedürfnisse zu fokussieren, unterstützt dich auf dem Weg hin zu einer dauerhaft glücklichen und erfüllten Partnerschaft. Wenn dir das aktuell noch schwerfällt, kannst du es regelmäßig üben:

Übung: Verinnerliche deine bestmöglichen Gedanken über Partnerschaft

- Schreibe dir positive Wünsche auf und lies sie täglich durch.
- Sprich dir deine positiven Wünsche selbst vor – wenn du möchtest, auch direkt vor einem Spiegel.
- Lies deine positiven Wünsche und Gedanken nacheinander durch. Schließe nach jedem Gedanken die Augen, nimm wahr, wie es sich anfühlt, wenn du diesen Gedanken wirklich fühlst und lebst. Verankere dieses Gefühl tief und spüre immer wieder hinein.

Manchen Menschen fällt es leichter als anderen, positive Gedanken über Beziehungen zu fassen und zu erhalten. Das hat, wie bereits erwähnt, mit den Erfahrungen in unserem Leben zu tun, vor allem mit unserer Art der Bindung an andere, die wir in unserer Kindheit entwickelt haben. In der Psychologie spricht man vom *Bindungsstil.*

Der britische Psychoanalytiker und Kinderpsychiater John Bowlby, der schottische Psychoanalytiker James Robertson und die US-amerikanisch-kanadische Psychologin Mary Ainsworth definieren in ihrer Bindungstheorie vier Bindungsstile.

Um herauszufinden, welchen Bindungsstil du entwickelt hast, kreuze unter den folgenden Aussagen all diejenigen an, die auf dich zutreffen (die Großbuchstaben am Ende der Zeile dienen nachher zur Auswertung):

- ☐ Du stellst die Bedürfnisse deines Partners oder deiner Partnerin leicht über deine eigenen. **ÄA**
- ☐ Nähe bedeutet für dich auch Einengung. **GV**
- ☐ Enge und intime Beziehungen einzugehen, macht dir Angst. **ÄV**
- ☐ Du kannst deine Emotionen gut wahrnehmen und ausdrücken. **S**
- ☐ Du bist in Partnerschaften tendenziell misstrauisch und sehr wachsam gegenüber Zeichen von Enttäuschung oder Unerwünschtheit. **ÄV**
- ☐ Deine Gedanken über dich selbst und deinen Partner sind überwiegend positiv. **S**
- ☐ Du nimmst die Bedürfnisse deines Partners wahr und unterstützt ihn damit. **S**
- ☐ Du redest nicht gern über dich und deine Gefühle. **GV**
- ☐ Du benötigst in einer Beziehung viel Raum für dich selbst. **GV**
- ☐ Du neigst dazu, deine Beziehung zu überanalysieren. **ÄA**
- ☐ Du suchst dir Unterstützung und Hilfe, wenn es nötig ist. **S**
- ☐ Schon seit deiner Kindheit hast du Schwierigkeiten, anderen Menschen zu vertrauen. **ÄV**
- ☐ Du würdest dich als vollkommen emotional unabhängig von deinem Partner beschreiben. **GV**

- ☐ Du wünschst dir von deinem Partner emotionale Unterstützung, Stabilität und bedingungslose Akzeptanz. **ÄV**
- ☐ Wenn dein Partner viel Interesse an dir zeigt, ziehst du dich zurück. **GV**
- ☐ Es fällt dir leicht, das Gute an deinem Partner zu sehen – an dir selbst siehst du eher die negativen Seiten. **ÄA**
- ☐ Du lässt dich selten oder nie auf tiefer gehende Beziehungen ein. **ÄV**
- ☐ In einer Partnerschaft wünschst du dir vor allem Geduld und Raum. **GV**
- ☐ Du fühlst dich emotional sehr stark zu deinem Partner hingezogen. **ÄA**
- ☐ Intimität und Beziehung bedeuten für dich auch den Verlust deiner Unabhängigkeit. **GV**
- ☐ Du lehnst es ab, in Beziehungen emotionale Spielchen zu spielen. **S**
- ☐ In deiner Partnerschaft suchst du häufig nach Bestätigung. **ÄA**
- ☐ Wenn du deinem Partner zu nah kommst, möchtest du am liebsten flüchten und spielst mit dem Gedanken an Trennung. **ÄV**
- ☐ Du empfindest Beziehungen als emotional unterstützend. **S**
- ☐ Du wünschst dir Nähe zu deinem Partner, möchtest dich aber gleichzeitig von ihm zurückziehen. **ÄV**
- ☐ Es fällt dir schwer, dich in einer Partnerschaft zu entspannen. **ÄA**
- ☐ Es fällt dir leicht, Nähe zu deinem Partner zuzulassen. **S**
- ☐ Du hast gleichzeitig Angst, zu nah und zu weit weg von deinem Partner zu sein. **ÄV**
- ☐ Du sagst, was du denkst, und meinst es genau so. **S**
- ☐ Intimität und Nähe fallen dir leicht und du genießt sie. **S**
- ☐ Du empfindest eine starke Angst vor Verlassenheit und Ablehnung. **ÄA**
- ☐ Deine Unabhängigkeit und Autonomie stehen über deinem Wunsch nach Beziehung. **GV**
- ☐ Bei deinem Partner und auch bei dir selbst hast du eher den Blick für das Negative. **ÄV**
- ☐ Du bist unsicher, ob deine Beziehungen dauerhaft standhalten können. **ÄA**
- ☐ Wenn du eine Beziehung eingehst, stürzt du dich sofort Hals über Kopf hinein. **ÄA**
- ☐ Während du deine eigenen guten Seiten sehr deutlich erkennst, fällt dir das bei deinem Partner eher schwer. **GV**

Werte den Test nun aus, indem du zählst, wie viele Aussagen du aus den jeweiligen Kategorien angekreuzt hast:

- S = ____________________
- ÄA = ____________________
- ÄV = ____________________
- GV = ____________________

In welcher Kategorie hast du die höchste Anzahl an Kreuzen gesetzt? __________________.

Diese Kategorie ist dein vorwiegender Bindungsstil.

- **Sichere Bindung (S):** Menschen mit sicherem Bindungsstil verfügen über eine positive Sichtweise des eigenen Selbst und des Partners. Sie können gut Nähe zulassen und empfinden ihre Partnerschaft als emotional unterstützend.

- **Ängstlich-ambivalente Bindung (ÄA):** Menschen mit diesem Bindungsstil haben eine eher negative Sichtweise auf sich selbst, jedoch eine positive auf den Partner oder die Partnerin. Sie sind ängstlich und verunsichert darüber, ob ihre Beziehung Bestand haben wird. Emotional fühlen sie sich sehr stark zum Partner oder zur Partnerin hingezogen und haben große Verlustängste.

- **Ängstlich-vermeidende Bindung (ÄV):** Menschen, die ängstlich-vermeidend sind in Beziehungen, haben eine negative Sichtweise gegenüber sich selbst und dem Partner oder der Partnerin. Die Vorstellung, Nähe und Intimität zuzulassen, macht ihnen Angst. Tiefer gehende soziale Beziehungen vermeiden sie meist.

- **Gleichgültig-vermeidende Bindung (GV):** Menschen mit gleichgültig-vermeidendem Bindungsstil haben ein sehr positives Selbstbild und eine negative Sichtweise gegenüber ihrem Partner oder ihrer Partnerin. Die eigene Autonomie steht für sie über allem und wird stets betont, weshalb zu viel Nähe und Intimität mit dem Gegenüber vermieden wird. Diese Menschen empfinden keine starke emotionale Abhängigkeit und Verbindung zum anderen.

In deiner frühen Kindheit wurden die Weichen dafür gestellt, welchen Bindungsstil du im weiteren Verlauf deines Lebens entwickelt hast. Dein Bindungsstil ist jedoch nicht statisch. Durch neue Beziehungserfahrungen kannst du vom eingeschlagenen Weg abweichen und dich in eine neue – selbst gewählte – Richtung bewegen. Neue Erfahrungen werden in dieser Entwicklung immer stärker gewichtet als lange zurückliegende Erfahrungen. Die Erfahrung, die du jetzt und hier in deiner aktuellen Beziehung machst, beeinflusst also stark, wie gut dir Bindung gelingt und inwieweit du Nähe, Intimität und Verbindung zulassen kannst. Auch heute kannst du all das noch lernen.

3. Die verschiedenen Beziehungsbereiche

Damit dir eine dauerhaft glückliche und erfüllte Beziehung gelingt und du echte Verbindung in deiner Partnerschaft erleben kannst, sehen wir uns auf den folgenden Seiten gemeinsam an, wo du gerade in deiner Partnerschaft stehst, wie es dir in den einzelnen Beziehungsbereichen geht und was du durch die Arbeit mit diesem Buch gern erreichen möchtest.

Das Beziehungsrad: neun Beziehungsfacetten

Das Beziehungsrad beleuchtet neun Beziehungsbereiche; es gibt Aufschluss darüber, wie es dir gerade in deiner Beziehung geht, welche Beziehungsbereiche mehr Aufmerksamkeit benötigen und welche Bereiche eurer Partnerschaft ihr schon erfüllend gestaltet (siehe die folgende Abbildung).

Die Qualität deiner Beziehung setzt sich aus der Zufriedenheit mit jeder einzelnen dieser Facetten deiner Beziehung zusammen. Dabei ist nicht jeder Bereich für jeden Menschen gleich wichtig. Nicht in jedem Bereich muss die volle Erfüllung angestrebt werden. Es lohnt sich jedoch, deinen eigenen Wünschen und Träumen einmal wahrhaftig und ehrlich zu begegnen, sie wahrzunehmen und die Verantwortung für die Qualität deiner Partnerschaft zu übernehmen.

Die Kernfrage, der wir uns bei der Arbeit mit dem Beziehungsrad stellen, lautet:

Lebst du die Beziehung, die du Leben möchtest? ... oder was muss sich in deiner Partnerschaft noch verändern?

Auf den folgenden Seiten erarbeiten wir, welche Lebensbereiche für dich besonders wichtig sind, wo du gerade in deiner Partnerschaft stehst, in welchen Bereichen du deine Beziehung bereits erfolgreich lebst und wo es noch Raum für die Verwirklichung deiner Beziehungsvision gibt.

Beziehungsbereich: Kommunikation

Betrachte den Bereich Kommunikation und stelle dir folgende Frage: Wie erfüllt bin ich im Bereich Kommunikation in meiner Partnerschaft auf einer Skala von 1 (gar nicht erfüllt) bis 10 (maximal erfüllt)?

gar nicht erfüllt (– 1 2 3 4 5 6 7 8 9 10 +) maximal erfüllt

Folgende Reflexionsfragen können dir dabei helfen, deine Zufriedenheit mit diesem Beziehungsbereich besser einzuordnen:

Reflexionsfragen »Kommunikation«

- Wie zufrieden bist du mit der Qualität der Kommunikation in deiner Partnerschaft?
- Wie sehr erfüllt dich die Häufigkeit und Dauer eurer Gespräche?
- Wie gut gelingt es euch, herausfordernde Gespräche zu führen und Konflikte und Meinungsverschiedenheiten auszutragen?
- In welchem Rahmen ist Kommunikation in eurer Beziehung gut möglich? (Zum Beispiel mehrere kurze Gespräche unter der Woche oder ausgedehnte Unterhaltungen am Wochenende, wo es mehr Zeit füreinander gibt.)
- Wann wird die Kommunikation in eurer Partnerschaft schwierig?
- Welche Wünsche hast du bezüglich der Kommunikation in der Partnerschaft an deinen Partner?
- Was möchtest du gern selbst an deiner Kommunikation verändern?

Betrachte nun erneut den Beziehungsbereich Kommunikation und frage dich: Wie wichtig ist mir dieser Bereich auf einer Skala von 1 (gar nicht wichtig) bis 10 (maximal wichtig)?

gar nicht wichtig (– 1 2 3 4 5 6 7 8 9 10 +) maximal wichtig

Es gibt hierbei keine falschen Antworten. Wie wichtig ein Beziehungsbereich für dich ist, ist eine vollkommen individuelle Entscheidung, die nur du allein treffen kannst. Genauso verhält es sich mit der empfundenen Qualität im Beziehungsbereich: Deine Wahrnehmung kann vollkommen von der Wahrnehmung deines Partners abweichen und ist trotzdem subjektiv richtig. Es ist wichtig, immer wieder in den Austausch zu gehen und abzugleichen, wo ihr gerade in der Beziehung steht, da ihr die gleiche Situation völlig unterschiedlich wahrnehmen und empfinden könnt.

Wenn du möchtest, schattiere jetzt im Beziehungsrad im Bereich der Kommunikation den Anteil des Feldes, der deine persönliche Erfüllung ausdrückt. Wenn du auf der Skala der Erfüllung beispielsweise eine 5 angekreuzt hast, schattiere 50 Prozent – also die Hälfte – des Feldes mit einem Stift deiner Wahl. Wenn du möchtest, schreibe in oder neben das Feld die Zahl, die ausdrückt, wie relevant dieser Beziehungsbereich für dich ist.

Beziehungsbereich: Konflikte und Streitkultur

Im zweiten Beziehungsbereich befassen wir uns mit der Streitkultur in deiner Partnerschaft und der Art und Weise, wie ihr Konflikte austragt. Betrachte diesen Bereich und stelle dir folgende Frage: Wie erfüllt bin ich im Bereich Konflikte und Streitkultur in meiner Partnerschaft auf einer Skala von 1 (gar nicht erfüllt) bis 10 (maximal erfüllt)?

gar nicht erfüllt (– 1 2 3 4 5 6 7 8 9 10 +) maximal erfüllt

Folgende Reflexionsfragen können dir dabei helfen, deine Zufriedenheit mit diesem Beziehungsbereich besser einzuordnen:

Reflexionsfragen »Konflikte und Streitkultur«

- Wie zufrieden bist du mit der Art und Weise, wie ihr Konflikte löst?
- Wie gut gelingt euch der gegenseitige Umgang miteinander auch im Streit?
- Wie fair streitet ihr?
- Wie gut bleibt ihr auch im Konflikt in Verbindung?
- Wie existenziell fühlen sich eure Konflikte für dich an?
- Wie gut gelingt euch nach einem Konflikt die Versöhnung und Annäherung?
- Wie häufig und in welchem Ausmaß finden eure Konflikte statt?
- Inwieweit gelingt es euch, Themen in Konflikten abschließend zu klären, sie also nicht zu einem späteren Zeitpunkt erneut besprechen zu müssen?
- Wie sicher und gehalten fühlst du dich in Streitgesprächen und Konflikten in deiner Partnerschaft?

Betrachte nun erneut den Beziehungsbereich Konflikte und Streitkultur und frage dich: Wie wichtig ist mir dieser Bereich auf einer Skala von 1 (gar nicht wichtig) bis 10 (maximal wichtig)?

gar nicht wichtig (– 1 2 3 4 5 6 7 8 9 10 +) maximal wichtig

Wenn du möchtest, schattiere jetzt im Beziehungsrad im Bereich der Konflikte und Streitkultur den Anteil des Feldes, der deine persönliche Erfüllung ausdrückt. Wenn du möchtest, schreibe in oder neben das Feld die Zahl, die ausdrückt, wie relevant dieser Beziehungsbereich für dich ist.

Beziehungsbereich: Vertrauen und Eifersucht

Betrachte den Bereich Vertrauen und Eifersucht und stelle dir folgende Frage: Wie erfüllt bin ich im Bereich Vertrauen und Eifersucht in meiner Partnerschaft auf einer Skala von 1 (gar nicht erfüllt) bis 10 (maximal erfüllt)?

gar nicht erfüllt (– 1 2 3 4 5 6 7 8 9 10 +) maximal erfüllt

Folgende Reflexionsfragen können dir dabei helfen, deine Zufriedenheit mit diesem Beziehungsbereich besser einzuordnen:

Reflexionsfragen »Vertrauen und Eifersucht«

- In welchem Maß vertraust du den Worten und Handlungen deines Partners oder deiner Partnerin?
- Inwieweit bringt auch sie dir Vertrauen entgegen?
- In welchem Ausmaß spielt Eifersucht eine Rolle in eurer Partnerschaft?
- Inwieweit wird die Qualität eurer Beziehung durch Eifersucht oder durch einen Vertrauensverlust eingeschränkt?
- Wie hat sich die Vertrauensbasis zwischen euch im Laufe eurer Beziehung entwickelt oder verändert?
- Wie stabil empfindest du die Vertrauensbasis eurer Partnerschaft aktuell?

Betrachte nun erneut den Beziehungsbereich des Vertrauens und der Eifersucht und frage dich: Wie wichtig ist mir dieser Bereich auf einer Skala von 1 (gar nicht wichtig) bis 10 (maximal wichtig)?

gar nicht wichtig (– 1 2 3 4 5 6 7 8 9 10 +) maximal wichtig

Wenn du möchtest, schattiere jetzt im Beziehungsrad im Bereich Vertrauen und Eifersucht den Anteil des Feldes, der deine persönliche Erfüllung ausdrückt. Wenn du auf der Skala der Erfüllung beispielsweise eine 5 angekreuzt hast, schattiere 50 Prozent – also die Hälfte – des Feldes mit einem Stift deiner Wahl. Wenn du möchtest, schreibe in oder neben das Feld die Zahl, die ausdrückt, wie relevant dieser Beziehungsbereich für dich ist.

Beziehungsbereich: Sexualität und Intimität

Betrachte den Bereich der Sexualität und Intimität und stelle dir folgende Frage: Wie erfüllt bin ich im Bereich der Sexualität und Intimität in meiner Partnerschaft auf einer Skala von 1 (gar nicht erfüllt) bis 10 (maximal erfüllt)?

gar nicht erfüllt (– 1 2 3 4 5 6 7 8 9 10 +) maximal erfüllt

Folgende Reflexionsfragen können dir dabei helfen, deine Zufriedenheit mit diesem Beziehungsbereich besser einzuordnen:

Reflexionsfragen »Sexualität und Intimität«

- Wie zufrieden bist du mit der Qualität eures Sexuallebens?
- Wie hat sich eure Sexualität und Intimität seit dem Kennenlernen entwickelt?
- Wie sehr werden deine sexuellen Bedürfnisse in der Partnerschaft erfüllt?
- Wie zufrieden bist du mit der Häufigkeit eurer Intimität und Sexualität?
- In welchem Maß gibt es unerfüllte Wünsche in eurem Sexleben?
- Wie gut gelingt es euch, euch über eure Sexualität und Intimität auszutauschen?

Betrachte nun erneut den Beziehungsbereich der Sexualität und Intimität und frage dich: Wie wichtig ist mir dieser Bereich auf einer Skala von 1 (gar nicht wichtig) bis 10 (maximal wichtig)?

gar nicht wichtig (– 1 2 3 4 5 6 7 8 9 10 +) maximal wichtig

Wenn du möchtest, schattiere jetzt im Beziehungsrad im Bereich der Sexualität und Intimität den Anteil des Feldes, der deine persönliche Erfüllung ausdrückt. Wenn du möchtest, schreibe in oder neben das Feld die Zahl, die ausdrückt, wie relevant dieser Beziehungsbereich für dich ist.

Beziehungsbereich: Akzeptanz und Respekt

Betrachte den Bereich der Akzeptanz und des Respekts und stelle dir folgende Frage: Wie erfüllt bin ich im Bereich der Akzeptanz und des Respekts in meiner Partnerschaft auf einer Skala von 1 (gar nicht erfüllt) bis 10 (maximal erfüllt)?

gar nicht erfüllt (– 1 2 3 4 5 6 7 8 9 10 +) maximal erfüllt

Folgende Reflexionsfragen können dir dabei helfen, deine Zufriedenheit mit diesem Beziehungsbereich besser einzuordnen:

Reflexionsfragen »Akzeptanz und Respekt«

- Wie gut gelingt es dir bereits, deinen Partner anzunehmen, wie er ist?
- Inwieweit fühlst du dich von deinem Partner akzeptiert und angenommen?
- In welchem Ausmaß gelingt es euch, eure Unterschiedlichkeit zu überwinden und einen gemeinsamen Weg zu finden?
- Inwieweit nutzt ihr eure Unterschiedlichkeit und die jeweiligen Stärken in eurer Partnerschaft?
- In welchem Maß gleicht ihr die Schwächen des anderen aus?
- Wie respektvoll empfindest du euren Umgang miteinander – in zweisamen Momenten, aber auch vor anderen Personen?
- Wie respektvoll sprecht ihr übereinander?
- Wo ist in eurer Partnerschaft mit Blick auf Respekt und Akzeptanz noch Platz nach oben?

Betrachte nun erneut den Beziehungsbereich der Akzeptanz und des Respekts und frage dich: Wie wichtig ist mir dieser Bereich auf einer Skala von 1 (gar nicht wichtig) bis 10 (maximal wichtig)?

gar nicht wichtig (– 1 2 3 4 5 6 7 8 9 10 +) maximal wichtig

Es gibt hierbei keine falschen Antworten. Möglicherweise empfindet ihr das Maß an Respekt und Akzeptanz, das ihr euch entgegenbringt, als vollkommen unterschiedlich. Auch das ist okay. Nutzt diesen Moment für den Austausch und übt, eure unterschiedlichen Wahrnehmungen zu akzeptieren.

Wenn du möchtest, schattiere jetzt im Beziehungsrad im Bereich der Akzeptanz und des Respekts den Anteil des Feldes, der deine persönliche Erfüllung ausdrückt. Wenn du möchtest, schreibe in oder neben das Feld die Zahl, die ausdrückt, wie relevant dieser Beziehungsbereich für dich ist.

Beziehungsbereich: Wahrnehmung und Aufmerksamkeit

Im sechsten Beziehungsbereich befassen wir uns mit der gegenseitigen Wahrnehmung und der Aufmerksamkeit, die ihr euch in eurer Partnerschaft entgegenbringt. Betrachte diesen Bereich und stelle dir folgende Frage: Wie erfüllt bin ich im Bereich Wahrnehmung und Aufmerksamkeit in meiner Partnerschaft auf einer Skala von 1 (gar nicht erfüllt) bis 10 (maximal erfüllt)?

gar nicht erfüllt (– 1 2 3 4 5 6 7 8 9 10 +) maximal erfüllt

Folgende Reflexionsfragen können dir dabei helfen, deine Zufriedenheit mit diesem Beziehungsbereich besser einzuordnen:

Reflexionsfragen »Wahrnehmung und Aufmerksamkeit«

- In welchem Maß fühlst du dich in deiner Partnerschaft gesehen und gehört?
- Was tust du, um deinen Partner oder deine Partnerin mit ihren Wünschen und Bedürfnissen wahrzunehmen?
- Wie zufrieden bist du mit der Menge an Aufmerksamkeit, die ihr euch gegenseitig schenkt?
- In welchem Maß erfüllt dich auch die Art und Weise der Aufmerksamkeit, die du durch deinen Partner oder deine Partnerin erfährst?
- In welchem Rahmen lasst ihr euch in eurer Beziehung kleine oder große Aufmerksamkeiten zuteilwerden?
- Wodurch fühlst du dich in deiner Partnerschaft reich beschenkt?
- In welchen Bereichen wünschst du dir noch stärker, von deinem Partner oder deiner Partnerin wahrgenommen zu werden?
- In welchen Bereichen würdest du deinem Partner oder deiner Partnerin gern noch mehr Aufmerksamkeit schenken?
- Welche Formen der Wahrnehmung und Aufmerksamkeit würden euch in eurer Partnerschaft guttun?

Wir alle fühlen uns durch unterschiedliche Worte und Gesten wahrgenommen. Eine ausführliche Reflexion hilft dabei, sich besser darüber auszutauschen und zukünftig das zu bekommen, was du dir wünschst.

Betrachte nun erneut den Beziehungsbereich der Wahrnehmung und Aufmerksamkeit und frage dich: Wie wichtig ist mir dieser Bereich auf einer Skala von 1 (gar nicht wichtig) bis 10 (maximal wichtig)?

gar nicht wichtig (– 1 2 3 4 5 6 7 8 9 10 +) maximal wichtig

Wenn du möchtest, schattiere jetzt im Beziehungsrad im Bereich der Wahrnehmung und der Aufmerksamkeit den Anteil des Feldes, der deine persönliche Erfüllung ausdrückt. Wenn du möchtest, schreibe in oder neben das Feld die Zahl, die ausdrückt, wie relevant dieser Beziehungsbereich für dich ist.

Beziehungsbereich: Alltag und Begegnung

Betrachte den Bereich des Alltags und der Begegnung und stelle dir folgende Frage: Wie erfüllt bin ich im Alltag und in den Begegnungen in meiner Partnerschaft auf einer Skala von 1 (gar nicht erfüllt) bis 10 (maximal erfüllt)?

gar nicht erfüllt (– 1 2 3 4 5 6 7 8 9 10 +) maximal erfüllt

Folgende Reflexionsfragen können dir dabei helfen, deine Zufriedenheit mit diesem Beziehungsbereich besser einzuordnen:

Reflexionsfragen »Alltag und Begegnung«

- Wie zufrieden bist du mit der Gestaltung der gemeinsamen Zeit in eurer Partnerschaft?
- In welchem Rahmen tauschst du dich in deiner Beziehung mit deinem Partner oder deiner Partnerin aus?
- Über welche Themen gibt es besonders viel Austausch?
- Welche Themen spart ihr in Gesprächen eher aus?
- Wie zufrieden bist du mit dem Verhältnis zwischen Aktivität und Ruhe in deiner Partnerschaft?
- Inwieweit habt ihr erfüllende und unterstützende Routinen und Rituale in eurer Partnerschaft etabliert?
- Wie zeigt ihr euch in eurer Partnerschaft Wertschätzung im Alltag?
- Wie sehr fühlst du dich von deinem Partner oder deiner Partnerin wertgeschätzt und anerkannt?
- In welchem Maß bringst du auch deinem Partner Wertschätzung und Anerkennung entgegen?

Betrachte nun erneut den Beziehungsbereich Alltag und Begegnung und frage dich: Wie wichtig ist mir dieser Bereich auf einer Skala von 1 (gar nicht wichtig) bis 10 (maximal wichtig)?

gar nicht wichtig (– 1 2 3 4 5 6 7 8 9 10 +) maximal wichtig

Wenn du möchtest, schattiere jetzt im Beziehungsrad im Bereich Alltag und Begegnung den Anteil des Feldes, der deine persönliche Erfüllung ausdrückt. Wenn du auf der Skala der Erfüllung beispielsweise eine 8 angekreuzt hast, schattiere 80 Prozent des Feldes mit einem Stift deiner Wahl. Wenn du möchtest, schreibe in oder neben das Feld die Zahl, die ausdrückt, wie relevant dieser Beziehungsbereich für dich ist.

Beziehungsbereich: Zeit und Gemeinsamkeit

Betrachte den Bereich Zeit und Gemeinsamkeit und stelle dir folgende Frage: Wie erfüllt bin ich im Bereich der Gemeinsamkeit und der gemeinsamen Zeit in meiner Partnerschaft auf einer Skala von 1 (gar nicht erfüllt) bis 10 (maximal erfüllt)?

gar nicht erfüllt (– 1 2 3 4 5 6 7 8 9 10 +) maximal erfüllt

Folgende Reflexionsfragen können dir dabei helfen, deine Zufriedenheit mit diesem Beziehungsbereich besser einzuordnen:

Reflexionsfragen »Zeit und Gemeinsamkeit«

- Wie zufrieden bist du mit der Qualität der gemeinsamen Zeit in deiner Partnerschaft?
- Welche gemeinsame Beschäftigung in deiner Beziehung geht für dich mit einer hohen Beziehungsqualität einher?
- Wie zufrieden bist du mit der Quantität – der Dauer und Häufigkeit – der gemeinsamen Zeit?
- Welche Wünsche hast du bezüglich der Zeitgestaltung in deiner Partnerschaft?
- Wie zufrieden bist du in deiner Partnerschaft mit der Zeit, die ihr zu zweit verbringt, im Verhältnis zu der Zeit, die ihr mit anderen Menschen verbringt?
- Womit würdest du gern mehr Zeit in deiner Partnerschaft verbringen?
- Welche Art der Zeitgestaltung tut eurer Beziehung wenig gut und was wünschst du dir stattdessen?
- In welchen Bereichen habt ihr starke Gemeinsamkeiten?
- Welche gemeinsamen Ziele und Projekte verfolgt ihr aktuell?
- Welche Ziele und Projekte habt ihr in der Vergangenheit bereits erfolgreich abgeschlossen?
- Gibt es Ziele und Projekte, die du gern in der Zukunft mit deinem Partner angehen würdest? Welche sind das?

Betrachte nun erneut den Beziehungsbereich der Zeit und der Gemeinsamkeit und frage dich: Wie wichtig ist mir dieser Bereich auf einer Skala von 1 (gar nicht wichtig) bis 10 (maximal wichtig)?

gar nicht wichtig (– 1 2 3 4 5 6 7 8 9 10 +) maximal wichtig

Es gibt hierbei keine falschen Antworten. Nur du allein weißt, wie wichtig dieser Bereich für dich ist. Möglicherweise teilt ihr nicht alle Gedanken rund um die Gestaltung der gemeinsamen Zeit in eurer Beziehung – das ist völlig normal. Hier geht es darum, den gemeinsamen Weg zu finden, auf den ihr euch beide einlassen könnt.

Wenn du möchtest, schattiere jetzt im Beziehungsrad im Bereich der Zeit und der Gemeinsamkeit den Anteil des Feldes, der deine persönliche Erfüllung ausdrückt. Wenn du möchtest, schreibe in oder neben das Feld die Zahl, die ausdrückt, wie relevant dieser Beziehungsbereich für dich ist.

Beziehungsbereich: Aufarbeitung und Entwicklung

Im letzten Beziehungsbereich befassen wir uns mit der Aufarbeitung und Entwicklung in deiner Partnerschaft – mit der Frage, inwieweit ihr negative Erfahrungen gemeinsam aufarbeiten könnt und konntet und inwieweit ihr eure Beziehung kontinuierlich weiterentwickelt. Betrachte diesen Bereich und stelle dir folgende Frage: Wie erfüllt bin ich im Bereich Aufarbeitung und Entwicklung in meiner Partnerschaft auf einer Skala von 1 (gar nicht erfüllt) bis 10 (maximal erfüllt)?

gar nicht erfüllt (– 1 2 3 4 5 6 7 8 9 10 +) maximal erfüllt

Die umseitigen Reflexionsfragen können dir dabei helfen, deine Zufriedenheit mit diesem Beziehungsbereich besser einzuordnen.

Reflexionsfragen »Aufarbeitung und Entwicklung«

- Wie seid ihr in der Vergangenheit mit Herausforderungen umgegangen?
- Welche unbearbeiteten Themen und Konflikte gibt es möglicherweise, die auch heute noch herausfordernd für euch sind?
- Welche Enttäuschungen und Verletzungen haben in eurer Beziehung stattgefunden und wie seid ihr mit ihnen umgegangen?
- Inwieweit verfolgt ihr in eurer Beziehung gemeinsame Ziele und Pläne?
- In welchem Rahmen finden Gespräche über die Zukunft in deiner Beziehung statt?
- Mit welchen Wünschen und Träumen kannst du dich jederzeit an deinen Partner oder deine Partnerin wenden?
- Gibt es Themen, die du eher aussparst?
- Inwieweit teilt ihr Wünsche für die Zukunft?
- Wo gehen eure Bedürfnisse und Träume auseinander?
- Wie zufrieden bist du mit der Zukunftsvision deiner Beziehung?

Betrachte nun erneut den Beziehungsbereich der Aufarbeitung und Entwicklung und frage dich: Wie wichtig ist mir dieser Bereich auf einer Skala von 1 (gar nicht wichtig) bis 10 (maximal wichtig)?

gar nicht wichtig (– 1 2 3 4 5 6 7 8 9 10 +) maximal wichtig

Wenn du möchtest, schattiere jetzt im Beziehungsrad im Bereich der Aufarbeitung und Entwicklung den Anteil des letzten freien Feldes, der deine persönliche Erfüllung ausdrückt. Wenn du möchtest, schreibe in oder neben das Feld die Zahl, die ausdrückt, wie relevant dieser Beziehungsbereich für dich ist.

Das Beziehungsrad auswerten

Betrachte nun dein Beziehungsrad und lasse es auf dich wirken.

Welche Gedanken oder Erkenntnisse kommen dir bei der Betrachtung?

Welche Entwicklung wird durch das Beziehungsrad sichtbar?

Was erkennst du im Beziehungsrad über deine Beziehung, das vorher so noch nicht sichtbar war?

Lenke den Fokus jetzt auf die Bereiche, die dich bereits sehr erfüllen. In welchen Beziehungsbereichen hast du eine Erfüllung von 7 oder mehr auf der Skala markiert?

- ☐ Kommunikation
- ☐ Konflikte und Streitkultur
- ☐ Vertrauen und Eifersucht
- ☐ Sexualität und Intimität
- ☐ Akzeptanz und Respekt
- ☐ Wahrnehmung und Aufmerksamkeit
- ☐ Alltag und Begegnung
- ☐ Zeit und Gemeinsamkeit
- ☐ Aufarbeitung und Entwicklung

Erkenne an, wie zufriedenstellend dich diese Facetten deiner Beziehung bereits jetzt sind – was du dir bereits erschaffen hast!

Wenn du möchtest, notiere deine Gedanken und Erkenntnisse zu diesen Beziehungsbereichen.

In einigen deiner Beziehungsbereiche hast du dir bereits selbst Erfüllung verschafft. Was hast du aktiv dafür getan?

Was hat dir dabei geholfen, in einigen Facetten erfüllt zu sein und zu leben?

Sammle deine Erfolgsstrategien und inneren Einstellungen, Gedanken, Verhaltensweisen und Routinen.

Kreuze im Folgenden an, in welchen Beziehungsbereichen noch Raum für Erfüllung ist? In welchen Beziehungsbereichen unterscheidet sich die Realität noch von deinen Beziehungswünschen?

- ☐ Kommunikation
- ☐ Konflikte und Streitkultur
- ☐ Vertrauen und Eifersucht
- ☐ Sexualität und Intimität
- ☐ Akzeptanz und Respekt
- ☐ Wahrnehmung und Aufmerksamkeit
- ☐ Alltag und Begegnung
- ☐ Zeit und Gemeinsamkeit
- ☐ Aufarbeitung und Entwicklung

Schreibe dir für jeden dieser Bereiche auf, was in deiner Beziehung konkret anders wäre, wenn du in diesem Bereich eine 10 auf der Skala erreichen würdest (wenn der Platz nicht reicht, notiere deine Gedanken auf einem separaten Blatt).

____

____

____

Übung: Drei konkrete Schritte

Schreibe dir für jeden Beziehungsbereich drei konkrete Schritte auf, die du tun kannst, um in deiner Beziehung voller Erfüllung zu leben.

Was müsstest du verändern? Welche konkrete Handlung könntest du vornehmen oder welche Veränderung deiner inneren Einstellung?

Kommunikation

1. ______________________________________
2. ______________________________________
3. ______________________________________

Konflikte und Streitkultur

1. ______________________________________
2. ______________________________________
3. ______________________________________

Vertrauen und Eifersucht

1. ______________________________________
2. ______________________________________
3. ______________________________________

Sexualität und Intimität

1. ____________________
2. ____________________
3. ____________________

Akzeptanz und Respekt

1. ____________________
2. ____________________
3. ____________________

Wahrnehmung und Aufmerksamkeit

1. ____________________
2. ____________________
3. ____________________

Alltag und Begegnung

1. ____________________
2. ____________________
3. ____________________

Zeit und Gemeinsamkeit

1. ____________________
2. ____________________
3. ____________________

Aufarbeitung und Entwicklung

1. ______
2. ______
3. ______

Welchen Bereich deiner Beziehung hast du bislang vielleicht ignoriert? Welchem Bereich hast du wenig bis keine Aufmerksamkeit geschenkt? In welchem Bereich deiner Beziehung nimmst du deine eigenen Bedürfnisse noch nicht ernst?

______

______

______

Mache dir diese Entwicklung bewusst und übernimm auch Verantwortung für diese Bereiche.

Nicht jeder Beziehungsbereich ist für jeden Menschen gleich wichtig. Neben der Reflexion darüber, wie erfüllt du dich in den einzelnen Lebensbereichen fühlst, kannst du aus dem Beziehungsrad auch ableiten, welche Beziehungsbereiche für dich relevanter sind als andere. Es lohnt sich in der Arbeit an der Beziehung grundsätzlich darauf zu achten, dass du in den Bereichen, die dir am wichtigsten sind, die größte Erfüllung erlebst. Die Arbeit an weniger relevanten Bereichen kannst du erst einmal zurückstellen.

Kreuze im Folgenden die Beziehungsbereiche an, die dir am wichtigsten sind. In welchen Bereichen deiner Beziehung legst du am meisten Wert auf eine hohe Beziehungsqualität?

- ☐ Kommunikation
- ☐ Konflikte und Streitkultur
- ☐ Vertrauen und Eifersucht
- ☐ Sexualität und Intimität
- ☐ Akzeptanz und Respekt
- ☐ Wahrnehmung und Aufmerksamkeit
- ☐ Alltag und Begegnung
- ☐ Zeit und Gemeinsamkeit
- ☐ Aufarbeitung und Entwicklung

Vielleicht zeigt sich jetzt schon, an welchen Bereichen du auch mithilfe dieses Buches verstärkt arbeiten möchtest – natürlich bietet das Buch dir die Gelegenheit zur Arbeit an allen Beziehungsbereichen.

In den nächsten Übungen werden wir konkret erarbeiten, was du mit der Arbeit an diesem Buch erreichen möchtest.

4. Die Wunderfrage: Was soll sich verändern?

Stelle dir vor, heute Nacht, während du schläfst, geschieht ein Wunder. Dieses Wunder besteht darin, dass heute Nacht deine Traumbeziehung erschaffen wird. Wenn du morgen früh aufwachst, befindest du dich in einer vollkommen glücklichen und erfüllten Beziehung. Da du geschlafen hast, weißt du beim Aufwachen noch nichts davon.

Woran würdest du sofort merken, dass heute Nacht dieses Wunder passiert ist?

Was wäre beim Aufwachen ganz konkret anders als sonst?

Wie würdest du deinem Partner direkt bei oder nach dem Aufwachen begegnen?

Wie würdet ihr durch den Tag gehen?

Welche Veränderungen würdest du über den Tag verteilt feststellen, die dich sicher sein lassen, dass ein Wunder passiert ist?

Wie würdet ihr miteinander umgehen – wie euch begegnen?

Was wäre konkret anders als jetzt – in deinem Verhalten?

Was wäre konkret anders als jetzt – in deinen Gedanken?

Welche anderen Gefühle würdest du ganz konkret fühlen?

Welche Veränderungen könntest du ganz konkret an deinem Partner oder deiner Partnerin feststellen?

Kannst du dich vielleicht an eine Zeit erinnern, in der es schon mal ein bisschen so war, als wäre dieses Wunder passiert? In der ihr euch schon einmal so begegnet seid, wie ihr es durch dieses Wunder wieder könntet?

Beschreibe diese Zeit oder diesen Moment einmal – ganz egal, wie kurz er war oder wie lange er zurückliegt.

___

___

___

Was war damals anders als heute und wie war es zu dieser Zeit?

___

___

___

Was müsste sich heute verändern, damit genau so etwas wieder möglich ist?

___

___

___

Vervollständige die folgenden Sätze:

- Ich möchte mich in meiner Beziehung nicht mehr ____________ fühlen, sondern ____________.
- Ich möchte mich in meiner Partnerschaft nicht mehr ____________ verhalten, sondern ____________.
- Ich wünsche mir von meinem Partner ____________.
- Wenn es mir gelingen würde, alles richtig zu machen, würde ich ____________.
- Dass ich eine glückliche und erfüllte Beziehung lebe, würde ich daran merken, dass ich ____________.
- Meine Beziehung wäre dann nicht mehr ____________, sondern ____________.
- Mein Partner / meine Partnerin würde mir ____________ begegnen.
- Ich würde meinem Partner / meiner Partnerin ____________ begegnen.
- In unserer Beziehung gäbe es dann weniger ____________ und mehr ____________.
- In unserer gemeinsamen Zeit würden wir ____________.
- Unsere Kommunikation wäre ____________.

- Wenn wir Konflikte austragen, würde es uns gelingen, ____________.
- Dass wir einander vertrauen, würden wir daran merken, dass wir ____________.
- ____________ wäre kein Problem mehr in unserer Beziehung.
- Zu einer erfüllten und glücklichen Beziehung fehlt uns aktuell noch ____________.

Dieses Buch ist dafür da, dich bei dieser Entwicklung zu unterstützen.

Für jeden Menschen bedeutet eine erfüllte und glückliche Beziehung etwas anderes. Jeder Mensch muss für sich selbst definieren, was ihn erfüllt und glücklich macht.

Eine ausführliche Reflexion darüber, was sich für dich verändern darf, unterstützt dich dabei, die Aufgaben aus diesem Buch so für dich anzuwenden, dass sie dir dabei helfen, eine glückliche und erfüllte Beziehung zu erschaffen. Frage dich also:

Wenn die Arbeit mit dem Buch eine positive Veränderung bringt – was ist dann danach anders?

____

____

____

Wie ist es dann ganz konkret?

____

____

____

Was möchtest du mit der Arbeit an dem Buch konkret erreichen?

____

____

____

Was darf sich wie verändern?

____

____

____

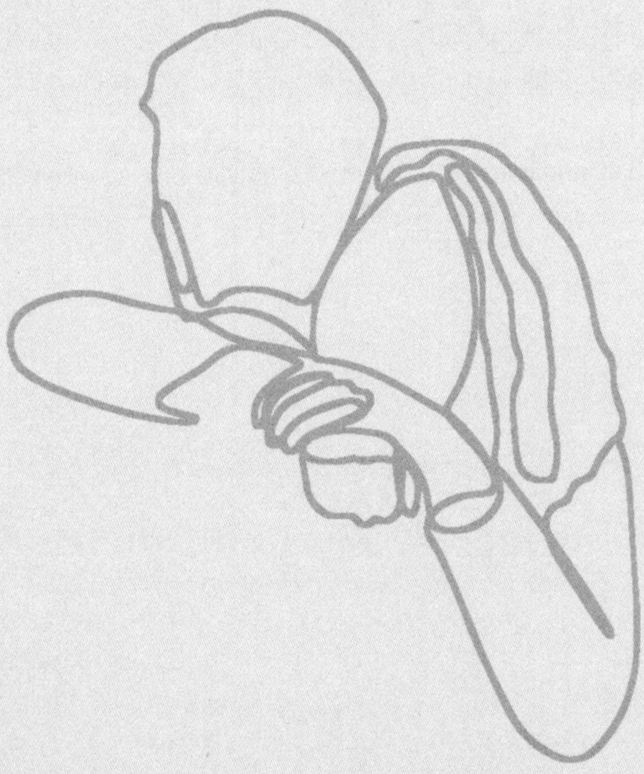

TEIL 2

HALTUNG – PARTNERSCHAFT ENTWICKELN

Nachdem wir in Teil 1 dieses Buches intensiv herausgearbeitet haben, was du über Beziehungen denkst, welche Erfahrungen du in deinem Leben mit den Themen Partnerschaft und Liebe gemacht hast und wohin du deine Beziehung entwickeln möchtest, sehen wir uns in Teil 2 deine Haltung an. Gemeinsam richten wir deinen Fokus auf alles, was bereits jetzt gut ist und dich unterstützt. Außerdem lernst du grundlegende Prinzipien aus der systemischen Arbeit und der Paartherapie kennen, die dir dabei helfen, deinen Blick auf deine Partnerschaft zu verändern und ein konstruktives Miteinander möglich zu machen.

5. Richte deinen Fokus auf das Gute

Wie erfüllt und erfolgreich du dich in deiner Partnerschaft fühlst, hängt auch davon ab, mit welcher inneren Haltung du deinem Partner oder deiner Partnerin begegnest. Über die Jahre konnte ich immer wieder beobachten, dass einige Paare in der paartherapeutischen Arbeit schneller und langfristiger Erfolge erzielen als andere. Ein großer Unterschied zwischen den erfolgreichen Paaren und denen, die in ihren Problemen verhaftet bleiben, liegt in der inneren Haltung der Paare. Paare, die erfolgreich an ihrer Beziehung arbeiten, folgen Grundsätzen, die ich im Folgenden schildere.

Mein Partner macht mehr richtig als falsch! Sicherlich benimmt sich dein Partner oder deine Partnerin nicht immer fehlerfrei. Mit großer Wahrscheinlichkeit ist das aber keine einseitige Sache. Sicher seid ihr beide daran beteiligt, dass es manchmal schwierig wird.

Wenn eure Partnerschaft erfolgreich sein soll, dürft ihr euch nicht ständig eure Fehler vor die Nase reiben. Wenn wir mit unseren Fehlern und Schwächen konfrontiert werden, fühlen wir uns schnell verletzt und ziehen uns zurück. Ein Aufeinander-Zugehen und eine Lösung des Problems wird dann erschwert.

Egal wie viel dein Partner oder deine Partnerin falsch macht, es gibt sicher auch Dinge, die er oder sie richtig macht. Es gibt sicher auch Situationen, in denen der Partner oder die Partnerin sich gut verhält. Er oder sie hat sicher auch gute Seiten, die du liebst und schätzt und die du im Konflikt schnell ausblendest.

Mache dir bewusst, dass dein Partner oder deine Partnerin bereits jetzt sehr viel gut und richtig macht.

Um dich auch im Konflikt und in herausfordernden Situationen daran zu erinnern, kannst du dir hier einige Punkte notieren, die dein Partner oder deine Partnerin bereits jetzt gut und richtig macht:

Es ist schon viel Gutes da! Paare, die erfolgreich an ihrer Beziehung arbeiten, gehen Konflikte konstruktiv an und legen den Fokus auf die Lösung anstatt auf das Problem. Für sie ist das Glas halb voll statt halb leer. Sie haben immer im Blick, dass vieles schon gut funktioniert. Sie sehen, was sich schon geändert hat, und sie gewichten die Fortschritte und alles Gute, das schon da ist, schwerer als die Dinge, die sich noch verändern müssen.

Wenn du magst, notiere hier ein paar Fortschritte, die ihr in eurer Beziehung schon geschafft habt, und einige Punkte, die bei euch ohnehin schon gut funktionieren:

Auch ich bin nicht fehlerfrei! Erfolgreiche Partner gestehen ihrem Gegenüber Fehler zu, weil sie wissen, dass auch sie selbst nicht fehlerfrei sind. Sie legen den Fokus nicht nur auf die Dinge, die ihr Partner nicht richtig macht, sondern sehen auch ihren eigenen Anteil an den Konflikten. Sie erlauben sich selbst, nicht perfekt zu sein, und ermöglichen so auch ihrem Partner, seine Ecken und Kanten zu leben. So entsteht eine Partnerschaft, die gegenseitig von Respekt und Akzeptanz geprägt ist.

Anstatt dich auf die Fehler deiner Partnerin oder deines Partners zu fokussieren, mache dir bewusst, mit welchen Ecken und Kanten du selbst akzeptiert werden möchtest. Notiere hier deine herausforderndsten Angewohnheiten und Eigenschaften, die deine Partnerin oder dein Partner an dir akzeptiert:

Mein Partner gibt sein Bestes! Partner, die eine erfüllte und erfolgreiche Beziehung leben, vertrauen darauf, dass ihr Partner oder ihre Partnerin nicht willentlich Böses tut oder ihnen mit voller Absicht Schmerz zufügt. Sie erinnern sich immer wieder daran, dass ihr Gegenüber sein Bestes gibt – auch wenn das, was er in diesem Moment geben kann, nicht besonders viel oder nicht besonders gut ist. Sie vertrauen darauf, dass er gerade handelt, wie er handelt, weil ihm aus Gründen, die sie selbst nicht nachvollziehen können oder müssen, keine bessere Handlungsalternative zur Verfügung steht. Denn nicht in jeder Situation können wir auf all unsere Fähigkeiten und Ressourcen zurückgreifen. Erfolgreiche Partner vertrauen darauf, dass ihr Partner oder ihre Partnerin die Situation gerade einfach nicht besser lösen kann.

Diese Grundsätze kannst du üben. Du kannst sie dir aufschreiben, sie dir immer wieder vorsagen. So lange, bis sie selbstverständlich für dich sind und bis es dir gelingt, sie sogar in herausfordernden Situationen anzuwenden und eine Haltung in deiner Beziehung an den Tag zu legen, die von Liebe, Gelassenheit, Dankbarkeit, Geduld und Zuversicht geprägt ist.

6. Grundsätze der paartherapeutischen Arbeit

Über die innere Haltung hinaus gibt es einige Grundsätze, die der systemischen Arbeit und der Paartherapie zugrunde liegen. Bei meiner Arbeit mit Paaren habe ich sie immer präsent und richte meine Fragen und Interventionen danach aus. Behalte diese Grundsätze während der Arbeit mit diesem Buch, aber auch darüber hinaus im Umgang mit deinem Partner oder deiner Partnerin im Blick:

- **Veränderung ist immer möglich!** Wenn äußere Veränderung schwierig ist, ist in jedem Fall eine innere Veränderung möglich. Du hast nicht immer Einfluss auf die äußeren Umstände, die Situation, in der du dich befindest, oder das Verhalten anderer Menschen, beispielsweise deines Partners. Aber du hast immer Einfluss auf deinen Fokus, deine innere Einstellung, deine Gedanken und deine Handlungen.
- **Du verfügst über Wahlmöglichkeiten!** Du selbst bestimmst, wie du dich verhältst. Besonders wenn es darum geht, in angemessener Weise mit Stress umzugehen, auf den Partner oder die Partnerin zu reagieren und Konflikte auszutragen. Vielleicht gelingt es dir nicht jedes Mal, angemessen und konstruktiv zu handeln. Aber jede neue Situation ist eine neue Chance, die du nutzen darfst, um zu üben und zu lernen.
- **Du trägst alles, was du brauchst, in dir!** Jeder Mensch verfügt über innere Ressourcen, die ihm ermöglichen, sein Leben erfolgreich zu gestalten und innerlich zu wachsen. Jeder Mensch verfügt grundsätzlich über eine Bindungsfähigkeit und vermag, eine erfüllte und erfolgreiche Partnerschaft zu führen. Die Techniken und Strategien lernst du hier.
- **Hoffnung ist ein signifikanter Faktor und Bestandteil von Veränderung!** Situationen im Leben können sich leichter zum Besseren wenden, wenn du noch daran glaubst, dass etwas Besseres möglich ist. Du kannst dein Verhalten immer dann verändern, wenn es für dich noch möglich erscheint, dich konstruktiver zu verhalten. Solange du noch den Glauben und die Hoffnung an Veränderung in dir trägst, ist sie möglich.
- **Menschen treten in Beziehung zueinander auf Grundlage ihrer Gemeinsamkeiten und wachsen aufgrund ihrer Verschiedenartigkeit!** Wenn wir einen potenziellen Partner kennenlernen, fokussieren wir uns auf alles, was uns verbindet. Im Verlauf der Beziehung werden diese Faktoren zur Selbstverständlichkeit und geraten in den Hintergrund unseres Bewusstseins. Die Unterschiede werden immer sichtbarer und mit ihnen die Chance, sich mithilfe dieser Unterschiede zu entwickeln.
- **Das Problem liegt nicht im Problem als solchem, sondern darin, wie wir mit Problemen umgehen.** Nicht jedes Problem lässt sich lösen. Für manche Situationen gibt es keine Lösung. Manche Umstände können nicht verändert werden. Was wir aber in der Hand haben, ist, dass wir mit Problemen so umgehen, dass sie kein Problem mehr darstellen. Ein Problem ist genau so lange ein Problem, wie du es als Problem betrachtest.

- **Wir wiederholen Muster, die wir früh in unserem Leben gelernt haben, auch dann, wenn diese Muster dysfunktional sind.** Frühere Lebenserfahrungen sind unwiderruflich abgespeichert und beeinflussen unser tägliches Denken und Handeln. Nicht alles, was wir in früheren Abschnitten unseres Lebens gelernt haben, ist funktional. Nicht alles hilft und unterstützt uns. Du musst dich aktiv mit den Mustern, denen du in deinem Leben folgst, auseinandersetzen, sie auflösen, wenn sie dir nicht mehr dienen, und neues Verhalten einüben. Denn wenn du immer den gleichen Mustern folgst, wirst du auch immer das gleiche Ergebnis erhalten.
- **Ereignisse der Vergangenheit können wir nicht verändern!** Es hilft dir nicht, dich immer wieder mit der Vergangenheit zu beschäftigen, dich dagegen zu wehren, sie zu akzeptieren. Du musst nicht damit einverstanden sein, was in der Vergangenheit passiert ist, und du musst die Ereignisse der Vergangenheit nicht gutheißen. Aber du solltest wieder in eine aktive und selbstbestimmte Haltung kommen, wenn du dein Leben gestalten und nicht auf den Verletzungen der Vergangenheit aufbauen willst. Du hast keinen Einfluss auf die Vergangenheit, aber auf die Auswirkungen, die sie auf dich hat. Du hast in der Hand, wie du im Hier und Jetzt damit umgehst. Die Vergangenheit zu schätzen und zu akzeptieren, vergrößert deine Fähigkeiten, die Gegenwart zu bewältigen.
- **Je stärker unser Selbstwertgefühl ist, umso gesünder sind unsere Bewältigungsstrategien.** An deinen Bewältigungsstrategien zeigt sich, wie es um dein Selbstwertgefühl bestellt ist. Menschen mit einem starken Selbstwertgefühl sind weniger von der Rückmeldung und Meinung ihres Partners oder ihrer Partnerin abhängig und können somit nicht so stark verletzt werden wie Menschen mit geringem Selbstwertgefühl. Sie vertrauen auf sich selbst und wissen über ihren Wert und ihre Fähigkeiten Bescheid.
- **Gesunde menschliche Beziehungen gründen auf Gleichwert.** In der Partnerschaft sollten wir uns immer vor Augen halten, dass die Bedürfnisse beider Partner berechtigt und wichtig sind. Dass beide Partner das Recht haben, sich für ihre Wünsche und Bedürfnisse stark zu machen, und dass die Grenzen beider Partner respektiert und akzeptiert werden sollten. Kein Partner und keine Partnerin ist mehr oder weniger wert als der jeweils andere.

Sicherlich sprechen dich einige dieser Grundsätze stärker an als andere. Du kannst diese Seiten immer wieder lesen und dir einen oder mehrere Grundsätze als Fokus für einen Tag, eine Woche oder einen Monat setzen. Bis du eine Haltung entwickelt hast, die dich dabei unterstützt, eine glückliche und erfüllte Partnerschaft zu führen.

7. Erlerne die Prinzipien erfüllter Partnerschaft

Bevor wir mit der inhaltlichen Arbeit an den einzelnen Beziehungsbereichen beginnen, möchte ich dir einige Prinzipien vorstellen, die in vielen Partnerschaften unbewusst wirken und immer wieder zu Herausforderungen führen.

Der größte Teil unserer Reaktionen und unseres Verhaltens wird unbewusst gesteuert – wie viel genau, ist selbst in der Psychologie noch nicht allumfassend erforscht. Vermutet wird, dass wir nur auf 0,2 bis 5 Prozent aller Informationen bewusst reagieren – den kleinsten Teil also. Dies hat auch Auswirkungen auf deine Partnerschaft: Es gibt einige Mechanismen und Prinzipien, die möglicherweise auch in deiner Partnerschaft wirken, ohne dass du sie bisher wahrgenommen hast oder aktiv verändern konntest.

Überprüfe also, ob du diese Prinzipien auch aus deiner Partnerschaft kennst. Sie ab heute bewusst wahrzunehmen, ist ein erster Schritt, um dein Verhalten zu verändern und das Miteinander in deiner Partnerschaft aktiv zu gestalten.

Hurt people hurt people! Wie wir mit Verletzungen umgehen.

Die Partnerschaft stellt für viele Menschen eine der engsten sozialen Beziehungen ihres Lebens dar. Wenn wir so enge Bindungen wie eine Liebesbeziehung eingehen, können wir Verletzungen nicht vermeiden. Die Verletzung ist nicht nur ein natürlicher Bestandteil einer Partnerschaft, sondern auch notwendig, um uns nach der Verliebtheitsphase aus dem Kokon der Zweisamkeit zu befreien und im Leben wieder Raum für die eigene Persönlichkeit, eigene Projekte und andere Menschen zu schaffen. Die Verletzungen, von denen hier die Rede ist, beziehen sich nicht auf tiefgehende Vertrauensbrüche wie Unehrlichkeit oder Untreue. Verletzungen, die wir in Partnerschaften auf Dauer nicht vermeiden können, sind beispielsweise

- Kränkungen
- Zurückweisung
- Ablehnung

Und egal wie sehr ihr einander zugewandt seid und bleibt, es wird immer Momente geben, in denen du das Gefühl haben wirst, nicht gesehen oder gehört zu werden. In denen deine Partnerin oder dein Partner desinteressiert wirkt. Dir vielleicht einmal nicht zuhört oder dich im Gespräch unterbricht. In denen er etwas vergisst, um das du ihn gebeten hast. In denen er nicht erkennt, wie wichtig ein bestimmter Moment oder eine bestimmte Erfahrung für dich ist. In dem er deine Erwartungen enttäuscht. In denen er nicht intuitiv erkennt, was du gerade brauchst, oder in denen er es dir nicht geben kann.

Diese kleinen Verletzungen im Alltag lassen sich in einer Partnerschaft nicht vermeiden. Kein Mensch ist perfekt und unfehlbar – du nicht und dein Partner oder deine Partnerin auch nicht. Und so wirst du immer wieder mal mit Verletzungen konfrontiert sein und mit ihnen umgehen müssen.

Kennst du solche Situationen? Vielleicht fällt dir direkt ein Moment ein, in dem du dich verletzt oder gekränkt gefühlt hast. Schreib ihn auf:

Ein Phänomen, das in vielen zwischenmenschlichen Beziehungen und auch in Partnerschaften häufig beobachtet werden kann, lautet: »Hurt people hurt people.« Also: Verletzte Menschen verletzen Menschen.

Einigen Menschen fällt es noch schwer, mit Verletzung umzugehen. Möglicherweise haben sie in der Kindheit keinen Umgang mit Frustration oder Zurückweisung erlernt, wurden zu sehr beschützt oder auch zu sehr verletzt.

Als Erwachsene kann es leicht passieren, auf Verletzung mit einem Gegenangriff zu reagieren. Wenn du dich beispielsweise nicht gehört oder gesehen fühlst und diese Situationen bei dir Frustration, Scham, Ärger oder Wut auslösen, kann es leicht sein, dass du dir wünschst, dein Gegenüber würde sich ebenso frustriert oder beschämt fühlen wie du selbst. In unserer Partnerschaft kennen wir gewöhnlich die empfindlichen Stellen des anderen und nutzen das bewusst oder unbewusst, um unsere Partnerin oder unseren Partner zu verletzen. Ihm also den gleichen Schmerz zuzufügen, den wir selbst empfinden, um uns in unserem Schmerz nicht allein zu fühlen. Beispiele:

- Dein Partner hat vergessen, dir etwas mitzubringen, worum du ihn gebeten hattest. Du fühlst dich verletzt und reagierst mit Liebesentzug: verweigerst einen Begrüßungskuss oder eine Umarmung.
- Deine Partnerin muss spontan einen späten Termin wahrnehmen und kann nicht mit dir zu Abend essen. Du fühlst dich verletzt und reagierst mit Ablehnung und verabredest dich mit einem Freund für den nächsten Abend, an dem du eigentlich mit deiner Partnerin verabredet warst.
- Dein Partner kritisiert deinen Fahrstil, du fühlst dich verletzt und hältst ihm sein Fehlverhalten der letzten Woche vor.

Erkennst du dich in einem dieser »Hurt people hurt people«-Beispiele wieder? Wann hast du möglicherweise schon einmal mit verletzenden Worten oder Handlungen auf eine Verletzung reagiert?

Möglicherweise kannst du dich auch an eine Situation erinnern, in der du deinen Partner oder deine Partnerin verletzt hast und sie mit einer Gegenverletzung reagiert hat:

Diese Reaktion ist ein Schutzmechanismus nach dem Motto »Angriff ist die beste Verteidigung«. Es ist nicht schlimm, dass ihr in der Vergangenheit möglicherweise so reagiert habt. Macht euch bewusst, dass dieses Verhalten nicht konstruktiv ist und euch nicht dabei hilft, gut in Beziehung und Verbindung zu bleiben, und erkennt solche Situationen zukünftig, bevor es zu verletzenden Reaktionen kommt.

Hier einige Tipps, die dir dabei helfen, zukünftig konstruktiver zu reagieren:

- Versuche, die Kontrolle über dein Verhalten zu behalten – auch unter Druck und in emotionalen Stresssituationen. Das bedeutet eventuell, ein böses Wort einmal hinunterzuschlucken und für einen Moment zu schweigen.
- Atme tief durch, wenn du in eine verletzende Situation gerätst. Zähle bis 10 und entscheide erst dann, wie du reagieren möchtest.
- Erkenne die Verletzung an und sage deinem Partner oder deiner Partnerin, dass ihre Worte oder ihr Verhalten dich gerade verletzt haben. Möglicherweise erhältst du so eine Entschuldigung oder ihr deckt ein Missverständnis auf.
- Bleibe in der Verbindung oder gehe wieder auf deinen Partner zu, wenn du dich aus einem Schutzreflex heraus von ihm distanziert hast.

Fight – Flight – Freeze: Wie wir auf (emotionalen) Stress reagieren

Auch in Beziehungen erleben wir Phasen, die von Stress geprägt sind – emotionalem Stress. Was als Stressor auf uns wirkt, ist individuell unterschiedlich. Typische Stressoren in Partnerschaften sind jedoch beispielsweise die Folgenden:

- Streit und Konflikte
- Kritik
- Erwartungen, die wir nicht erfüllen können oder wollen
- Das Gefühl, abgelehnt oder nicht gesehen zu werden
- Negative Gefühle wie Eifersucht oder Sorge

Der amerikanische Physiologe Walter Cannon erforschte die körperliche und psychische Reaktion in Stresssituationen und fand heraus, dass es drei Formen der Reaktion auf Stress gibt: *fight, flight, freeze,* also kämpfen, flüchten, erstarren.

Einige Menschen neigen dazu, in Stresssituationen in einen Kampfmodus zu gehen. Sie kämpfen gegen die Person an, sie reagieren auf einen empfundenen Angriff mit einem Gegenangriff. Beispiele:

- Dein Partner beschwert sich, dass du ihn zu wenig im Haushalt unterstützt. Du feuerst direkt zurück, indem du ihn darauf hinweist, dass er schon längst den Spiegel im Hauseingang aufhängen wollte.

- Deine Partnerin erzählt dir, dass sie ab und zu Trennungsgedanken hat. Du schaltest in den Kampfmodus und wirfst ihr an den Kopf, dass eine Trennung das Beste ist, was dir passieren könne, und du schon lange keine Liebe mehr empfindest.

Eine Kampfreaktion kann sich in verbalen Äußerungen zeigen, sie kann aber auch körperliche Gewalt sein.

Eine andere Strategie, die wir in emotionalen Stresssituationen ergreifen können, ist die Fluchtstrategie. Menschen, die unbewusst diese Form der Reaktion wählen, flüchten aus der Situation, um dem Stress zu entkommen. Beispiele:

- Bei einem Streit am Telefon legst du einfach auf.
- Bei einem Konflikt verlässt du den Raum.
- Wenn eine Situation unbequem wird, wechselst du schnell das Thema und lenkst die Aufmerksamkeit auf etwas anderes.

Die Fluchtreaktion kann ein Verlassen der Situation oder einen Themenwechsel bedeuten – im schlimmsten Fall das Beenden der Beziehung.

Einige Menschen wählen in Stresssituationen unbewusst das Reaktionsmuster des *Erstarrens*. Sie erstarren – frieren regelrecht ein – und lassen die Situation über sich ergehen. Beispiele:

- Wenn dein Partner dich im Konflikt kritisiert, schaltest du auf Durchzug. Du hängst deinen eigenen Gedanken nach und lenkst dich innerlich ab, um die Kritik nicht hören zu müssen.
- Wenn du dich von deiner Partnerin abgelehnt fühlst, ziehst du dich zurück. Du versinkst möglicherweise in negativen Gedankenschleifen und bist außerstande, das Gespräch zu suchen oder auf deine Partnerin zuzugehen.

Menschen, die Erstarrungsreaktionen zeigen, warten in den meisten Fällen ab, bis die Situation vorübergeht. Sie erfahren sich selbst als unfähig, die Situation zu verändern.

Welche Strategie wir wählen, entscheidet sich gewöhnlich unbewusst. Unsere Reaktionen auf Stress und Gefahr haben sich in einem sehr frühen Entwicklungsstadium entwickelt, laufen automatisiert ab und sind schwer zu verändern. Das Wissen darüber, welche Strategie ihr in eurer Partnerschaft wählt, unterstützt euch jedoch dabei, euch im Konflikt besser zu verstehen. So könnt ihr lernen, wie ihr Konflikte konstruktiv lösen könnt, ohne in diese automatische Kampf-, Flucht- oder Erstarrungsreaktion zu verfallen.

Welche Strategie du auch anwendest, es ist wichtig, dass du verstehst, dass du dich mit deiner Strategie vor Verletzung schützen willst. Wenn du in einen Kampf-, Flucht- oder Erstarrungsmodus verfällst, ist das gerade die beste Reaktion, die du zeigen kannst. Du hast schlicht und ergreifend keine bessere Alternative zur Verfügung – und das ist okay.

Konntest du dich und deinen Partner oder deine Partnerin bereits einordnen?

Welche Strategie ergreifst du gewöhnlich, um mit Stress umzugehen?

☐ Kampf ☐ Flucht ☐ Erstarren

Welche Strategie nutzt dein Partner oder deine Partnerin gewöhnlich, um mit Stress umzugehen?

☐ Kampf ☐ Flucht ☐ Erstarren

Die Ausprägung der einzelnen Strategie kann sehr individuell sein. Sammelt in den folgenden Tabellen Situationen, an die ihr euch erinnern könnt, die konkret zeigen, wie ihr die jeweilige Strategie anwendet.

Für dich	
Emotionaler Stressor	Verhalten, das ich gezeigt habe

Für deinen Partner / deine Partnerin	
Emotionaler Stressor	Verhalten, das ich gezeigt habe

Hier einige Tipps für einen konstruktiveren Umgang mit emotionalem Stress:

- Seid achtsam, wann ihr emotionalen Stress erlebt. Nehmt euch in solchen Situationen rechtzeitig eine Pause oder eine Auszeit, um zu verhindern, dass eure automatischen Reaktionen ausgelöst werden.
- Schafft Verständnis für das eigene und das gegenseitige Verhalten in Stresssituationen, um die Mechanismen zu erkennen und euch gegenseitig darauf aufmerksam machen zu können.
- Erarbeitet Strategien, die dabei helfen, mit den unterschiedlichen Verhaltensmustern umzugehen. Solche Strategien können beispielsweise sein:
  - Sich rechtzeitig eine Auszeit oder Pause zu nehmen und ein Zeichen dafür zu vereinbaren.
  - Zu verabreden, wann ihr das Gespräch weiterführt, wenn ein Partner das Bedürfnis hat, die Situation zu verlassen.
  - Die Situation zu unterbrechen und wieder Verbindung herzustellen, zum Beispiel durch eine Umarmung, bevor ihr das Gespräch weiterführt.

Welche Strategie möchtet ihr zukünftig ausprobieren, wenn ihr in eine emotionale Stresssituation geratet?

____

____

____

Gib, was du dir wünschst! Wie ihr in Verbindung bleiben könnt, wenn es schwierig wird

In der Paartherapie ist ein entscheidender Schritt, über die eigenen Bedürfnisse und Wünsche zu sprechen. Oftmals stelle ich in der Beratung fest, dass die Partner ähnliche Wünsche hegen, wenn auch in leicht variierter Form. Folgende Bedürfnisse und Wünsche werden besonders häufig geteilt:

- Wunsch nach Wertschätzung und Anerkennung
- Bedürfnis nach Aufmerksamkeit
- Wunsch nach Nähe und Zärtlichkeit
- Bedürfnis nach Verbindung und Kontakt
- Wunsch nach Unterstützung

Wenn ich die Partner frage, ob sie das, was sie sich wünschen, dem Partner oder der Partnerin selbst entgegenbringen, lautet die Antwort oft: »Ich habe schon so viel gegeben. Jetzt ist er/sie mal dran.« Vielleicht kennst du das auch? Beispiele:

- Du empfindest deinen Partner als von dir abgewandt, obwohl du dir Nähe wünschst. Statt die Nähe zu suchen, die du dir wünschst, ziehst du dich selbst zurück.
- Du wünschst dir eine kleine Aufmerksamkeit von deinem Partner, etwa einen Strauß Blumen. Anstatt ihm selbst eine Aufmerksamkeit zu schenken, wartest du ab, bis er von allein auf die Idee kommt, dir Aufmerksamkeit zu geben.
- Du wünschst dir, dass deine Partnerin ihre Gedanken mit dir teilt und ihr ein offenes und ehrliches Gespräch führt. Anstatt selbst deine Gedanken und Wünsche zu teilen, beschwerst du dich, dass deine Partnerin so verschlossen ist.
- Du wünschst dir mehr Komplimente und Wertschätzung. Bis dein Partner dir genau das endlich entgegenbringt, hältst du dich mit Komplimenten und Wertschätzung ihm gegenüber zurück.

Ich kann verstehen, dass das oftmals empfundene Ungleichgewicht die Partner davon abhält, weiterhin in Vorleistung zu gehen und dem anderen zu geben, was sie selbst nie bekommen. Gleichzeitig führt genau dieses Verhalten zu verhärteten Fronten: Wenn du deiner Partnerin oder deinem Partner gibst, was du dir selbst wünschst, und ihm somit zeigst, wie schön es sein kann zu empfangen, steigt deine Chance, irgendwann selbst zu empfangen. Vor allem dann, wenn du deine Wünsche und Bedürfnisse mitteilst.

In dem Moment, in dem du dich zurückziehst, wird dein Partner oder deine Partnerin wahrscheinlich ebenfalls mit Rückzug reagieren. Das Resultat ist der Bruch eurer Verbindung.

Du kannst nicht beeinflussen ob und wie viel dein Partner dir gibt, aber du hast immer die Möglichkeit zu geben – höre nicht damit auf!

Welche Wünsche hegst du deinem Partner oder deiner Partnerin gegenüber, die bisher noch nicht erfüllt wurden?

Welche Wünsche hegt dein Partner oder deine Partnerin dir gegenüber, denen du noch nicht nachkommst?

Welchen Schritt kannst du auf deinen Partner oder deine Partnerin zugehen? Was könntest du ihr entgegenbringen, um in Verbindung zu gehen?

Was könntest du deinem Partner oder deiner Partnerin geben, was du dir gerade selbst wünschst?

Wie würdest du dich verhalten, wenn du aus purer Liebe heraus handeln würdest?

Was würdest du tun, wenn du versuchen würdest, *mit* deinem Partner zu arbeiten, statt gegen ihn?

Sei der beste Partner, der du sein kannst! Für sich und für das eigene Verhalten stehen

Vielleicht kannst du dich noch an eine Zeit in deiner Partnerschaft erinnern, als du deinem Partner oder deiner Partnerin all die Liebe geschenkt hast, die du zur Verfügung hast. Als es so richtig gut zwischen euch lief und du keine Sekunde gezögert hast, deiner Partnerin zu zeigen, was du für sie empfindest.

Möglicherweise hat sich seitdem etwas verändert. Vielleicht hast du Verletzung oder Ablehnung erlebt. Vielleicht sind eure Gefühle füreinander abgeflacht. Möglicherweise wurde euer Umgang rauer, weniger liebevoll. Vielleicht hast du dich bewusst oder unbewusst zurückgezogen, nicht das bekommen, was du erwartest hast, und aufgehört, zu geben, was du zu geben hast.

Diesen Beziehungsverlauf erlebe ich bei vielen Paaren. Bis sie eines Tages ihre Beziehung reflektieren und feststellen: »In einer solchen Beziehung möchte ich nicht leben!«

Stattdessen möchten sie vielleicht viel eher Wärme, Zärtlichkeit und einen liebevollen Umgang an jedem Tag erleben. Geht es dir da ähnlich? Manchmal werden Gedanken laut, wie »Mein Partner hat es nicht verdient, dass ich liebevoll mit ihm umgehe, weil er oft so ablehnend und kalt zu mir ist« oder »All meine Liebe ist in dieser Partnerschaft verschwendet – hier bekomme ich nichts zurück!«.

Ich verstehe, dass die Verletzung tief sitzt und es dir schwerfällt, deinem Partner Liebe zu schenken. Mache dir jedoch bewusst, dass kein Verhalten deines Partners rechtfertigt, dass du dir verbietest, zu lieben oder liebevoll zu handeln.

Du hast die Fähigkeit in dir, ein wundervoller Partner oder eine wundervolle Partnerin zu sein. Beschneide dich nicht selbst in deiner Fähigkeit zu lieben, weil du denkst, dass dein Partner deine Liebe nicht verdient. Indem du liebst, erfährst du dich als liebender Mensch. Du darfst dich an jedem Tag für die Liebe entscheiden. Für die Leidenschaft, die Zärtlichkeit, die Freude und die Harmonie – unabhängig davon, welche Kämpfe dein Gegenüber mit sich selbst auszutragen hat.

Ein Satz, der dir dabei helfen kann, dies zu verinnerlichen, ist der Folgende: »Das Verhalten meines Partners rechtfertigt nicht mein Verhalten. Auch wenn mir Ablehnung begegnet, darf ich in Liebe bleiben.«

Veränderung in deinem Denken und Handeln führt immer auch zu Veränderung in deiner Partnerschaft. Möglicherweise verändert dein Partner oder deine Partnerin ihr Verhalten dir gegenüber, wenn sie sich von dir wieder geliebt und wertgeschätzt fühlt.

Aber selbst wenn nicht: Es lohnt sich immer, der beste Partner zu sein, der du sein kannst. Für dich selbst. Für dein Gefühl, alles gegeben zu haben. Um im Wissen zu sein, dass du deinen Beitrag geleistet hast für eine rundum glückliche und erfüllte Beziehung.

Fällt dir eine Handlung oder ein Satz ein, den du kürzlich zu deinem Partner gesagt hast, der eigentlich nicht dem entspricht, wer du als Partner sein möchtest? Welche Situation kommt dir in den Sinn?

Wie möchtest du dich zukünftig deinem Partner oder deiner Partnerin gegenüber verhalten?

Was siehst du als deine persönlichen Kernkompetenzen in der Beziehung an, die du dir immer erhalten willst – egal, was gerade im Außen passiert?

Liebe dich selbst! Selbstwert und Selbstbegehren in der Partnerschaft

Einige Menschen erwarten, in einer Partnerschaft etwas zu bekommen, was sie sich selbst nicht geben können. Bei einigen Punkten mag das stimmen: Eine Partnerschaft stellt eine enge Verbindung mit einem anderen Menschen dar, in der Zärtlichkeit ausgetauscht wird, gemeinsame Ziele verfolgt und Pläne in die Tat umgesetzt werden. In der man die Chance hat, voneinander zu lernen, sich gegenseitig zu inspirieren und sich selbst ein Stück weit besser kennenzulernen. All das kann Partnerschaft leisten.

Was Partnerschaft jedoch nicht leisten kann, ist, zu verändern, was du selbst über dich denkst. Eine Partnerschaft macht dich nicht zu einem besseren oder wertvolleren Menschen, und wenn du das von der Partnerschaft oder deiner Partnerin im Speziellen erwartest, wirst du zwangsläufig enttäuscht werden.

Einige Menschen denken, eine Partnerschaft würde ihnen dabei helfen, zufriedener mit ihrem Leben und sich selbst zu werden. Die beste Version des eigenen Selbst zu werden. Doch genau diese Zufriedenheit kannst du nur in einem inneren Prozess der Selbstannahme und Selbstliebe erreichen. Beispiele:

- Du möchtest von deinem Partner hören, dass er dich schön findet, um dich selbst schön zu finden.
- Du benötigst die Liebe deiner Partnerin, um dich selbst zu akzeptieren.
- Es ist dir wichtiger, was dein Partner über dich denkt, als das, was du selbst über dich denkst.
- Wenn deine Partnerin etwas an deinem Aussehen oder Verhalten auszusetzen hat, versuchst du sofort, dein Aussehen oder dein Verhalten zu verändern, ohne dich zu fragen, wie du zu deinem Körper oder deinen Handlungen stehst.
- Um eine gute Partnerschaft zu gestalten, ist es wichtig, die Verantwortung für dich selbst zu übernehmen und dafür zu sorgen, dass du zufrieden mit dir selbst bist. Denn Zufriedenheit mit sich selbst führt zu Zufriedenheit in der Partnerschaft.

Frage dich also:

Bin ich der Mensch, der ich gern sein möchte?

Würde ich selbst gern eine Beziehung mit mir eingehen, so wie ich bin?

Was macht mich als Partner / Partnerin aus?

Wie möchte ich als Partner / Partnerin sein?

Wie soll mein Partner / meine Partnerin mich erleben?

Was mache ich bereits jetzt als Partner oder Partnerin so richtig gut?

Was möchte ich noch verändern?

___

___

___

Was kann ich ab heute aktiv tun, um der Partner / die Partnerin zu werden, die ich gern sein möchte?

___

___

___

Die Arbeit mit diesem Buch hat zum Ziel, dich zum besten Partner zu machen, der du sein kannst, und dir eine Beziehung zu ermöglichen, die von Erfüllung, Liebe und Glück geprägt ist. Die bisherige Reflexion hat den Grundstein hierfür gelegt. Auf den nächsten Seiten arbeiten wir an den Themen deiner Partnerschaft, und du wirst lernen, genau die Partnerschaft zu leben, die du dir wünschst.

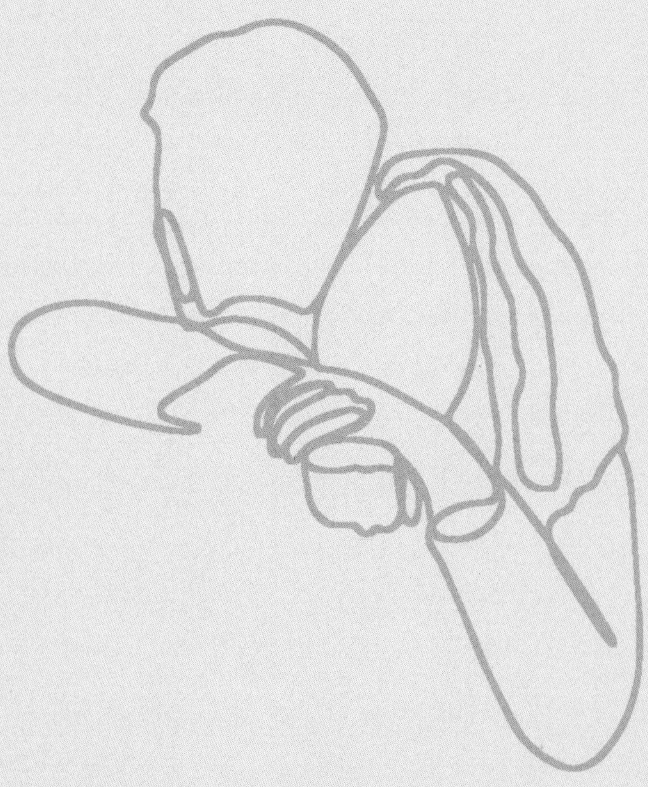

TEIL 3

ANWENDUNG – PARTNERSCHAFT GESTALTEN

8. Kommunikation

In der Partnerschaft gut zu kommunizieren, bedeutet, über die Dinge zu sprechen, die wirklich wichtig sind. Einander zuzuhören und wirklich zu verstehen. Sich Zeit für Gespräche zu nehmen und einen Raum zu schaffen, in dem respektvoll und konstruktiv kommuniziert werden kann – auch dann, wenn es einmal schwierig wird.

Reflexion: Wie kommuniziere ich?

Sehen wir uns nun einmal an, wo ihr in eurer Beziehung im Bereich Kommunikation gerade steht. Was denkst du über die Qualität eurer Gespräche in deiner Partnerschaft?

Kannst du dich an ein Gespräch erinnern, das besonders gut war – vielleicht besser als andere Gespräche? Was hat dieses Gespräch so besonders gemacht? Worüber habt ihr gesprochen?

Wenn die Qualität der Gespräche in deiner Partnerschaft sich zum Positiven verändern würde, was wäre dann konkret anders, wie wäre es dann?

Worüber würdet ihr sprechen, wenn die Qualität der Kommunikation in deiner Partnerschaft besser wäre, als sie es jetzt ist?

Wie sehr erfüllt dich die Dauer und Häufigkeit eurer Gespräche?

Wie häufig und in welchem Maß würdest du dich gern mit deinem Partner oder deiner Partnerin austauschen, wenn alles möglich wäre?

Wenn die Dauer und Häufigkeit der Gespräche in eurer Partnerschaft sich zum Positiven verändern würde, wie viel Zeit würdet ihr euch dann für den Austausch nehmen? In welchem Rahmen und welcher Regelmäßigkeit würde dieser stattfinden?

Was wäre anders als jetzt, wenn ihr ab jetzt Gespräche in der perfekten Dauer und Häufigkeit miteinander führen würdet? Was würde dadurch möglich werden?

Was bedeutet offene und ehrliche Kommunikation für dich und in welchem Maß siehst du diese Kriterien in deiner Partnerschaft erfüllt?

Wenn ihr vollkommen offen und ehrlich kommunizieren könntet, was wäre anders als jetzt, wie wäre es dann?

Worüber würdet ihr noch sprechen, wenn ihr vollkommen offen und ehrlich kommunizieren würdet? Was würdest du teilen, was du aktuell eher für dich behältst? Welche Themen würde dein Partner oder deine Partnerin anschneiden?

Was würde für euch möglich werden, wenn ihr ab jetzt ein Stück offener und ehrlicher miteinander sprechen würdet als bisher?

Wie geht ihr aktuell mit herausfordernden Themen in der Partnerschaft um? Welche offenen oder unausgesprochenen Regeln gibt es in deiner Beziehung im Umgang mit konfliktbehafteten Themen?

Wie fühlst du dich, wenn du daran denkst, ein schwieriges Thema in deiner Beziehung anzusprechen, zum Beispiel Kritik oder einen Änderungswunsch?

Wenn dir der Umgang mit konfliktbehafteten Themen in deiner Beziehung ab jetzt ganz leichtfallen würde, was wäre dann anders? Wie würdest du mit diesen Themen ab jetzt umgehen?

Was würde sich verändern, wenn dein Partner oder deine Partnerin zukünftig besser mit herausfordernden Themen umgehen könnte? Inwiefern würde sie anders kommunizieren als jetzt? Woran würdest du diese Veränderung bemerken?

Wie sehr fühlst du dich von deinem Partner oder deiner Partnerin in der Beziehung gesehen und gehört?

In welchem Maß gelingt es dir, auch sie oder ihn zu sehen und zu hören?

Wie könnte es euch gelingen, euch noch besser zu sehen und zu hören?

Wenn ihr euch gegenseitig noch besser sehen und hören würdet als bisher, was würde sich dann konkret verändern? Woran würdest du merken, dass euch das jetzt besser gelingt?

In welchem Maß sprecht ihr über eure Wünsche und Bedürfnisse in der Partnerschaft?

Wann ist es dir schon einmal richtig gut gelungen, über deine Wünsche und Bedürfnisse zu sprechen, und was hat dir dabei geholfen?

Welche Veränderung bräuchte es in deiner Partnerschaft, damit du noch besser über deine Bedürfnisse und Wünsche sprechen kannst?

Woran würdest du merken, dass es in deiner Partnerschaft genug Raum für ein Gespräch über deine Wünsche und Bedürfnisse gibt? Wie würde dieser Raum konkret aussehen?

In welchem Rahmen ist Kommunikation bereits jetzt in eurer Beziehung gut möglich?

Wann wird die Kommunikation in eurer Partnerschaft schwierig?

Welche Wünsche hast du bezüglich der Kommunikation an deinen Partner oder deine Partnerin?

Was möchtest du gern selbst an deiner Kommunikation verändern?

Wo würdest du die Kommunikation in deiner Partnerschaft auf der Skala einordnen, wenn 1 für die schlechteste vorstellbare Kommunikation bzw. überhaupt keine steht und 10 für die beste Kommunikation, die in einer Partnerschaft möglich ist?

keine oder sehr schlechte Kommunikation (– 1 2 3 4 5 6 7 8 9 10 +) bestmögliche Kommunikation

Nehmen wir an, durch den Input und die Übungen auf den folgenden Seiten gelingt es dir, zukünftig anders zu kommunizieren und die Kommunikation in deiner Beziehung langfristig zu verbessern. Was wäre dein persönliches Ziel? Welchen Bereich der Skala würdest du in deiner Beziehung gern erreichen?

keine oder sehr schlechte Kommunikation (– 1 2 3 4 5 6 7 8 9 10 +) bestmögliche Kommunikation

Woran würdest du ganz konkret bemerken, dass sich die Kommunikation in deiner Partnerschaft verbessert hat und du dein persönliches Ziel auf der Skala erreicht hast? Was würde sich ganz konkret in eurer Kommunikation verändern?

Mal angenommen, es würde dir gelingen, bereits jetzt so gut zu kommunizieren, wie du es dir auf der zweiten Skala als Ziel gesetzt hast. Was würdest du konkret anders machen als jetzt?

Was würde sich inhaltlich und an der Qualität eurer Kommunikation ganz konkret verändern?

Wie würdet ihr die Kommunikation in eurer Beziehung gestalten? Was wäre daran anders als jetzt?

Lass uns nun beginnen, an deiner Kommunikation zu arbeiten und zu lernen, klar und deutlich zu kommunizieren. Denn vielleicht kennst auch du Situationen, in denen du es vermeidest, unangenehme Themen anzusprechen, so lange, bis du den Ärger nicht mehr runterschlucken kannst. Vielleicht wirst auch du im Gespräch oder gerade im Streit mit deinem Gegenüber schnell anklagend oder vorwurfsvoll. Oder du neigst zu Verallgemeinerungen oder reagierst nachtragend – kennst du das von dir?

In diesem Kapitel lernst du, wie du die Kommunikation in deiner Beziehung verbessern und dadurch eine ganz neue Beziehungsqualität erleben kannst.

Methode und Haltung: Die Gewaltfreie Kommunikation nach Marshall Rosenberg

Eine wirkungsvolle Methode zur Verbesserung der Kommunikation in der Partnerschaft stellt das Konzept der Gewaltfreien Kommunikation (GFK) nach Marshall Rosenberg dar. Dabei ist diese Methode weniger eine reine Technik als vielmehr eine Haltung, mit der du deinem Gegenüber in der Kommunikation begegnen solltest.

Möglicherweise erschreckt dich der Begriff »Gewaltfreie Kommunikation«, weil du bei Gewalt an körperliche Gewalt denkst. Es geht hier zwar auch um körperliche, aber vor allem um psychische und sprachliche Gewalt, die vermieden werden soll. Im Gespräch soll also darauf verzichtet werden, sein Gegenüber bewusst oder unbewusst unter Druck zu setzen, ihn emotional zu erpressen. Durch eine Kommunikation in vier Schritten sowie die Einhaltung einiger Grundregeln, gelingt das mit ein wenig Übung ganz einfach.

Die Grundhaltung der Gewaltfreien Kommunikation

Die Grundhaltung der Gewaltfreien Kommunikation basiert darauf, einen empathischen Umgang mit dem Mitmenschen zu erlernen. Sich dem Gespräch wirklich und wahrhaftig zu öffnen, einander echtes Gehör und volle Aufmerksamkeit zu schenken und ein tiefes Verständnis füreinander zu erwirken. Dabei helfen folgende Grundsätze der Gesprächskultur:

- Schildere deine Gefühle so konkret wie möglich.
- Sprich von dir – in der Ich-Perspektive –, anstatt das Wort »man« zu gebrauchen, als handele es sich um eine allgemeingültige Aussage.
- Formuliere deine Bedürfnisse klar und in Form einer Bitte.
- Verzichte auf Forderungen, formuliere stattdessen Wünsche und Bitten nach dem Grundsatz: »Du darfst dir immer alles wünschen – es gibt jedoch keine Garantie, dass all deine Wünsche erfüllt werden.«
- Verzichte auf Interpretationen und Bewertungen, bleibe stattdessen bei den Fakten, die du beobachten kannst.

Bei der Gewaltfreien Kommunikation wird einerseits davon ausgegangen, dass es durch eine bestimmte Art der Kommunikation gelingen kann, eine empathische Verbindung zum Gegenüber herzustellen, und dass wir andererseits bereit sind, Menschen, mit denen wir uns empathisch verbunden fühlen, ihre Wünsche zu erfüllen und etwas für den anderen zu tun – sofern bestimmte Regeln und Bedingungen erfüllt sind. Menschen sind beispielsweise meist sehr gern bereit, etwas für ihren Partner zu tun, solange sie darum gebeten werden. Sie erfüllen Wünsche eher nicht gern, wenn es von ihnen gefordert wird und ihnen so das Gefühl gegeben wird, es sei ihre Pflicht.

Marshall Rosenberg hat die Anwendung der Gewaltfreien Kommunikation in einem konkreten 4-Schritte-Modell verankert, das dir bei der Übung helfen kann.

Die vier Schritte der Gewaltfreien Kommunikation

Nehmen wir an, du bittest deinen Partner, nach der Arbeit noch im Supermarkt vorbeizufahren und ein paar Kleinigkeiten zu kaufen, die für das Abendessen fehlen. Er willigt ein, weil ein Supermarkt auf seinem Weg liegt. Am Abend aber kommt er mit leeren Händen nach Hause. Er habe Stress und sein Kopf sei voller Gedanken – er habe es einfach vergessen.

Das ist eine Situation, die auch in deiner Beziehung so oder so ähnlich vorkommen könnte. Wie würdest du darauf reagieren? Wie würdest du deinem Partner in dieser Situation begegnen?

___

___

___

Bevor wir an diesem Beispiel die vier Schritte der Gewaltfreien Kommunikation anwenden, hier eine Übersicht über die Schritte:

1. *Beobachtung:* Du schilderst deine Wahrnehmung der Situation, ohne zu interpretieren oder zu bewerten.
2. *Gefühl:* Du teilst mit deinem Partner, was die Beobachtung in dir auslöst, ohne Vorwürfe oder Anschuldigungen anzubringen.
3. *Bedürfnis:* Du äußerst ein Bedürfnis, du sagst deinem Partner, was du von ihm benötigst.
4. *Wunsch oder Bitte:* Du formulierest eine konkrete Bitte oder einen konkreten Wunsch, der erfüllbar ist.

Nach den Kommunikationsregeln würdest du im ersten Schritt deine *Beobachtung* mit deinem Partner teilen. Du würdest ihm also erzählen, wie du die Situation wahrnimmst – und zwar ohne zu interpretieren oder zu bewerten. Also nur Dinge, die über die Sinne wahrnehmbar sind, zum Beispiel was du siehst oder was du hörst. Im Beispiel könnte deine Wahrnehmung sein: »Ich sehe, dass du nach Hause gekommen bist, ohne die Dinge eingekauft zu haben, die wir besprochen hatten.« – Dieser Satz ist frei von Interpretation oder Bewertung. Einfach nur eine reine Beobachtung.

Im zweiten Schritt teilst du deinem Partner mit, *welches Gefühl diese Situation und diese Beobachtung in dir auslösen.* Du bleibst bei dir und sprichst aus der Ich-Perspektive, ohne Vorwürfe zu machen oder Anschuldigungen anzubringen. Beispielsweise sagst du: »Ich fühle mich verärgert / nicht ernst genommen / nicht wichtig genommen.«

Dann bringst du im dritten Schritt ein *Bedürfnis an, das die Situation in dir auslöst.* Lass deinen Partner oder deine Partnerin wissen, was du von ihm brauchst. Du könntest beispielsweise sagen: »Ich brauche Unterstützung von dir in unserem gemeinsamen Alltag; beispielsweise darin, den Kühlschrank zu füllen« oder »Ich möchte mich darauf verlassen können, dass du Absprachen einhältst.«

Im vierten und letzten Schritt äußerst du einen Wunsch oder eine ganz konkrete Bitte. Denn: Dein Gegenüber kann deine Gedanken nicht lesen – wenn du etwas von ihm möchtest, musst du ihn darum bitten. Bitte achte hier darauf, dir nur Dinge zu wünschen, die möglich sind. Du kannst die Zeit nicht zurückdrehen, die Situation, die euren Streit ausgelöst hat, ist bereits geschehen. Du könntest aber beispielsweise folgenden Wunsch formulieren: »Ich bitte dich, zukünftig Absprachen mit mir einzuhalten« oder »Bitte sage mir beim nächsten Mal direkt Bescheid, wenn du eine Absprache nicht einhalten kannst, damit ich mich um die Sache selbst kümmern kann.«

Abschließend: In der Situation, in der dein Partner nach Hause kommt, ohne wie besprochen die Kleinigkeiten besorgt zu haben, könntest du folgendermaßen reagieren: »Weißt du, wenn ich sehe, dass du nach Hause kommst, ohne die Dinge gekauft zu haben, die wir besprochen haben, dann ärgere ich mich und habe das Gefühl, nicht ernst genommen zu werden. Ich brauche deine Unterstützung, damit wir unseren Alltag gemeinsam meistern können, und ich wünsche mir, dass du mir zukünftig direkt Bescheid sagst, wenn du es nicht schaffst, eine Absprache einzuhalten. Können wir uns darauf einigen?«

Eine Reaktion auf diese Art wirkt deeskalierend. So kann es euch gelingen, eine konstruktive Lösung für herausfordernde Situationen zu erreichen, ohne in einen Konflikt zu geraten.

Die Gewaltfreie Kommunikation ist eine effektive Methode, um zu verhindern, dass in Konfliktsituationen Streit ausbricht und so gar kein konstruktives Gespräch mehr möglich ist.

Möglicherweise löst die Vorstellung, ein Gespräch nach den vier Schritten der Gewaltfreien Kommunikation zu führen, bei dir – wie bei vielen Paaren – das Gefühl aus, sich verstellen oder Sätze einstudieren zu müssen. Tatsächlich geht es viel eher darum, eine Haltung der Kommunikation zu entwickeln, bei der jede Person bei sich bleibt und über sich spricht. In der es Raum für das Gespräch über Gefühle, Bedürfnisse und Wünsche gibt und die frei von Anklagen und Anschuldigungen ist. Sich in den vier Schritten zu üben, kann für den Anfang hilfreich sein, um sich an die Grundsätze zu erinnern. Im weiteren Verlauf ist das Ziel, die Haltung der Gewaltfreien Kommunikation in jeder Gesprächssituation so weit zu etablieren, dass es nicht mehr so wichtig ist, detailliert an den vier Schritten festzuhalten. Es empfiehlt sich also, am Anfang tatsächlich die vier Schritte zu üben, auch wenn es gekünstelt wirkt, aber im Laufe der Zeit wird das Prinzip der Gewaltfreien Kommunikation zur Gewohnheit und damit zu einer Haltung.

Erinnere dich für die folgende Übung an eine Situation, in der ihr ein herausforderndes Gespräch führen musstet, oder wähle ein Gespräch, das dir noch bevorsteht – es kann sich um ein Thema handeln, das immer wieder aufkommt und mit dem du nun endlich aufräumen möchtest, oder es handelt sich um eine einmalige Situation, die du mit deinem Partner oder deiner Partnerin klären möchtest.

Fasse das Thema oder die Situation in einigen Stichpunkten zusammen – achte darauf, nur die Aspekte der Situation zu erfassen, die beobachtbar sind oder wirkliche Fakten darstellen:

Welche Gefühle löst die Situation in dir aus?

Was für ein Bedürfnis entsteht in der Situation in dir – was brauchst du von deinem Gegenüber?

Hast du einen konkreten Wunsch oder eine Bitte an dein Gegenüber? Notiere es!

Im folgenden Schritt bringen wir die gerade gesammelten Punkte in das Raster der vier Schritte der Gewaltfreien Kommunikation:

Wenn ich sehe, dass du/wir/es ...

... fühle ich mich ...

Ich brauche von dir, ...

Mein Wunsch an dich lautet ...

Fasse nun einmal für dich zusammen, wie du dein Anliegen in einem Gespräch mit deinem Partner oder deiner Partnerin gewaltfrei formulieren kannst:

Ab jetzt bietet jede Alltagssituation und jedes Gespräch die Chance, die Haltung der Gewaltfreien Kommunikation zu üben. Dabei musst du nicht zwangsläufig nach den vier Schritten des Modells vorgehen, sondern solltest folgende Punkte im Hinterkopf behalten:

- Ich spreche nur von mir und aus meiner Perspektive.
- Ich beziehe mich nur auf Fakten, die ich beobachten konnte, sowie meine Gefühle und Bedürfnisse.
- Wenn mir etwas unklar ist, frage ich nach, ob ich meinen Partner / meine Partnerin richtig verstanden habe.
- Ich reflektiere für mich selbst, ob ich voreingenommen und vorwurfsvoll im Gespräch bin, und fokussiere mich auf eine neutrale und zugewandte Haltung.

Wie wichtig es ist, sich die Auswirkungen der eigenen Interpretationen auf die Kommunikation bewusst zu machen, zeigt auch das Vier-Seiten-Modell von Friedemann Schulz von Thun.

Das Kommunikationsquadrat nach Schulz von Thun

Das Vier-Seiten-Modell beschreibt, dass es vier verschiedene Möglichkeiten gibt, eine Aussage des Gegenübers, beispielsweise des Partners, zu hören und zu interpretieren. Hierbei wird auch von vier verschiedenen Ohren gesprochen, mit denen du – je nach Situation, Stimmung und persönlicher Präferenz – die Aussagen deines Partners hören kannst:

- *Die Sachebene:* Auf der Sachebene nimmst du Informationen und Fakten auf. Deine persönlichen Gefühle bleiben außen vor, es geht um den reinen Inhalt des Gesagten.
- *Die Selbstoffenbarungsebene:* Auf der Ebene der Selbstoffenbarung nehmen wir all die Informationen auf, die der Partner über sich preisgibt – bewusst oder unbewusst –, beispielsweise darüber, wie es ihm geht oder was in ihm vorgeht.
- *Die Beziehungsebene:* Die Beziehungsebene ist für die Partnerschaft besonders relevant und führt häufig zu Konflikten. Hier wird das Gesagte bewusst oder unbewusst danach interpretiert, was die Aussage des Partners für die eigene Partnerschaft bedeutet – und das kann hierbei je nach Stimmung und Beziehungsqualität positiv oder negativ ausgelegt werden.
- *Die Appellebene:* Auch die Appellebene führt häufig zu Konflikten, da wir auf dieser Ebene den Fokus auf empfundene Erwartungen und Forderungen des Partners legen und – je nach Stimmung und Beziehungsqualität – bereit sind, diesen nachzukommen oder nicht.

Nutzen wir das Beispiel aus dem vorherigen Abschnitt, um zu zeigen, wie sich die verschiedenen Ebenen auf eine Situation in deiner Partnerschaft auswirken können. Angenommen dein Partner kommt nach eurer Absprache, einige Kleinigkeiten im Supermarkt zu besorgen, mit leeren Händen nach Hause. Als du ihn darauf ansprichst, sagt er: »Ich habe vergessen, noch zum Supermarkt zu gehen.«

- Sachebene: Du nimmst die Information des Versäumnisses deines Partners als reinen Fakt auf – dein Partner hat vergessen, zum Supermarkt zu gehen. Möglicherweise ärgerst du dich, dass euch jetzt einige Zutaten zur Essenszubereitung fehlen, du bringst die Information jedoch nicht in Verbindung mit eurer Beziehungsqualität.

- Selbstoffenbarungsebene: Du versuchst zu verstehen, was die Information über den Zustand deines Partners aussagt. Möglicherweise ist er aktuell gestresst, hat viel im Kopf oder war in Gedanken. Vielleicht hatte er es auf dem Heimweg eilig. Deine Interpretation kann richtig oder falsch sein – du müsstest nachfragen, um das zu überprüfen.
- Beziehungsebene: Du beziehst die Information auf dich und eure Beziehung. Daraus schließt du möglicherweise auf eure Beziehungsqualität. Je nach Stimmung und Beziehungsqualität könntest du den Satz negativ auf der Beziehungsebene auslegen, beispielsweise »Er hat mir am Telefon nicht richtig zugehört und deshalb vergessen, zum Supermarkt zu gehen« oder »Meine Bedürfnisse sind ihm nicht wichtig, weshalb er sich nicht bemüht hat, meinem Wunsch nachzukommen«. Bist du in guter Stimmung oder zeugt eure Beziehung von hoher Beziehungsqualität, könntest du stattdessen denken: »Er wollte schnell zu mir nach Hause kommen, damit wir den Abend gemeinsam verbringen können, und hat in der Eile vergessen, noch beim Supermarkt anzuhalten.« Wie du siehst, haben deine Stimmung und auch die Beziehungsqualität enormen Einfluss darauf, wie du das Verhalten deines Partners auf der Beziehungsebene interpretierst.
- Appellebene: Auch diese Ebene stellt oftmals eine reine Interpretation dar. Ein Appell, den du aus dem Satz heraushören könntest, wäre beispielsweise: »Ich habe vergessen, noch zum Supermarkt zu gehen – jetzt musst du das für mich übernehmen und nochmal losgehen.« Der empfundene Appell kann zu einem inneren Monolog führen: »Warum soll ich nochmal losgehen? Ich hatte es doch klar und deutlich gesagt. Wieso geht er nicht selbst?« – und so zu einem Konflikt führen.

Ein Bewusstsein für die verschiedenen Ebenen zu entwickeln, kann dir dabei helfen, die unbewussten Interpretationen, die zu Konflikten und Missverständnissen führen können, zu erkennen und zukünftig klarer zu kommunizieren.

In der folgenden Übung kannst du dein Bewusstsein für die verschiedenen Kommunikationsebenen des Modells schulen.

Übung zur Schulung der Kommunikationsebenen

Denke an eine Situation aus der Vergangenheit, in der du deinen Partner oder deine Partnerin missverstanden hast oder die zu einem Konflikt geführt hat.

Welchen Satz hat dein Partner oder deine Partnerin in dieser Situation gesagt, der zu einem Missverständnis oder Konflikt geführt hat?

____

____

Überlege nun, wie du den Satz auf verschiedenen Ebenen aufgefasst haben könntest.

Sachebene:

____

____

____

Selbstoffenbarungsebene:

____

____

____

Beziehungsebene:

____

____

____

Appellebene:

____

____

____

Behalte die unterschiedlichen Interpretationsmöglichkeiten im Hinterkopf, um zukünftig Missverständnisse und damit Konflikte in deiner Partnerschaft zu vermeiden.

Klare und respektvolle Kommunikation als Haltung

Die Technik der Gewaltfreien Kommunikation sowie das Vier-Seiten-Modell können dich dabei unterstützen, klarer zu kommunizieren, Missverständnisse zu vermeiden und Konflikte besser zu lösen. Erfahrungsgemäß führt die reine Technik jedoch nicht bei allen Paaren schon zur Veränderung. Und das ist nicht schlimm. Nicht bei jedem Menschen funktionieren die gleichen Dinge. Nicht jeder findet auf die gleiche Art und Weise Zugang zum Thema. Möglicherweise denkst du, dass die Anwendung der Techniken einstudiert wirkt und im Alltag nicht umsetzbar ist.

Kommunikation ist eine Haltung. Eine Haltung, einander zu begegnen. Eine Haltung, in Kontakt zu gehen. Eine Haltung, Verbindung aufzubauen. Sich einander zuzuwenden. Du kannst alle Regeln der Gewaltfreien Kommunikation anwenden und deinem Partner oder deiner Partnerin trotzdem nicht zugewandt sein – und dann hilft das alles nichts.

Die folgenden drei Grundsätze können dir helfen, besser zu kommunizieren, Akzeptanz und Respekt auch in der Kommunikation auszudrücken. Sie unterstützen dich dabei, zugewandt zu sein und zu bleiben.

Grundsatz 1: Ich höre zu, um wirklich zu verstehen

Oftmals besteht das Ziel der Kommunikation unbewusst vor allem darin, die eigene Meinung loszuwerden. Beide Partner sind der Meinung, die richtige Antwort bereits zu kennen, und sind deshalb überhaupt nicht mehr bereit, sich auf das einzulassen, was der andere zu diesem Thema beizutragen hat. Das ist das Gegenteil von Zugewandtsein.

Ab heute solltest du versuchen, zuzuhören, um wirklich zu verstehen.

Das Ziel in der Kommunikation sollte nicht mehr sein, einfach nur die eigenen Themen loszuwerden. Einfach nur mit der eigenen Sichtweise gehört zu werden. Es braucht natürlich Raum für beide in der Partnerschaft, aber so, wie du dir den Raum wünschst, musst du auch bereit sein, deinem Gegenüber den Raum zu geben, den es sich wünscht.

Ab heute solltest du nicht mehr versuchen, einfach nur deine Meinung kundzutun, sondern zuzuhören. So lange, bis du wirklich verstanden hast, was dein Gegenüber sagt. Und in diesem Prozess führt kein Weg daran vorbei, nachzufragen und abzugleichen, ob du ihn oder sie richtig verstanden hast.

Das bedeutet, Raum zu geben. Das bedeutet, auch einmal still sein zu können. Das bedeutet – ganz praktisch – den anderen aussprechen zu lassen, ihn nicht zu unterbrechen. So oft wird enormer Frust ausgelöst, wenn Menschen im Gespräch unterbrochen werden.

Öffne dich dafür, überhaupt gar nichts zu wissen. Öffne dich für die Möglichkeit, dass dein Partner oder deine Partnerin ihre Meinung geändert hat. Dass sie neue Informationen oder Gedanken hat, die du noch nicht kennst. Höre wirklich zu und versuche, zu verstehen. Frage dich immer wieder:

- Habe ich alles verstanden, was mein Partner mir gerade gesagt hat?
- Gibt es noch offene Fragen?
- Weiß ich schon ganz genau, wie meine Partnerin zu dieser Meinung gekommen ist?
- Ist mir schon klar, weshalb sie diese Überzeugung hegt?

Und wenn du eine dieser Fragen mit »Nein« beantworten musst, dann frage nochmal nach.

Grundsatz 2: Ich glaube dem anderen, dass seine Perspektive für ihn wahr und richtig ist

Ihr habt völlig unterschiedliche Vorerfahrungen in der Gesprächssituation. Ihr erzählt euch völlig unterschiedliche Geschichten über die Situation. Und so richtig, wie deine Sichtweise aus deiner Position heraus ist, so richtig ist die Sichtweise deines Gegenübers aus seiner Position heraus.

In der Kommunikation geht es darum, zuzuhören und zu verstehen. Es geht darum, das Gegenüber zu akzeptieren, seine Meinung kennen- und annehmen zu lernen. Es geht nicht darum, Überzeugungsarbeit zu leisten.

Ihr könnt euch austauschen, und ein Austausch kann dazu führen, die eigene Meinung zu überdenken und zu verändern. Er kann dazu führen, neue Erkenntnisse zu erlangen. Zu lernen. Aber das sind innere Prozesse und nicht von außen steuerbar.

Übe dich also in Akzeptanz.

Grundsatz 3: Ich behalte das Gesamtbild im Blick

Möglicherweise gibt es auch in deiner Partnerschaft Konflikte und Gespräche, die existenziell sind oder im Laufe des Gesprächs existenziell werden. Bei denen die Beziehung auf dem Spiel steht. Bei denen eine Meinungsverschiedenheit zu Trennungsgedanken oder -androhung führt.

In Kapitel 7 hast du erfahren, dass diese Kampf- und Fluchtreaktionen Schutzmechanismen sind. Es ist vollkommen in Ordnung, dass sie da sind. Aber es ist deine Aufgabe, die Situation in die richtige Perspektive zu rücken. Das Gesamtbild im Blick zu behalten, anstatt nur den Ausschnitt wahrzunehmen, der gerade präsent ist.

Vergiss im Konflikt nicht, was es an Positivem in deiner Partnerschaft gibt. Sicher gibt es den ein oder anderen Punkt, in dem ihr unterschiedlicher Meinung seid – aber in wie vielen Punkten seid ihr euch einig? Sicher habt ihr einige unterschiedliche Bedürfnisse und Wünsche – aber wie viele habt ihr gemeinsam?

Wenn du das Gesamtbild im Blick behältst und die positiven Aspekte im Konflikt nicht vergisst, ist das der Weg raus aus Verallgemeinerungen. Sie sind nicht nur nicht nötig – du erkennst, dass sie schlichtweg falsch sind.

Ihr müsst nicht immer einer Meinung sein. Ihr dürft eure Unterschiede haben. Statt zu versuchen, sie zu verändern, dürft ihr euch ergänzen und voneinander lernen. Aber um Unterschiedlichkeit zu akzeptieren und anzunehmen, braucht es eine Kommunikation – und eine Haltung in der Partnerschaft, die von Respekt, Akzeptanz und Annahme geprägt ist.

Um diese Grundhaltung noch intensiver in der Kommunikation in deiner Partnerschaft zu etablieren, können dir die folgenden Tipps helfen. Nicht jeder Tipp wird gleich stark auf dich wirken und nicht jeder wird für deine Partnerschaft relevant sein. Wähle die Tipps für dich aus, die dir helfen, eine respektvolle und klare Kommunikation in deiner Partnerschaft zu etablieren, und übe täglich diese Tipps. Nicht an jedem Tag wird dir das gleich gut gelingen – das ist völlig normal. Übe dich an jedem neuen Tag wieder in der Anwendung der Tipps und nimm dir nicht zu viel auf einmal vor. Einen Tipp pro Tag zu verfolgen, ist mehr als genug!

Tipp 1: Sprich nur über Dinge, die du sicher weißt

Ganz sicher weißt du,

- was du selbst fühlst und denkst,
- was du gesehen, gehört oder auf andere Weise wahrgenommen hast,
- was dein Gegenüber ausgesprochen hat,
- was dein Gegenüber getan hat, sofern du es gesehen hast,
- was dir vielleicht jemand erzählt hat – du weißt nicht, ob es stimmt, aber du weißt, dass es dir jemand erzählt hat.

Das ist alles, was du sicher weißt. Alles andere ist Interpretation. Sprich nur über Dinge, die du sicher weißt, und frage bei allem anderen einfach nach! So ersparst du dir viele Missverständnisse, Konflikte und Stress!

Wie gut gelingt es dir bereits, nur über die Dinge zu sprechen, die du sicher weißt?

☐ Sehr gut
☐ Habe noch Übungsbedarf
☐ Noch gar nicht

Was könnte ein erster Schritt sein, um zukünftig weniger zu interpretieren und mehr über beobachtbare und erlebbare Fakten zu sprechen?

____

____

____

Tipp 2: Sprich aus, was du dir wünschst

Erwarte nicht von deinem Partner, dass er errät, wie es dir geht oder was du brauchst – das ist kein Liebesbeweis! Wie oft höre ich Glaubenssätze wie »Wenn mein Partner mich wirklich liebt, weiß er, was ich mir wünsche!« oder »Wenn meine Partnerin mich wirklich kennen würde, wüsste sie, dass sie mich damit verletzt hat!«.

Es mag dein Beziehungsbild auf den Kopf stellen, aber: Das stimmt nicht. Die Gedanken des anderen erraten zu können, ist kein Liebesbeweis. Und es nicht zu können, ist erst recht kein Beweis dafür, den Partner oder die Partnerin nicht zu lieben, sie nicht gut genug zu kennen oder sich nicht für sie zu interessieren.

Ihr könnt nur dann voneinander wissen, wenn ihr euch miteinander verständigt. Dein Partner kann nur wissen, was du dir wünschst, wenn du es ihm mitteilst. Er kann dich nur so behandeln, wie du behandelt werden möchtest, wenn er von deinen Wünschen weiß. Und dafür musst du sie im ersten Schritt aussprechen. Du musst aussprechen, was du dir wünschst.

Wie gut gelingt es dir schon, auszusprechen, was du dir wirklich wünschst?

☐ Bereits sehr gut
☐ Ich darf noch dazulernen
☐ Ist ganz neu für mich

Was könntest du noch heute tun, um dich darin zu üben, über die Dinge zu sprechen, die du dir wirklich wünschst?

Tipp 3: Übernimm Verantwortung für deine Worte

Es liegt ganz allein in deiner Verantwortung, wie du kommunizierst. Du entscheidest, welche Worte du wählst. Du entscheidest, welchen Ton du anschlägst. Du entscheidest, ob du deine Interpretationen aussprichst oder ob du nachfragst. Du entscheidest, ob du deinem Gegenüber mitteilst, was die Situation in dir auslöst, ob du deine Wünsche und Bedürfnisse teilst oder ob du dein Gegenüber blind deine Bedürfnisse erraten lässt. Du allein entscheidest das.

Nur du kannst die Kommunikation in deiner Partnerschaft verändern!

Es ist nicht immer einfach, die richtige Wahl zu treffen und sich richtig zu entscheiden. Alles auszusprechen, sich zu erklären, sich verletzlich zu zeigen. Das kann herausfordernd sein.

Du wirst nicht irgendwann morgens aufwachen und ganz von allein die richtigen Worte finden. Du wirst nicht irgendwann einfach ganz locker über deine Gefühle plaudern können. Du wirst nicht von heute auf morgen aufhören zu interpretieren und stattdessen immer schön nachfragen. Nur noch von deiner Warte aus sprechen und Situationen ruhig und konstruktiv klären können. Das wird nicht passieren.

Das ist aktive Arbeit. An jedem Tag. In jeder Situation und in jedem Konflikt.

Wie sehr übernimmst du bereits die Verantwortung für deine Worte?

☐ Vollkommen
☐ Nur teilweise
☐ Noch gar nicht

Was würdest du ab heute anders machen, wenn du die volle Verantwortung für deine Worte und die Kommunikation in der Beziehung tragen würdest?

Tipp 4: Sei ehrlich

In einer erfüllten Partnerschaft braucht es ein gewisses Maß an Ehrlichkeit! Vielleicht sagst auch du oftmals nicht die Wahrheit, um eine negative Situation zu vermeiden oder einem Konflikt aus dem Weg zu gehen. Übe dich darin, die Wahrheit zu sagen – auch wenn es vielleicht unangenehm wird.

Wenn wir Dinge zurückhalten, die eigentlich ausgesprochen werden wollen, kann es passieren, dass es in unserer Partnerschaft zu einer Enttäuschung kommt oder sich negative Emotionen anstauen, die sich dann plötzlich entladen. Deine Erwartungen und Wünsche ehrlich auszusprechen und ab und an Grenzen aufzuzeigen, unterstützt dich bei deiner klaren und ehrlichen Kommunikation.

Wie gut gelingt es dir bereits, ehrlich zu sein und deine Emotionen, Wünsche und Bedürfnisse zu kommunizieren – auch wenn es unangenehm wird?

☐ Ich bin sehr ehrlich
☐ Manchmal verschweige ich etwas.
☐ Ich halte mich oft zurück

Was gehört in deiner Partnerschaft schon lange einmal ausgesprochen? Worüber solltest du das Gespräch mit deinem Partner oder deiner Partnerin suchen?

Tipp 5: Höre aktiv zu und frage nach

Oftmals denken wir, bereits zu wissen, was unser Gegenüber sagen möchte: eine häufige Ursache für Missverständnisse. Aktiv zuzuhören, kann hier helfen. Frage nach, ob du dein Gegenüber richtig verstanden hast. Und zwar so lange, bis dir ganz klar ist, worum es geht und was er oder sie dir sagen möchte.

Wie häufig überprüfst du, ob du dein Gegenüber wirklich verstanden hast?

☐ In den meisten Fällen
☐ Eher selten
☐ Bisher noch gar nicht

Woran kannst du zukünftig erkennen, dass du dein Gegenüber wirklich verstanden hast, und wie möchtest du eure Kommunikation auf Missverständnisse überprüfen?

Tipp 6: Verzichte auf Verallgemeinerungen

Im Alltag – gerade im Streit – passiert es leicht, dass wir unseren Worten Ausdruck verleihen, indem wir sie verallgemeinern. Vielleicht wirfst auch du deinem Partner oder deiner Partnerin manchmal vor, *immer* zu spät zu kommen, *nie* den Teller in die Spülmaschine zu räumen oder *jedes Mal* die Termine zu verschwitzen. Abgesehen davon, dass sich ein Mensch wohl kaum immer, nie oder jedes einzelne Mal auf eine bestimmte Art und Weise verhält, kommst du mit dieser Art der Argumentation nicht weit – dein Partner wird sofort ein Gegenargument finden à la »Das stimmt nicht! Letzten Dienstag war ich pünktlich beim Elternabend!«. Vermeide also Verallgemeinerungen und sprich stattdessen über die aktuelle Situation.

Wie häufig hast du in der Vergangenheit verallgemeinert?

- ☐ Im Alltag recht häufig
- ☐ Passiert mir nur im Streit
- ☐ Ich bleibe bei der aktuellen Situation

Was kann dir zukünftig dabei helfen, dich daran zu erinnern, auf Verallgemeinerungen zu verzichten und stattdessen bei der aktuellen Situation zu bleiben?

____

____

____

Tipp 7: Verzichte auf Interpretationen

Viele Konflikte in Partnerschaften werden durch Interpretationen hervorgebracht. Ein Partner meint bereits zu wissen, was der andere Partner sagen will. Von früheren Situationen wird auf die aktuelle Situation geschlossen. Frühere Erfahrungen – oder Erfahrungen aus anderen sozialen Beziehungen – werden auf die Partnerschaft übertragen.

Interpretationen führen schnell zu Konflikten. Dabei sind Interpretationen meist gar nicht nötig und schüren unnötiges Konfliktpotenzial. Überlasse deinem Gegenüber zukünftig die Verantwortung für seine Worte und Handlungen, lasse ihn aussprechen und frage nach, bevor du ungefragt interpretierst.

Wie häufig wird in eurer Partnerschaft ungefragt interpretiert – durch dich oder deinen Partner?

- ☐ Wir interpretieren viel
- ☐ Wir versuchen, Situationen zu klären
- ☐ Wir fragen meist nach

Wie könnt ihr zukünftig konstruktiver mit Situationen umgehen, in denen ihr bisher zu Interpretationen geneigt habt?

____

____

____

Tipp 8: Sprich Dinge an, sobald sie dir auffallen

Möglicherweise behältst auch du Themen, die dich in der Beziehung stören, länger für dich. Damit tust du niemandem einen Gefallen. Denn an irgendeinem Punkt ist deine Grenze erreicht und ein Konflikt ist vorprogrammiert.

Besser: Sprich Unangenehmes sofort an – in der Situation, in der du es bemerkst!

Anstatt beispielsweise abzuwarten, bis dein Partner oder deine Partnerin von sich aus die richtigen Themen anspricht, sage beispielsweise: »Du hast heute noch gar nicht gefragt, wie es mir geht und wie mein Tag war. Dadurch fühle ich mich zurückgewiesen. Ich wünsche mir, dass du Interesse an mir zeigst. Es wäre so schön, wenn wir uns zukünftig beim Abendessen über unseren Tag austauschen könnten und einmal wirklich darüber sprechen würden, wie es uns gerade geht.«

In einem frühen Stadium des Ärgers oder wenn der Wunsch nach Veränderung gerade erst aufgekommen ist, ist eine friedliche Lösung noch möglich. Es kann dir gelingen, deine Gefühle und Wünsche neutral zu formulieren und von dir zu sprechen – die Diskussionen über Konflikte in deiner Beziehung müssen das Stadium, in dem der Partner verletzt wird und keine konstruktive Problemlösung mehr möglich ist, gar nicht erreichen. Ihr dürft auch dann über Themen sprechen, die euch stören, wenn viel anderes in der Beziehung gut ist. Konzentriert euch darauf, den geeigneten Rahmen für das Gespräch zu finden, auch wenn es schwierig und unangenehm sein kann. Achte darauf, dass ihr genug Zeit habt und es euch gut miteinander geht, wenn ihr herausfordernde Themen zu besprechen habt. Jedes schwierige Gespräch bietet die Chance für eine Verbesserung und Wachstum.

Wie gut gelingt es dir aktuell, Themen, die dich stören, in der Partnerschaft anzusprechen?

- ☐ Es gelingt mir sehr leicht
- ☐ Ich darf noch üben
- ☐ Das fällt mir noch richtig schwer

Wie kannst du Themen, die dich stören, zukünftig besser ansprechen? Wann ist es dir vielleicht schon einmal gelungen, anzusprechen, was dich stört, und dadurch eine positive Erfahrung zu machen? Wie hast du das damals gemacht?

____

____

____

Die Kommunikation in der Partnerschaft verbessern

Sicher haben einige Tipps stärker auf dich gewirkt als andere. In jeder Beziehung gibt es unterschiedliche Entwicklungspotenziale und Veränderungswünsche.

Was braucht deine Partnerschaft in Bezug auf die Kommunikation gerade am meisten?

Was kannst du bereits jetzt schon umsetzen, um die Kommunikation in deiner Beziehung zu verbessern?

Wie kann es dir gelingen, wirklich dranzubleiben und auch nachhaltige Veränderungen zu erschaffen?

Vervollständige die folgenden Sätze intuitiv – deine ersten Gedanken sind meist die richtigen:

Zukünftig werde ich ...

Ich wünsche mir von meinem Partner ...

Unsere Kommunikation soll ...

Wir verbessern unsere Kommunikation durch ...

Übung: Das Zwiegespräch

Um eine glückliche und erfüllte Beziehung zu führen, braucht es konstruktive Gespräche. Und es braucht Gespräche nicht nur dann, wenn es schlecht läuft, sondern immer. Wenn Paare nur dann miteinander sprechen, wenn es Konflikte gibt, machen sie in der Regel nur wenig Fortschritte. Es braucht Gespräche, die über das Klären von Konflikten hinausgehen.

Diese Erfahrung hat auch der Psychotherapeut Michael Lukas Moeller gemacht, der sich vor seinem Tod im Jahr 2002 viele Jahre lang mit der Praxis der Paartherapie und der Forschung zu diesem Thema beschäftigt hat. Er hat das Konzept des Zwiegesprächs entwickelt.

Das Zwiegespräch ist ein Selbsthilfekonzept, das daraus besteht, dass zwei Personen – zwei Partner – regelmäßig Gespräche führen. Nach bestimmten Regeln, unter anderem im zeitlichen Wechsel und aufeinander bezogen. Jeder Partner berichtet, wie er sich selbst, den anderen und die gemeinsame Beziehung erlebt. Und durch diese Gespräche wird die Beziehung vertieft – tatsächlich mehr unbewusst.

Moeller sagt in seinem Buch *Die Wahrheit beginnt zu zweit* über diese Methode selbst: »Das Zwiegespräch ist ein einfaches, uns Menschen natürliches Verfahren: Es ist fast ein angeborenes Verhalten. Wer es erlebt hat, will es nicht mehr missen. Ich selbst habe in der Therapie mit Paaren, in der Lehrtätigkeit mit Studierenden, in Seminaren mit Interessierten und in meinem persönlichen Leben als Mann, Freund, Vater die wohltuende Wirksamkeit, die Mobilisierung der Entwicklung zu zweit, ja das ›Glückspotential‹ regelmäßiger Zwiegespräche erfahren.«

In der Paarbeziehung gibt es nicht eine Wahrheit, die gilt. Jeder Partner hat seine eigene Wahrheit. Die entsteht aus seiner persönlichen Wahrnehmung auf Basis seiner Erfahrungen und Erlebnisse. Eine gemeinsame, allgemeingültige Wahrheit wird es nie geben. Und die Wahrheit des einen wird nie richtiger oder falscher sein als die des anderen. Das müssen wir verstehen. Und dafür müssen wir gewillt sein, zuzuhören, die Wahrheit des anderen zu hören und zu akzeptieren. Das können wir im Zwiegespräch.

Ein Zwiegespräch eignet sich für jedes Paar. Ihr könnt mit dem Zwiegespräch beginnen, wenn ihr gerade einen Konflikt habt, den ihr lösen wollt. Wenn ihr schon länger in der Krise steckt, aber auch wenn es euch gut miteinander geht. Das Zwiegespräch ist eine Methode zur Entwicklung der Beziehung. Ihr könnt dadurch gemeinsame schwierige Lebenssituationen gut überstehen, einen Ausweg finden aus immer den gleichen Diskussionen, die sich im Kreis drehen. Ihr könnt das Zwiegespräch nutzen, um euch ein bisschen besser kennenzulernen und miteinander im Kontakt und im Gespräch zu bleiben. Alles ist möglich, alles ist erlaubt.

Die Regeln des Zwiegesprächs

Es gibt drei Regeln des Zwiegesprächs:

- Vereinbart eine feste Zeit für euer Gespräch. Das Zwiegespräch sollte mindestens einmal pro Woche stattfinden, besser zweimal. Und zwar regelmäßig – jede Woche! Eine solche Häufigkeit kann im Alltag unrealistisch sein. Bemüht euch aber so gut wie möglich, Termine für solche Gespräche in eurer Partnerschaft zu finden. Vereinbart einen festen Termin, zum Beispiel immer Donnerstagabend oder immer Sonntag nach dem Frühstück. Eine Zeit, die sich in euren Alltag integrieren lässt. Es geht hier auch darum, Prioritäten zu setzen. Die Beziehung zu priorisieren. Ein Zwiegespräch dauert 90 Minuten. Nehmt euch diese Zeit füreinander, um von der vollen Wirkung zu profitieren.
- Schafft euch einen ruhigen und sicheren Ort für das Gespräch. Achtet darauf, dass ihr ungestört seid. Sucht euch einen schönen Ort zu Hause. Macht es euch gemütlich, fokussiert euch aufeinander und lasst euch nicht ablenken.
- Haltet die Gesprächskultur des Zwiegesprächs ein. Diese Gesprächskultur beinhaltet die folgenden Regeln und Richtlinien:
  - Thema: Jeder spricht über das, was ihn bewegt. Darüber, wie er sich selbst und den Partner erlebt, die Beziehung und das eigene und gemeinsame Leben.
  - Redenanteile und Gesprächsführung: Achtet darauf, die Anteile von Reden und Zuhören gleich zu verteilen. Stellt euch eine Uhr oder einen Wecker und sprecht jeweils 10 Minuten lang im Wechsel. Unterbrecht einander nicht. Die jeweiligen 10 Minuten gehören ganz allein dem Partner, der gerade mit dem Sprechen dran ist. Es ist auch erlaubt zu schweigen, wenn ihr das gerade braucht. Bleibt im Gespräch bei euch selbst. Stellt keine Fragen, bringt keine Ratschläge. Jeder spricht über sich, über seine Empfindungen, seine Beobachtungen, seine Gefühle und Gedanken. Ganz bei sich zu bleiben, ist erfahrungsgemäß der schwierigste Teil, und auch da ist wichtig – wie immer: Seid nicht zu streng. Gebt euch Zeit zu üben und zu lernen. Das wird mit der Zeit immer besser klappen! Drängt euch zu nichts: Niemand muss etwas teilen, das er nicht möchte.

Das Ziel des Zwiegesprächs besteht darin, zu erfahren, was der andere fühlt und was ihn beschäftigt. Es geht darum, sich ineinander einzufühlen. Ihr müsst diese Erfahrung nicht nachbesprechen. Nach Ablauf der 90 Minuten könnt ihr es einfach dabei belassen, gehört zu haben, was in dem anderen vorgeht, und gesagt zu haben, was in euch vorgeht.

Es lohnt sich jedoch immer, die Erfahrungen für sich selbst zu reflektieren, und ihr werdet merken, dass das Gespräch noch einige Zeit in euch nachwirken kann.

Mehr Regeln und Vorgaben gibt es nicht.

Und genau deshalb ist es so wichtig, die einzelnen Regeln einzuhalten. Dann habt ihr im Zwiegespräch Erfolg, rutscht nicht in alte Verhaltensweisen und versucht auch nicht, euch zu verteidigen, sondern nehmt den anderen mit seinen Empfindungen und seiner Wahrnehmung ernst.

Und umso regelmäßiger ihr euch auf diese Zwiegespräche einlasst, umso besser werdet ihr darin werden, euch anzunehmen. Eure Empfindungen und Wahrnehmungen anzunehmen. Ihr werdet geduldiger miteinander und mutiger darin, was ihr aussprecht.

Probiert diese Methode also gern einmal aus, plant euer erstes Zwiegespräch, und seht, was dabei zwischen euch entsteht.

Termin für unser Zwiegespräch: ____________

Reflexion des Zwiegesprächs

So habe ich mich gefühlt ...

Diese Gedanken haben mich im Zwiegespräch begleitet ...

Folgende Erkenntnisse hatte ich im Rahmen des Zwiegesprächs ...

Diese Herausforderungen sind mir im Zwiegespräch begegnet ...

Diese positiven Erfahrungen durfte ich im Zwiegespräch machen ...

So möchte ich die Methode des Zwiegesprächs zukünftig für mich nutzen ...

Reflexion: Kommunikation in der Partnerschaft

Meine wichtigsten Erkenntnisse aus diesem Kapitel:

Folgende Erkenntnisse habe ich schon umgesetzt:

Das möchte ich zukünftig noch ausprobieren:

Darüber möchte ich mich noch mit meinem Partner / meiner Partnerin austauschen:

Das durfte sich schon in der Kommunikation in meiner Partnerschaft verändern:

Das soll sich zukünftig in der Kommunikation in meiner Beziehung noch verändern:

9. Konflikte und Streitkultur

Reflexion: Wie steht es aktuell um unsere Streitkultur?

Eine gesunde und konstruktive Streitkultur zeichnet sich in erster Linie dadurch aus, dass Streitgespräche erlaubt sind und dass am Ende dieser Gespräche eine Lösung oder zumindest eine Einigung über den weiteren Verbleib steht. In einem konstruktiven Streitgespräch tragen die Partner oder Partnerinnen den Konflikt auf Augenhöhe aus, ohne einander willentlich zu verletzen oder die Beziehung nachhaltig zu schädigen. Nicht jeder Mensch hat gelernt, konstruktiv zu streiten, weshalb in vielen Partnerschaften verletzende und destruktive Muster auftreten, die die Angst vor Konflikten noch weiter erhöhen.

Richtig zu streiten, kann man lernen. Und dabei wird dich dieses Kapitel unterstützen. Sehen wir uns im ersten Schritt einmal an, wie es aktuell um die Streitkultur in eurer Partnerschaft bestellt ist und wie gut es euch aktuell bereits gelingt, eure Konflikte konstruktiv zu lösen.

Was denkst du über die Art und Weise, wie ihr ein Streitgespräch führt?

Kannst du dich an ein Konfliktgespräch erinnern, das besonders gut war – vielleicht besser als andere Streitsituationen? Was hat dieses Gespräch besonders konstruktiv gemacht?

Wenn sich die Qualität eurer Streitgespräche zum Positiven verändern würde, was wäre dann konkret anders, wie sähe ein solches Streitgespräch aus?

Wie würdet ihr Konflikte konkret anders angehen, wenn ihr eine konstruktive Streitkultur in der Partnerschaft etabliert hättet?

Wie empfindest du die Häufigkeit der Konflikte in eurer Beziehung im Allgemeinen?

Gab es Phasen, in denen ihr häufiger oder seltener Konflikte ausgetragen habt als aktuell? Was war in diesen Zeiten anders?

Welche Häufigkeit an Konflikten würdest du als angemessen für die Partnerschaft empfinden?

Wenn es euch gelingen würde, Konflikte in angemessener Häufigkeit auszutragen, was würde sich dadurch in eurer Partnerschaft verändern? Was würde für euch möglich werden?

Was denkst du über euren gegenseitigen Umgang in Konfliktsituationen?

Kannst du dich an einen Streit erinnern, in dem ihr besonders gut miteinander umgegangen seid – besser als üblich? Was hat in diesem Streitgespräch den Unterschied gemacht?

Wenn es euch zukünftig gelingen würde, im Konflikt sehr viel konstruktiver miteinander umzugehen als bisher, was wäre konkret anders als jetzt? Wie würdet ihr stattdessen miteinander sprechen und euch gegenüber den anderen verhalten?

Was könntest du konkret an deinem Umgang mit deinem Partner oder deiner Partnerin im Konflikt verändern und was würde dadurch vielleicht möglich?

Wie empfindest du eure Verbundenheit während der Konflikte in eurer Beziehung im Allgemeinen?

Hast du dich mit deinem Partner oder deiner Partnerin schon einmal sehr verbunden gefühlt, obwohl ihr gerade ein Streitgespräch geführt habt, und wodurch hast du dich damals so verbunden gefühlt?

Was müsste sich zwischen euch und in eurem Verhalten noch verändern, damit ihr euch zukünftig auch im Konflikt und im Streitgespräch verbunden fühlen würdet?

Was macht für dich eine faire Haltung im Konflikt aus und inwieweit siehst du diese Haltung in deiner Partnerschaft erfüllt?

Gab es Phasen in deiner Partnerschaft, in denen es euch gut gelungen ist, fair zu streiten? Was hat diese Phasen konkret ausgemacht?

Was kannst du zukünftig dazu beitragen, fairer zu streiten? Und was wünschst du dir von deinem Partner oder deiner Partnerin mit Blick auf die Fairness im Streitgespräch?

Was denkst du über die wahrgenommene Bedrohung in Konflikten in eurer Partnerschaft? Werden Konflikte schnell existenziell, wird Trennung schnell Thema?

Nehmt ihr die Bedrohung ähnlich stark wahr oder wägt sich ein Partner in Sicherheit, während der andere schon die Trennung erwartet?

Wodurch könntest du auch im Konflikt mehr Sicherheit bekommen oder deinem Gegenüber mehr Sicherheit geben? Durch welche Worte, Gesten oder Handlungen könntet ihr die wahrgenommene Bedrohung senken?

Wie empfindest du die Lösungs- und Klärungskompetenz in eurer Partnerschaft?

Gab es schon einmal Konflikte und Streitthemen, die ihr mit Leichtigkeit klären konntet? Wie ist euch das gelungen?

Was könnte euch dabei helfen, Konflikte besser zu lösen und abschließend zu klären, anstatt sie immer wieder aufs Neue austragen zu müssen?

Wie empfindest du den Versöhnungsprozess und die Annäherung nach einem Streitgespräch in deiner Partnerschaft im Allgemeinen? Wie versöhnt ihr euch und nähert euch wieder an?

Ist euch in der Vergangenheit bereits eine sehr gute Versöhnung und Annäherung gelungen? Was hat diesen Prozess so besonders gut und erfolgreich für euch gemacht?

Was braucht es noch, damit ihr euch in Zukunft leichter versöhnen und schneller wieder annähern könnt?

Was an eurem Konflikt- und Streitverhalten läuft bereits jetzt konstruktiv ab und darf so bleiben, wie es ist?

An welchen Punkten von Streit und Konflikten geratet ihr an eure Grenzen? Wo wird es schwierig für euch?

Welche Wünsche hast du bezüglich des Streitverhaltens und eurer Konflikte an deinen Partner oder an deine Partnerin?

Was möchtest du gern selbst an deiner Konfliktfähigkeit und deinem Verhalten im Streit verändern?

Wo würdest du eure Konfliktfähigkeit und Streitkultur auf der Skala einordnen, wenn 1 für die schlechteste vorstellbare Streitkultur steht und 10 für die beste Art und Weise, Konflikte in einer Partnerschaft anzugehen?

sehr schlechte Streitkultur – 1 2 3 4 5 6 7 8 9 10 + bestmögliche Streitkultur

Nehmen wir an, durch den Input und die Übungen auf den folgenden Seiten gelingt es dir, zukünftig konstruktiver zu streiten, und es gelingt euch, sich dem anderen gegenüber besser zu verhalten. Was wäre dein persönliches Ziel? Welche Zahl auf der Skala würdest du in deiner Beziehung mit Blick auf die Streitkultur gern erreichen?

sehr schlechte Streitkultur – 1 2 3 4 5 6 7 8 9 10 + bestmögliche Streitkultur

Woran würdest du ganz konkret bemerken, dass sich eure Streitkultur verbessert hat und du dein persönliches Ziel auf der Skala erreicht hast? Was würde sich ganz konkret in eurem Streitverhalten verändern?

Mal angenommen, es würde dir gelingen, bereits jetzt so gut zu streiten, wie du es dir auf der zweiten Skala als Ziel gesetzt hast. Was würdest du konkret anders machen als jetzt?

Wir beginnen nun mit der aktiven Arbeit an eurer Konfliktfähigkeit und Streitkultur in der Beziehung. Dafür ist es wichtig, uns einmal genau damit auseinanderzusetzen, was du in deinem Leben über Streit gelernt hast. Außerdem stelle ich dir psychologische Theorien und Modelle vor, die dir dabei helfen, eure Muster im Konflikt besser zu verstehen, und du lernst konkrete Techniken, um besser zu streiten und Streitkreisläufe zu durchbrechen.

Reflexion: Was ich über Streit gelernt habe

Dass Menschen ganz unterschiedlich streiten, kommt nicht von ungefähr. Wir haben in der Kindheit und auch im späteren Verlauf unseres Lebens gelernt, wie Streit auszusehen hat: am Vorbild unserer Eltern und Geschwister, unserer Partner, an Eindrücken aus Film und Fernsehen und in der Folge von allem, was wir über Konflikte und Streit gelesen und gehört haben.

Vielleicht haben deine Eltern ganz häufig und laut gestritten. Vielleicht leise und versteckt – Streit war ein Tabu. Vielleicht gab es nur ganz selten oder fast nie Streit, aber wenn doch, dann war es existenziell. Vielleicht hast du beobachtet, wie Menschen im Streit verschiedene Rollen einnehmen. Der Laute, die Verletzende, der Beschwichtiger – es gibt unzählige Rollen, die Menschen im Streit einnehmen können. Manchmal unterscheiden die sich sogar danach, mit wem gestritten wird. Während du im Streit mit deiner Mutter den Ton angibst, steckst du bei deinem Partner eher ein – nur um ein Beispiel zu nennen. Es gibt unzählige mögliche Kombinationen.

Spannend ist, dass jeder Mensch durch seine individuellen Erfahrungen ein ganz eigenes Bild von Konflikten und Streitkultur entwickelt hat. In der Partnerschaft prallen die Bilder beider Partner oftmals aufeinander.

Doch nicht nur die konkrete Art zu streiten, sondern auch die Bedeutung, die Streit für dich hat, ist oft aus der Familie übernommen. Sehen wir uns doch am Beispiel meiner Klientinnen Sonja und Nicole einmal ganz konkret an, welch unterschiedliche Bedeutung wir Konflikten geben können, je nachdem, was wir in unserem Leben erlebt haben. Für Sonja gehörte Streit schon immer zum Familienleben; bereits als Kind hat sie erlebt, wie ihre Eltern sich stritten und wieder vertrugen. Für Nicole hingegen stellen Konflikte eine existenzielle Bedrohung dar, denn in ihrer Familie wurde nur selten und in ernsten Situationen gestritten. Sie musste die Erfahrung machen, dass Streit und Konflikte häufig zu Trennung führen. Sonja kann Streit gut ertragen, erkennt möglicherweise sogar den Nutzen eines Konfliktes und ist sich sicher, dass nach dem Streit die Annäherung und Versöhnung folgt. Nicole wird bei einem aufkommenden Konflikt direkt in eine existenzielle Notsituation versetzt, ist mit Verlustängsten konfrontiert, sie kann die Situation weder konstruktiv lösen noch etwas Gutes an ihr erkennen. Sie hat ganz einfach nicht die Sicherheit, dass nach dem Streit alles wieder gut wird.

Die folgenden Reflexionsfragen können dir helfen, deine eigenen Erfahrungen mit Streit und Konflikten besser zu verstehen und im Austausch mit deinem Gegenüber auch mehr über sein Bild von Streit zu lernen. So könnt ihr zukünftig in Konfliktsituationen besser aufeinander eingehen.

Reflexionsfragen: Was habe ich über Streit und Konflikte gelernt?

Was denkst du über Streit?

___

___

___

Was hast du in deinem bisherigen Leben über das Streiten gelernt?

___

___

___

Wie wurden bei dir zu Hause, in deiner Herkunftsfamilie, Konflikte gelöst?

___

___

___

- ☐ laut
- ☐ leise
- ☐ offen
- ☐ heimlich
- ☐ fair
- ☐ konstruktiv
- ☐ verletzend
- ☐ ___ (anderes)

Ist Streit für dich etwas, das einfach dazugehört, oder eher die Ausnahme?

___

___

___

Denkst du, dass es normal ist zu streiten oder machen dir Konflikte Angst?

___

___

___

Wie existenziell wirken Konflikte auf dich auf einer Skala von 1 (gar nicht bedrohlich) bis 10 (absolut bedrohlich).

gar nicht bedrohlich – 1 2 3 4 5 6 7 8 9 10 + absolut bedrohlich

In manchen Familien wird oft gestritten – beinahe jeden Tag –, und das bedeutet in diesen Familien nicht, dass sich die Familienmitglieder nicht lieben. Das bedeutet nicht, dass an der Beziehung gezweifelt wird. Tatsächlich nutzen manche Menschen Konflikte, um sich selbst Luft zu machen. Um ihren Standpunkt zu verdeutlichen. Um dafür zu sorgen, ernst genommen zu werden. Um auch mal zu Wort zu kommen.

In anderen Familien wird ausschließlich in Extremsituationen gestritten. Wenn es zum Streit kommt, ist die Situation existenziell und bedeutet in jedem Fall Verletzung. Manchmal sogar endgültige Trennung.

Es gibt Familien, in denen gar nicht gestritten wird – von außen betrachtet. Unstimmigkeiten werden dadurch gelöst, dass sich ein Partner dem anderen unterwirft oder die Partner eher passiv aggressiv miteinander umgehen.

Wie hast du das kennengelernt?

____

____

____

Was davon hast du in deine Beziehung übernommen?

____

____

____

Machst du dir durch das Austragen von Konflikten Luft?

____

____

____

Suchst du nach Lösungen oder lässt du eher Dampf ab?

Oftmals haben wir starke Glaubenssätze, die unser Streitverhalten beeinflussen.

Kreuze an, welchen Sätzen du eher zustimmen würdest.

- ☐ »Man streitet nur hinter verschlossenen Türen!«
- ☐ »Man muss seinen Standpunkt deutlich machen!«
- ☐ »Man darf keinen Streit anfangen!«
- ☐ »Konflikte klärt man zu Hause.«
- ☐ »Streiten hat keinen Zweck. Man kann eh nichts ändern.«
- ☐ »Streiten ist nicht normal!«
- ☐ »Durch meine Kritik zerstöre ich die Beziehung!«
- ☐ »Wenn man etwas erreichen will, muss man auch mal laut werden.«
- ☐ »Glückliche Paare streiten nicht.«

Glaubenssätze können uns dienen oder uns davon abhalten, unser Leben so zu gestalten, wie es uns guttut, und beispielsweise eine erfüllte Beziehung zu führen. Arbeite deshalb mithilfe der folgenden Übung an deinen Glaubenssätzen.

Übung: Glaubenssätze prüfen

Nimm dir alle Glaubenssätze, die du in dem nebenstehenden Reflexionskasten angekreuzt hast, einzeln vor und beantworte folgende Fragen für dich:

- Stimmt dieser Satz wirklich?
- Dient mir dieser Satz?
- Hilft mir dieser Satz dabei, meine Traumbeziehung zu leben?

Formuliere die Sätze dann für dich um, zum Beispiel statt »Man darf keinen Streit anfangen!« formuliere für dich: »Ich darf lernen, meine Meinung zu sagen!« Oder anstatt »Glückliche Paare streiten nicht!« formuliere neu: »Auch wenn wir ab und zu streiten, sind wir glücklich miteinander!«

____

____

____

Schreibe hier die neuen Sätze auf, die du für dich gefunden hast:

____

____

____

Was kommen dir spontan für Impulse, wenn du über deine eigene Einstellung zum Streiten nachdenkst? Bist du ein emotionaler oder ein rationaler Streiter?

____

____

____

Nimm die Erkenntnisse aus der Reflexion einfach wahr, ohne sie zu bewerten. Es gibt keine richtige oder falsche Einstellung zum Streiten. Kein Besser und kein Schlechter. Es geht niemals darum, dich in deiner Art zu verändern. Es geht vielmehr darum, dich selbst kennenzulernen, zu verstehen, warum du handelst, wie du handelst. Warum du bist, wer du bist. Dich selbst anzunehmen und zu akzeptieren. Und dich natürlich auch mit deinem Partner oder deiner Partnerin darüber austauschen zu können, weshalb es gewisse Dynamiken in eurer Partnerschaft gibt.

Es kann herausfordernd sein, wenn zwei Menschen im Streit völlig unterschiedliche Erwartungen und Sorgen haben, unterschiedliches Verhalten zeigen und Streit für jeden etwas anderes bedeutet. Doch selbst wenn ihr eine ganz unterschiedliche innere Haltung zum Thema Streit habt, geht es nicht darum, dass sich der eine oder der andere verändert, sondern darum, euch gegenseitig zu erkennen in dem, was ihr seid, und warum ihr so seid, wie ihr seid. Warum ihr so handelt, wie ihr handelt. Es geht darum, Verständnis füreinander aufzubringen und gemeinsam Strategien zu entwickeln, im Streit konstruktiv miteinander umzugehen.

Neben der inneren Haltung zum Konflikt ist es entscheidend, auch das eigene Verhalten im Streit zu reflektieren um die Muster in eurer Streitkultur zu erkennen und sie durch einen konstruktiven Umgang zu ersetzen.

Wie streitest du?

Welche Rolle nimmst du im Konflikt ein? Bist du eher dominant oder zurückhaltend?

Zeigst du möglicherweise unterschiedliches Streitverhalten, je nachdem, mit wem du streitest? Wie streitest du mit Familienmitgliedern oder Freunden?

Gibt oder gab es auch mal Streit in der Familie? Mit einer Tante oder einem Onkel, einem Cousin oder einer Cousine? Oder ist das Streiten nur auf bestimmten Beziehungsebenen erlaubt?

Wie streitest du mit deinem Partner oder deiner Partnerin?

Und gibt es da einen Unterschied dazu, wie du mit deinen früheren Partnern oder Partnerinnen gestritten hast?

Welche Gefühle löst Streit in dir aus? Wirkt es erleichternd und lösend oder anspannend und angstbesetzt?

Bist du dir der Sicherheit deiner Beziehungen und der Wertschätzung und Liebe deines Gegenübers auch im Streit bewusst? Oder hast du das Gefühl, im Konflikt geht es um »Leben oder Tod«, sozusagen darum, die Beziehung zu retten oder aufzugeben?

Die Auseinandersetzung mit der eigenen inneren Haltung zum Streit und dem Verhalten, das du im Streit zeigst, kann länger andauern als die Arbeit an diesem Kapitel. Komme jederzeit zurück auf diese Seiten, wenn du neue Erkenntnisse über dich und dein Streitverhalten gesammelt hast, und arbeite weiter an diesem Thema.

Die Beziehungsbedürfnisse nach Erskine

Was hinter dem Streitthema liegt

In meiner Praxis begegnen mir oft Paare, die so häufig und intensiv streiten, dass sie über Trennung nachdenken. Oftmals meinen sie, sich noch im Detail daran erinnern zu können, was sie in der Situation genau gesagt und getan haben – und erzählen dabei zwei völlig unterschiedliche Geschichten.

Niclas und Sophia beispielsweise erzählten mir in einer Beratungssitzung von einem Streit um eine Gießkanne. In ihrer Partnerschaft besteht die Vereinbarung, dass Niclas sich um den gemeinsamen Garten kümmert, während Sophia das Haus in Schuss hält. Zu diesem Zweck hatte Niclas eine Gießkanne besorgt, die er immer im Garten neben der Regentonne abstellte, um sie bei der Gartenarbeit direkt zur Hand zu haben. An einem Nachmittag wollte Niclas im Garten arbeiten, konnte jedoch die Gießkanne nicht neben der Regentonne finden. Er kam auf Sophia zu und fragte, ob sie die Gießkanne gesehen habe. Sophia, die gerade mit den gemeinsamen Kindern an den Hausaufgaben arbeitete, beantwortete seine Frage kurz und knapp mit »Nein« – in Nicla's Erinnerung merkte sie sogar noch etwas an wie »Der Garten ist doch dein Bereich.« an. Sophia konnte sich an diesen Satz später nicht mehr erinnern. Nach einigen weiteren Minuten auf der Suche nach der Gießkanne gab Niclas auf und begann mit einer anderen Gartenarbeit. Am gleichen Abend ging Niclas in den Keller, um seine Tennisausrüstung für das morgige Training heraufzuholen, und sah die Gießkanne in der Waschküche stehen. Wutentbrannt brachte er die Gießkanne zu Sophia und sagte – in seiner Erinnerung: »Wieso hast du gesagt, dass du nicht weißt, wo die Gießkanne ist? Wieso hast du sie überhaupt mit in den Keller genommen – der Garten ist doch mein Bereich!« Wenig überraschend erinnert Sophia diesen Teil der Situation völlig anders. Sie beschreibt, wie Niclas mit wutverzerrtem Gesicht in die Küche gelaufen kam, in der sie gerade das Abendessen für die Familie zubereitete, und ihr lautstark Vorwürfe machte, sich in seinen Bereich einzumischen. Die Situation eskalierte noch am gleichen Abend so stark, dass die beiden Partner mehrere Stunden kein Wort miteinander sprachen und noch mehrere Tage getrübte Stimmung herrschte.

In der Paartherapie wurde sehr schnell klar, dass das Problem wenig mit der Gießkanne zu tun hatte, sondern andere, tiefere Themen die eigentliche Ursache für den Konflikt darstellten.

In den wenigsten Konflikten ist der Gegenstand des Konflikts das wirkliche Thema. Eigentlich geht es nicht um die Worte, die gesagt wurden, oder um die Handlungen – es geht um etwas viel Tieferes: um das menschliche Verlangen nach Beziehung. Ein tiefer Wunsch und ein tiefes Verlangen eines jeden Menschen ist es, in Beziehung zu sein.

Wenn wir in der Beratung tiefer arbeiten, ich genauer hinschaue und nachfrage, dann kommen wir in den meisten Fällen an einen Punkt, an dem die Person sagt, dass sie sich von ihrem Gegenüber abgelehnt oder nicht gesehen gefühlt hat.

Das Gefühl, für deinen Partner nicht wichtig zu sein oder abgelehnt zu werden, nicht angenommen und nicht geliebt zu werden, stellt sich in dir selbst ein. Oberflächlich gesehen wird es ausgelöst durch einen Satz, den dein Partner sagt. Gehen wir eine Stufe tiefer, stellen wir jedoch fest, dass dein Gefühl nicht durch den Satz an sich ausgelöst wurde, sondern durch deine Interpretation des Satzes.

Um beim Beispiel zu bleiben: Niclas konnte schnell für sich erkennen, dass er sich in der Situation wenig wertgeschätzt fühlte. Er hatte das Gefühl, Sophia erkenne seine Arbeit im Garten nicht an, weil sie in diesen Bereich eingriff, indem sie die Gießkanne von ihrem angestammten Platz entfernte. Als sich Sophia auf Niclas Nachfrage nicht daran erinnerte, die Gießkanne in den Keller geräumt zu haben, fühlte sich Niclas nicht gehört. »Sie hat nicht einmal überlegt, wo die Gießkanne sein könnte. Sie sieht einfach überhaupt nicht, was ich im Garten für unsere Familie leiste« – er sah einen Mangel an Wertschätzung und Wahrgenommenwerden. Aus Sophias Sicht stellte sich die Situation völlig anders dar. Sie erzählte, die Gießkanne in der Waschküche gereinigt zu haben, weil sich bereits kleine Algen am Boden der Gießkanne bildeten. Sie wollte Niclas damit einen Gefallen tun, ihn in seiner Arbeit im Garten wertschätzen und ihn unterstützen. Auch sie sah sich wiederum in ihrer Unterstützung und der wertschätzenden Geste nicht gesehen.

Niclas und Sophia haben nie über eine Gießkanne gestritten. Der Streit handelte von Anfang an von fehlender Wertschätzung und Unterstützung. Von dem Gefühl, nicht gesehen und nicht geliebt zu sein. Diese Form der Interpretation führt zum Streit.

Sätze sind im ersten Schritt neutral. Wir selbst sind es, die ihnen die Bedeutung geben. Wenn du beispielsweise deinen Partner fragst, ob er mit dir in eine Ausstellung gehen möchte, die du gern sehen möchtest, antwortet er vielleicht: »Nein, diese Ausstellung interessiert mich nicht.« Dieser Satz ist zunächst einmal neutral und noch kein Auslöser für einen Streit. Wenn du ihn jedoch folgendermaßen interpretierst, führt deine Interpretation möglicherweise zu einem Konflikt:

- Er interessiert sich nicht für mich.
- Er möchte keine Zeit mit mir verbringen.
- Er liebt mich nicht genug, um mir so einen kleinen Gefallen zu tun.
- Er nimmt mich mit meinen Wünschen überhaupt nicht wahr.
- Er gibt sich keine Mühe, mir zu gefallen.
- Er sieht nicht, was mir wichtig ist.

Was diesen Interpretationen zugrunde liegt, sind deine Bedürfnisse, die nicht erfüllt wurden.

Kennst du auch aus deiner Beziehung Situationen, in denen aus Kleinigkeiten Konflikte entstehen? Worum geht es in diesen Situationen wirklich? Notiere deine Erfahrungen und Gedanken dazu:

Richard Erskine, ein Psychotherapeut und Transaktionsanalytiker, hat acht Beziehungsbedürfnisse erarbeitet, die in jeder Beziehung – nicht nur in der Paarbeziehung – eine ganz entscheidende Rolle spielen. Diese acht Bedürfnisse wollen erfüllt sein. Wenn sie nicht erfüllt sind, kommt es oft zum Gefühl, abgelehnt zu werden, und damit zu einem Streit. Überlege dir beim Lesen der nächsten Abschnitte, wie sehr diese acht Bedürfnisse in deiner Beziehung erfüllt werden und welches dieser Bedürfnisse vielleicht hin und wieder übergangen wird, was dann zu dem Gefühl der Ablehnung führt und schlussendlich zu Streit.

Beziehungsbedürfnis 1: Sicherheit

Ein Grundbedürfnis von Beziehungen ist, sich körperlich und emotional in der Beziehung sicher aufgehoben zu fühlen und sich verletzlich zeigen zu können. Wenn dieses Beziehungsbedürfnis erfüllt ist, dann weißt du ganz sicher:

- Ich bin körperlich und emotional in der Beziehung sicher aufgehoben.
- Ich bin gleichzeitig verletzlich und in Verbindung mit dem anderen.
- Ich kann sein, wer ich wirklich bin.
- Ich kann mich zeigen, ohne zu befürchten, die Zuneigung und den Respekt meines Partners / meiner Partnerin zu verlieren.
- Ich weiß, woran ich bin.
- Mein Partner / meine Partnerin und ich haben verlässliche Absprachen und Regeln.
- Mein Partner / meine Partnerin kommuniziert wertschätzend mit mir.

Beim Bedürfnis nach Sicherheit geht es auch darum, ernst genommen zu werden. Nicht zu erleben, dass der Partner sagt: »Stell dich nicht so an, das ist doch jetzt nicht so schlimm.« Das führt zu Unsicherheit.

Dieses erste Beziehungsbedürfnis nach Sicherheit erklärt beispielsweise, weshalb die Stimmung in der Partnerschaft beim Scherzen und beim Sich-Necken kippt. In dem Moment, in dem es vielleicht ein Witz zu viel war, in dem sich die Person vielleicht bloßgestellt und beschämt fühlt und in dem das Bedürfnis nach Sicherheit verletzt wurde, kommt es zum Streit. Sie fühlt sich unsicher und abgelehnt und beginnt, Vorwürfe zu machen.

Witze sind natürlich weiterhin erlaubt, aber sei in Zukunft sensibel für dieses Bedürfnis nach Sicherheit und sage nicht, wenn es mal wieder ein Satz zu viel war: »Stell dich nicht so an, das war doch nicht so schlimm«, sondern sage besser: »Tut mir leid, dass es jetzt zu viel war. Ich wollte dich nicht verunsichern. Alles ist gut, wir sind gut miteinander, du bist hier sicher.«

Wie erfüllt erlebst du das Beziehungsbedürfnis der Sicherheit auf einer Skala von 1 (gar nicht erfüllt) bis 10 (absolut erfüllt)?

gar nicht erfüllt (– 1 2 3 4 5 6 7 8 9 10 +) absolut erfüllt

Welche Erkenntnisse hast du gerade aus dem Abschnitt zum Beziehungsbedürfnis Sicherheit gewonnen? Was wünschst du dir zukünftig für deine Partnerschaft in diesem Bereich?

____

____

____

Beziehungsbedürfnis 2: Wertschätzung

Beim zweiten Beziehungsbedürfnis, der Wertschätzung, geht es vor allem um das Bedürfnis, in der Beziehung wertgeschätzt, bestätigt und bedeutsam zu sein. Sich mit seinen Gefühlen und Empfindungen, aber auch in seiner Wahrnehmung der Realität verstanden und ernstgenommen zu werden. Du merkst, dass dieses Bedürfnis erfüllt ist, wenn du sicher sagen kannst:

- Ich werde von meinem Partner / meiner Partnerin verstanden.
- Ich erhalte von meinem Partner / meiner Partnerin die Bestätigung, dass meine Bedürfnisse legitim sind.
- Mein Partner / meine Partnerin bestätigt mir die Bedeutsamkeit meiner Gefühle, meiner Fantasien und meiner Realitätswahrnehmung.
- Mein Partner / meine Partnerin ist präsent, wenn sie mit mir in Kontakt ist.
- Ich erlebe, dass mein Partner / meine Partnerin mich so sein lässt, wie ich bin.
- Mein Partner / meine Partnerin lässt zu, dass es mir so geht, wie es mir geht.

Das ist ein wertschätzender Umgang. Häufig wird Wertschätzung falsch verstanden: Ein wertschätzender Umgang bedeutet nicht, den anderen mit Komplimenten zu überschütten. Er bedeutet vielmehr: den anderen anzunehmen, wie er ist. Das ist echte Wertschätzung: Ich schätze deinen Wert. Ich schätze, was du bist.

Vielleicht kennst du die folgende Situation: Dein Partner erzählt dir von seinen Problemen, davon, was ihn belastet, wie es ihm geht, und ist danach so gelöst und erleichtert und bedankt sich bei dir. Und du sagst: »Ich habe nichts gemacht. Ich habe einfach nur zugehört.« Das ist echte Wertschätzung. Keine Wertschätzung ist es, direkt Vorschläge zur Lösung des vermeintlichen Problems zu machen. Dazu neigen viele Menschen: Statt nur zuzuhören, geben sie Ratschläge. Vielleicht kennst du es auch aus deiner Beziehung, dass dein Partner sagt: »Ich wollte jetzt gar keine Lösung von dir. Ich wollte nur, dass du mir einfach mal zuhörst.« Er fühlt sich nicht gehört und nicht gesehen – nicht wertgeschätzt. Wertschätzend handeln wir immer dann, wenn wir dem Partner das geben, was er gerade braucht, und nicht das, was wir selbst für sinnvoll und richtig halten.

Wie erfüllt erlebst du das Beziehungsbedürfnis der Wertschätzung auf einer Skala von 1 (gar nicht erfüllt) bis 10 (absolut erfüllt)?

gar nicht erfüllt (– 1 2 3 4 5 6 7 8 9 10 +) absolut erfüllt

Welche Erkenntnisse hast du gerade aus dem Abschnitt zum Beziehungsbedürfnis Wertschätzung gewonnen? Was wünschst du dir zukünftig für deine Partnerschaft in diesem Bereich?

___

___

___

Beziehungsbedürfnis 3: Schutz und Akzeptanz

Das dritte Beziehungsbedürfnis, das Bedürfnis nach Schutz und Akzeptanz, meint das Bedürfnis, angenommen zu sein von einer starken, verlässlichen, zugewandten und schützenden Person. Das Bedürfnis nach Schutz, Ermutigung und Orientierung. Und dieses Bedürfnis ist erfüllt, wenn du weißt:

- Mein Partner / meine Partnerin nimmt mich an.
- Er/sie gibt mir Schutz, Ermutigung und Orientierung, auch wenn ich schwach bin.
- Er/sie schützt mich vor meinen eigenen übermäßigen Ansprüchen.
- Er/sie hilft mir, mich zu begrenzen.
- Er/sie ist beständig, verlässlich und eine gefestigte und vertrauenswürdige Person.
- Er/sie ist eine fördernde und positiv erlebte Identifikationsfigur.

Hier geht es nicht um die eigene Hilflosigkeit, sondern darum, sich mit den Fähigkeiten zu ergänzen. Ich nutze den Schutz meines Gegenübers, weil er etwas besser kann als ich. Und er nutzt meinen Schutz, weil ich etwas besser kann als er. Wir ergänzen uns und sagen damit: Du bist für mich bedeutsam.

Während es beim ersten Beziehungsbedürfnis wirklich um den Schutz vor Verletzung ging, geht es hier im dritten Beziehungsbedürfnis um Wachstum und Weiterentwicklung – darum, Ermutigung und Orientierung zu bekommen. Das Wissen, »an mich wird geglaubt«.

Und genau deshalb ist es oft so verletzend, zu erleben, wenn der Partner diese Orientierung nicht gibt. Wenn du beispielsweise vor einer Entscheidung stehst und deinen Partner um Rat fragst und er sagt: »Das musst du doch selbst wissen, was du da jetzt machst.« Dann wird dieses Bedürfnis nicht erfüllt. Daraus entsteht das Gefühl der Ablehnung. Und es kann zu Streit kommen. Ermutige und unterstütze deinen Partner also, wenn er das gerade braucht. Gib Orientierung in den Bereichen, in denen du dich stark fühlst.

Wie erfüllt erlebst du das Beziehungsbedürfnis von Schutz und Akzeptanz auf einer Skala von 1 (gar nicht erfüllt) bis 10 (absolut erfüllt)?

gar nicht erfüllt (– 1 2 3 4 5 6 7 8 9 10 +) absolut erfüllt

Welche Erkenntnisse hast du gerade aus dem Abschnitt zum Beziehungsbedürfnis Schutz und Orientierung gewonnen? Was wünschst du dir zukünftig für deine Partnerschaft in diesem Bereich?

____

____

____

Beziehungsbedürfnis 4: Bestätigung persönlicher Erfahrungen

Das vierte Beziehungsbedürfnis ist das Bedürfnis, dass die eigenen Erfahrungen vom Gegenüber geteilt oder nachvollzogen und bestätigt werden. Die Erfahrung, dass ihr denselben Weg im Leben geht. Wenn du beispielsweise eine enttäuschende Erfahrung an deiner Arbeitsstelle machst, wünschst du dir vielleicht, dass dein Partner deine Enttäuschung nachempfinden kann, wenn du ihm von deiner Erfahrung erzählst. In dem Wissen, dass ihr beide dieses Gefühl der Enttäuschung kennt und bereits erlebt habt, erfahrt ihr Verbindung und gegenseitige Unterstützung. Du erlebst dieses Bedürfnis als erfüllt, wenn du sicher sagen kannst:

- Mein Partner / meine Partnerin versteht mich.
- Er/sie geht (dadurch) denselben Weg im Leben, er ist wie ich.
- Er/sie wertschätzt meine persönliche Erfahrung und kann sie nachvollziehen.
- Er/sie glaubt mir.
- Er/sie spiegelt meine Gefühle und Bedürfnisse.

Dieses Gefühl hat stark mit der Identifikation miteinander zu tun. Es wirkt als Verbindung und hilft dabei, die Getrenntheit zu überwinden. Wenn dieses Beziehungsbedürfnis erfüllt ist, fühlt ihr euch stark verbunden.

Wie erfüllt erlebst du die Bestätigung persönlicher Erfahrungen auf einer Skala von 1 (gar nicht erfüllt) bis 10 (absolut erfüllt)?

gar nicht erfüllt (– 1 2 3 4 5 6 7 8 9 10 +) absolut erfüllt

Welche Erkenntnisse hast du gerade aus dem Abschnitt zum Beziehungsbedürfnis der Bestätigung persönlicher Erfahrungen gewonnen? Was wünschst du dir zukünftig für deine Partnerschaft in diesem Bereich?

___

___

___

Beziehungsbedürfnis 5: Einzigartigkeit

Das fünfte Beziehungsbedürfnis ist das Bedürfnis, in der eigenen Einmaligkeit und deren Ausdruck wahrgenommen und respektiert zu werden. Wir möchten gern, dass unsere Einmaligkeit vom anderen bestätigt wird. Du erkennst, dass dieses Bedürfnis erfüllt ist, wenn du sicher weißt:

- Ich kenne meine persönliche Einzigartigkeit.
- Ich kann in meiner Beziehung meine Einmaligkeit ausdrücken, meine ganz eigenen Bedürfnisse, meine ganz eigenen Wünsche.
- Mein Partner / meine Partnerin lässt meine Sichtweisen und Meinungen zu.
- Ich werde von meinem Partner / meiner Partnerin in dieser Einmaligkeit wahrgenommen und akzeptiert, auch bei Meinungsverschiedenheiten.

Es geht hier nicht darum, als Übermensch oder als fehlerfrei angesehen zu werden. Es geht hier darum, auch anzuerkennen, was man erlebt hat und wie man damit umgegangen ist. Kein Konkurrenzverhalten in der Beziehung an den Tag zu legen, sondern sich Anerkennung zu schenken. Durch diese Anerkennung in seinem Selbstwerden unterstützt zu werden.

Wenn dein Partner oder deine Partnerin dir erzählt, dass sie etwas geschafft hat oder dass sie etwas erlebt hat, dann bediene dieses Bedürfnis nach Einzigartigkeit, indem du ihr den Raum gibst, darüber zu sprechen. Indem du anerkennst, was sie geleistet hat, und nicht gleich beginnst, über dich zu sprechen und darüber, was für dich wichtig ist und was du geleistet hast. Gib den Raum für die Persönlichkeit des anderen, für die Einzigartigkeit, für seine Meinung und für seine Sichtweise. Erkenne den Lösungsweg des anderen an und stelle dich nicht selbst in den Mittelpunkt mit den eigenen Ideen und dem eigenen Lösungsweg.

Ganz oft zeigt sich die Verletzung dieses Bedürfnisses im Streit darin, dass man sein Gegenüber nicht aussprechen lässt, ihm also keinen Raum gibt.

Wie erfüllt erlebst du das Bedürfnis der Einzigartigkeit auf einer Skala von 1 (gar nicht erfüllt) bis 10 (absolut erfüllt)?

gar nicht erfüllt (– 1 2 3 4 5 6 7 8 9 10 +) absolut erfüllt

Welche Erkenntnisse hast du gerade aus dem Abschnitt zum Beziehungsbedürfnis der Einzigartigkeit gewonnen? Was wünschst du dir zukünftig für deine Partnerschaft in diesem Bereich?

____

____

____

Beziehungsbedürfnis 6: Einflussnahme

Bei dem Bedürfnis nach Einflussnahme geht es um das Bedürfnis, auf den anderen Einfluss zu haben. Wichtig: Es geht nicht um Manipulation, sondern darum, zu erkennen: Der andere nimmt mich wahr. Ich habe einen Einfluss. Ich löse etwas beim anderen aus! Ich existiere in der Welt des anderen.

Du merkst, dass dieses Bedürfnis der Einflussnahme erfüllt ist, wenn du weißt:

- Ich kann bei meinem Partner / meiner Partnerin etwas bewirken.
- Ich habe Einfluss auf meinen Partner / meine Partnerin.
- Ich kann das Denken und Handeln meines Partners / meiner Partnerin in einer gewünschten Weise beeinflussen und eine emotionale Reaktion bei ihr auslösen.
- Ich kann bei meinem Partner / meiner Partnerin Veränderungen bewirken.

Dieses Bedürfnis ist oft verletzt, wenn du Tipps und Ratschläge gibst und dein Gegenüber nichts davon annimmt. Wenn der andere auf ein Ziel hinarbeitet und dich außen vor lässt.

Das bedeutet nicht, dass ihr ab jetzt immer tut, was der andere euch sagt, um dieses Bedürfnis zu erfüllen. Ein Mittelweg könnte sein, die Gedanken auszusprechen und beispielsweise zu sagen: »Ich danke dir für deinen Vorschlag. Ich habe darüber nachgedacht. Ich habe jetzt einen anderen Weg für mich gewählt. Aber es hat mir geholfen, deine Meinung zu hören.« Und schon fühlt sich der andere gesehen, gehört und hat die Gewissheit, einen Unterschied zu machen.

Wie erfüllt erlebst du das Bedürfnis der Einflussnahme auf einer Skala von 1 (gar nicht erfüllt) bis 10 (absolut erfüllt)?

gar nicht erfüllt (– 1 2 3 4 5 6 7 8 9 10 +) absolut erfüllt

Welche Erkenntnisse hast du gerade aus dem Abschnitt zum Beziehungsbedürfnis der Einflussnahme gewonnen? Was wünschst du dir zukünftig für deine Partnerschaft in diesem Bereich?

___

___

___

Beziehungsbedürfnis 7: Aktiviert werden

Beim siebten Bedürfnis handelt es sich um den Wunsch danach, dass auch der oder die andere die Initiative ergreift. Wir möchten, dass unser Gegenüber auf uns zukommt, von sich aus aktiv wird und Anregungen vermittelt. Du merkst, dass dieses Bedürfnis erfüllt ist, wenn du sagen kannst:

- Mein Partner / meine Partnerin und ich wechseln uns ungefragt ab: Mal ergreift sie die Initiative, mal ich.
- Mein Partner / meine Partnerin macht mir Angebote.

Wenn du jetzt bemerkst, dass das bei euch ein Thema ist und immer nur du die Initiative ergreifst, Vorschläge für eure Beziehung machst, Kompromisse eingehst, du dich also auf dein Gegenüber zubewegst, dann ist es im ersten Schritt wichtig, zu überprüfen:

- Ist das wirklich so?
- Wie nimmt dein Partner oder deine Partnerin das denn wahr?

Und dann im zweiten Schritt zu überlegen:

- Warum ist das so?
- Was bräuchte dein Partner oder deine Partnerin, um mehr Initiative zu ergreifen?

Und es lohnt sich, ein Gespräch über diese Wahrnehmung zu führen und anhand dieser Wahrnehmung das Problem anzugehen anstatt durch Vorwürfe.

Wie erfüllt erlebst du das Bedürfnis danach, von deinem Partner oder deiner Partnerin aktiviert zu werden, auf einer Skala von 1 (gar nicht erfüllt) bis 10 (absolut erfüllt)?

gar nicht erfüllt (– 1 2 3 4 5 6 7 8 9 10 +) absolut erfüllt

Welche Erkenntnisse hast du gerade aus dem Abschnitt zum Beziehungsbedürfnis des Aktiviertwerdens gewonnen? Was wünschst du dir zukünftig für deine Partnerschaft in diesem Bereich?

Beziehungsbedürfnis 8: Liebe ausdrücken

Dieses Bedürfnis umfasst alle Formen, dem Partner oder der Partnerin Liebe zu zeigen, beispielsweise durch Fürsorge, Dankbarkeit, Wertschätzung oder aktive Handlungen. Du bemerkst, dass dieses Bedürfnis erfüllt ist, wenn du sagen kannst:

- Ich drücke meine Liebe aus durch Fürsorge, Dankbarkeit, Wertschätzung oder indem ich für meinen Partner / meine Partnerin etwas tue.
- Mein Partner / meine Partnerin nimmt meine Zuneigung und Dankbarkeit an.

Bei diesem Bedürfnis geht es nicht nur um die reine Liebe, sondern eben auch um Zuneigung, Dankbarkeit und Wertschätzung. Dieses Bedürfnis kann beispielsweise auch durch einen Blick oder ein »Danke!« erfüllt werden. Drücke das aus! Es tut deiner Beziehung gut. Du kannst gar nicht zu viel Liebe schenken.

Wie erfüllt erlebst du das Bedürfnis »Liebe ausdrücken« auf einer Skala von 1 (gar nicht erfüllt) bis 10 (absolut erfüllt)?

gar nicht erfüllt (– 1 2 3 4 5 6 7 8 9 10 +) absolut erfüllt

Welche Erkenntnisse hast du gerade aus dem Abschnitt zum Beziehungsbedürfnis »Liebe ausdrücken« gewonnen? Was wünschst du dir zukünftig für deine Partnerschaft in diesem Bereich?

___

___

___

Anwendung der Beziehungsbedürfnisse

Du kennst jetzt die acht Beziehungsbedürfnisse und du weißt, dass du dich abgelehnt und ungeliebt fühlst, wenn diese Bedürfnisse unerfüllt bleiben. Und dass du vielleicht aus diesem Gefühl der Ablehnung heraus einen Streit beginnst. Deshalb ist es jetzt an der Zeit, diese Bedürfnisse auch mal im Kontext deiner Beziehung und eures Streitverhaltens zu sehen.

Sprecht über diese Bedürfnisse und überlegt euch:

Welche dieser Bedürfnisse sind dir besonders wichtig?

Welche sind für deinen Partner oder deine Partnerin wichtig?

Welche der Bedürfnisse sind in eurer Partnerschaft schon gut integriert?

Wo gibt es noch Bedarf?

Welches Bedürfnis war vielleicht bei eurem letzten Streit nicht erfüllt?

Die Erkenntnisse über die acht Beziehungsbedürfnisse könnt ihr mit etwas Übung auch im Streit anwenden, indem ihr euch fragt:

- Was ist eigentlich gerade wirklich los?
- Welches Bedürfnis ist vielleicht gerade nicht erfüllt?
- Wodurch erfahre ich vielleicht gerade Ablehnung?

Wenn du bemerkst, dass dein Partner sich verletzt fühlt oder sich zurückzieht, kann es hilfreich sein, auf ihn zuzugehen und ihn direkt anzusprechen:

- Was brauchst du gerade?
- Was wünschst du dir gerade von mir?

Die Anwendung dieser Bedürfnisse benötigt etwas Übung. Tauscht euch immer wieder über eure Erkenntnisse aus und nehmt gern auch immer wieder die Listen auf den vorherigen Seiten zur Hand, um Schritt für Schritt leichter und schneller zu erkennen, worum es im aktuellen Streit wirklich geht.

Die vier Typen der Kommunikation nach Virginia Satir

Gerade wenn wir uns der Beziehungsbedürfnisse nicht bewusst sind und unsere Verletzung nicht reflektiert haben, neigen wir dazu, unseren Unmut nonverbal zu kommunizieren. Anstatt auszusprechen, was uns gerade stört oder was uns fehlt, drücken wir unsere Unzufriedenheit durch unser Verhalten aus. Der Gesichtsausdruck verändert sich, die Körperhaltung, die Atemgeschwindigkeit oder der Klang der Stimme.

Paul Watzlawick, ein österreichischer Philosoph und Psychotherapeut, fasste es einmal so zusammen: »Du kannst nicht nicht kommunizieren!«

Auch Virginia Satir, die Begründerin der systemischen Familientherapie, war der Auffassung: »Wann immer du sprichst, spricht alles an dir.«

Aus unseren persönlichen Erfahrungen heraus haben wir über die Jahre unseres Lebens ein bestimmtes Muster entwickelt, wie wir uns im Streit verhalten. Virginia Satir hat sich intensiv damit beschäftigt und vier Kommunikationsmuster herausgearbeitet, die Menschen im Konflikt typischerweise anwenden.

Möglicherweise erkennst du dein eigenes Verhalten oder das Verhalten deines Gegenübers in einem der vier Muster wieder. Vielleicht stellst du auch fest, dass du unterschiedliche Muster bei verschiedenen Personen anwendest. Das ist nicht verwunderlich, denn nicht in allen sozialen Situationen hat uns das gleiche Verhalten zum Erfolg gebracht.

Nimm die vier Muster im ersten Schritt einfach wahr, ohne sie zu bewerten, und mache dir bewusst, dass Menschen sich diese Muster nicht ohne Grund aneignen, sondern weil sie sich in der Vergangenheit als nützlich und hilfreich erwiesen haben. Das heißt jedoch nicht, dass du deine eigenen Verhaltensweisen und -muster nicht verändern kannst.

Verhaltensmuster 1: Beschwichtigen

Menschen, die in Konfliktsituationen beschwichtigen, unterwerfen sich ihrem Gegenüber. Sie sagen zu allem Ja, stimmen zu und übergehen damit ihre eigenen Gefühle und Bedürfnisse. Sie haben in der Vergangenheit gelernt, dass am wenigsten Ärger auf sie wartet, wenn sie zustimmen und sich unterwürfig verhalten. Das Problem dabei ist: Die Beschwichtiger missachten ihre eigenen Bedürfnisse und beschwichtigen auf Kosten ihres eigenen Werts. Sie übermitteln die Botschaft, nicht wichtig zu sein.

Typische Sätze, die ein Beschwichtiger im Streit sagt, lauten:

- »Was auch immer du willst, es ist in Ordnung.«
- »Ich möchte dich nur glücklich machen.«
- »Du hast mit allem recht, was du sagst!«
- »Es ist alles meine Schuld.«.
- »Entscheide du!«

Auch wenn Beschwichtigung dabei helfen kann, einen Konflikt zu entschärfen, lernt die Person auf lange Sicht nicht, sich für sich selbst einzusetzen. Sie empfindet sich im schlimmsten Fall selbst als hilflos und wertlos und braucht immer einen Menschen um sich herum, der die Richtung vorgibt. Sie versucht, sich nützlich zu fühlen, indem sie etwas für den anderen tut oder für ihn und nach seinen Vorstellungen lebt, hat jedoch Angst, ihm im Weg zu stehen, von ihm abgelehnt zu werden, ihn zu verärgern oder von ihm verlassen zu werden. Das kann dazu führen, dass der Partner oder die Partnerin sich schuldig fühlt oder Mitleid bekommt. Möglicherweise wird man jedoch auch ärgerlich oder verspürt Verachtung für das unterwürfige Gegenüber. Ein Miteinander auf Augenhöhe ist so nicht möglich.

Kennst du jemanden, der sich in der Kommunikation beschwichtigend verhält? Wie wirkt diese Person auf dich und was verändert sich dadurch in der Kommunikation?

____

____

____

Verhaltensmuster 2: Anklagen

Der Ankläger verhält sich genau gegenteilig zum Beschwichtiger. Er tritt für sich selbst ein und lässt keinerlei Entschuldigung gelten. Die Kehrseite besteht darin, dass Konflikte, an denen ein Ankläger beteiligt ist, schnell aggressiv werden, und der Ankläger selbst sich nicht erlaubt, schwach zu sein oder Fehler einzugestehen. Um sich selbst zu schützen, greift der Ankläger seinen Partner an. Für ihn zählt nur er selbst.

Typische Sätze eines Anklägers lauten:

- »Du machst nie etwas richtig.«
- »Was hast du schon wieder falsch gemacht?«
- »Was ist los mit dir?«
- »Ich bin hier der Chef!«
- »Du kriegst es nie hin!«
- »Wenn du nicht da wärst, wäre alles in Ordnung!«

Im Kern wünscht sich der Ankläger Anerkennung. Er möchte gehört und verstanden werden, ohne dass das Gegenüber seine Schwächen erkennt – denn das ist seine größte Angst. Also verhält er sich getreu dem Motto »Angriff ist die beste Verteidigung!« Er sucht Fehler beim anderen, handelt überheblich und ist immer darum bemüht, seine Gewichtigkeit herauszustellen. Er nutzt Verallgemeinerungen, wie »immer«, »nie«, »jedes Mal« oder »alles« und »nichts« und unterbricht sein Gegenüber gern beim Sprechen. Der Ankläger ist laut und raumgreifend und lässt niemanden zu, außer sich selbst. Dies führt beim Gegenüber zu Angst, Furcht und Rückzug. Trifft ein Ankläger auf einen Beschwichtiger, begegnet ihm dieser mit Schuldgefühlen, bettelnd und flehend. Treffen zwei Ankläger aufeinander, ist das Gespräch geprägt von Ärger und Wut.

Kennst du jemanden, der anklagend kommuniziert? Wie wirkt diese Person auf dich und was verändert sich dadurch in der Kommunikation?

Verhaltensmuster 3: Ablenken

Menschen, die ablenkend kommunizieren, weichen dem Gespräch aus. Sie vermeiden schwierige Themen und neigen zu sprunghaften Themenwechseln. Sie wollen dem Konflikt aus dem Weg gehen und haben Angst davor, sich herausfordernden Themen zu stellen. Sie möchten in Kontakt mit dem Gegenüber bleiben und eine gute Stimmung aufrechterhalten, weshalb sie selbst oft fröhlich und locker wirken.

Typische Sätze, die im Gespräch von einem Ablenker kommen können, lauten:

- »Spannend, was du sagst, aber habe ich dir schon erzählt, dass ich gestern unsere Nachbarin im Supermarkt getroffen habe?«
- »Das müssen wir doch nicht jetzt besprechen, wir wollten doch zum See fahren.«
- »Wenn du gerade von Stress redest, soll ich dir dazu einen Witz erzählen?«

Ablenker wechseln abrupt das Thema und irritieren ihr Gegenüber damit oftmals stark. Sie versuchen, einer Konkretisierung aus dem Weg zu gehen – lieber werfen sie Fakten ein, die irrelevant oder nicht richtig sind. Sie vermeiden es, auf Fragen zu antworten oder Themen zu vertiefen. In der Beziehung kann ihr Verhalten zu Irritation und Verwirrung oder auch Enttäuschung führen, weil das Gegenüber sich nicht ernst genommen fühlt. Der Ablenker selbst fühlt sich oftmals einsam und hilflos. Er sucht nach Kontakt, hat aber extreme Angst davor, ein schwieriges Thema bearbeiten zu müssen. Er hat nur einen Wunsch: den Partner abzulenken und den Fokus auf das Schöne zu richten.

Kennst du eine ablenkende Person? Wie wirkt sie auf dich und was verändert sich dadurch in der Kommunikation?

Verhaltensmuster 4: Rationalisieren

Menschen, die in Konflikten ein rationalisierendes Kommunikationsmuster zeigen, stellen Informationen und Logik in den Vordergrund. Sie wählen ihre Worte mit Bedacht und vernünftig, neigen zu langen Erklärungen und nehmen starken Bezug auf Regeln und Gesetzmäßigkeiten. Rationalisierer handeln sehr korrekt und vernünftig, ohne dabei Gefühle zu zeigen. Die Worte eines Rationalisierers könnten direkt einem Buch oder Lexikon entstammen, häufig sprechen sie in einer trockenen und monotonen Stimmlage. Anstatt über Gefühle oder Empfindungen der anderen Person zu sprechen, halten sie an Sachverhalten und Fakten fest. Sie unterscheiden zwischen richtig und falsch, schwarz und weiß und wirken oftmals wie neutrale Beobachter der Situation, auch wenn sie Beteiligte sind.

Rationalisierer haben Angst, die Kontrolle zu verlieren. Sie möchten an dem festhalten, was sicher ist: Zahlen, Daten und Fakten. Das führt in der Partnerschaft jedoch dazu, dass das Gegenüber sich in eine passive Rolle gedrängt fühlt und das Zuhören als mühsam und anstrengend empfindet. Der Ablenker beginnt sofort, abzulenken, um Leben in die Situation zu bringen, während sich ein Beschwichtiger im Kontakt mit einem Rationalisierer schnell klein und dumm fühlt. Ein anklagender Partner erlebt sich vom Rationalisierer als nicht beachtet und beginnt schnell, Vorwürfe zu machen. Es ist dem Rationalisierer nicht möglich, sein Gegenüber in der Vollkommenheit wahrzunehmen und beispielsweise zuzulassen, dass er verletzt und traurig ist. Das führt häufig zu Frustration.

Kennst du einen Rationalisierer? Wie wirkt diese Person auf dich und was verändert sich dadurch in der Kommunikation?

Anwendung der Kommunikationsmuster

Oftmals prallen gerade in herausfordernden Gesprächssituationen verschiedene Kommunikationsmuster aufeinander und sorgen für große Unzufriedenheit und vor allem dafür, dass der Konflikt nicht gut gelöst werden kann.

Kein Mensch wählt absichtlich ein destruktives Kommunikationsmuster. Alle Menschen geben grundsätzlich ihr Bestes, können es manchmal jedoch einfach nicht besser.

Welche Kommunikationsmuster von Virginia Satir finden sich in deiner Partnerschaft?

____

____

____

Wie wirken sich diese Kommunikationsmuster auf deine Beziehung, insbesondere eure Konflikte aus?

____

____

____

Nicht jedes Verhalten lässt sich sofort verändern. Das Wissen und die Reflexion über die eigenen Muster helfen jedoch dabei, das eigene Verhalten und das Verhalten des Partners besser zu verstehen. Zukünftig könnt ihr euch also darauf hinweisen, wenn ihr am anderen oder auch an euch selbst solche Verhaltensmuster entdeckt, und gemeinsam konstruktivere Verhaltensweisen anstreben.

Folgende Verhaltens- und Denkweisen zeichnen unter anderem eine konstruktive Streitkultur aus. Kreuze gern an, welche euch schon gut gelingen:

- ☐ Ihr lasst alle Gefühle zu.
- ☐ Ihr diskutiert überwiegend über die Situation im Hier und Jetzt anstatt über Vergangenes oder Zukünftiges.
- ☐ Euer Miteinander gründet auf Achtung und Wertschätzung.
- ☐ Ihr akzeptiert eure Individualität, d. h. eure Unterschiede im Denken, Fühlen und Handeln, und wertet sie als Bereicherung.
- ☐ Ihr respektiert die Grenzen des anderen.
- ☐ Ihr seht Konflikte als Chancen an und seid überzeugt, sie lösen zu können.

Welche Verhaltens- und Denkweisen dürfen sich zukünftig noch stärker in eurer Streitkultur wiederfinden?

____

____

____

Was kannst du zu dieser konkreten Veränderung beitragen?

____

____

____

Was wünschst du dir dabei von deinem Partner?

____

____

____

Das Drama-Dreieck aus der Transaktionsanalyse

Die drei Rollen im Streit

Es ist nicht immer einfach, das eigene Verhalten zu verändern. Oftmals braucht es viel Übung. Veränderung vollzieht sich meist auch nicht von einem Tag auf den anderen, sondern allmählich, Schritt für Schritt. Jede Situation, die du auf eine neue Art und Weise lösen kannst, ist ein Gewinn. Zur Entwicklung gehört es auch, in alte Verhaltensmuster zurückzufallen, aber immer wieder zurück zum neuen Verhalten zu finden. Das alte Verhalten immer seltener anzuwenden und immer schneller und intuitiver das neue Verhalten zu wählen. Das ist ein Prozess, und du hast es in der Hand, dich bewusst mit deinem Verhalten auseinanderzusetzen.

In meiner Beratung treffe ich oft auf Paare, die sich bisher nicht dessen bewusst waren, dass sie es selbst in der Hand haben, den Streitkreislauf zu durchbrechen. Sie fühlen sich völlig machtlos und sind verzweifelt, weil sie sich in Streitsituationen immer weiter in den Streitkreislauf verirren und keinen Ausweg mehr finden. Vielleicht kennst du das auch aus deiner Partnerschaft: dass es immer wieder zu Konflikten und Streit kommt und ihr euch richtig hineinsteigert. Sozusagen die Mücke zum Elefanten macht und euch damit gegenseitig zutiefst verletzt. So sehr, dass es manchmal sogar Zweifel an der Partnerschaft gibt: Macht die Beziehung Sinn, wenn die Kämpfe so viel Kraft rauben?

Oftmals finden sich Paare, die sich in einem Streitkreislauf befinden, aus dem sie aus eigener Kraft nicht mehr hinausfinden, im sogenannten Drama-Dreieck wieder. Das ist ein Mechanismus, der in vielen Beziehungen stattfindet. Im Prinzip handelt es sich beim Drama-Dreieck um ein Rollenspiel, da beide Partner in eine Rolle schlüpfen, ohne das aktiv zu tun. Es passiert unbewusst.

Ein typischer Ablauf für einen Konflikt im Drama-Dreieck kann beispielsweise so aussehen: Etwas läuft nicht, wie es soll, es geht schief. Es kommt zu einer Enttäuschung und es hagelt Vorwürfe. Die angegriffene Person versucht entweder – nach dem Motto: Angriff ist die beste Verteidigung –, sich zu verteidigen und wirft dem Gegenüber neue Vorwürfe an den Kopf oder nimmt eine Opferhaltung ein, fühlt sich machtlos und hilflos, während die andere Person immer weiter Vorwürfe anbringt. Oft greifen die Partner oder Partnerinnen hierbei auch auf bereits lange zurückliegende Situationen zurück, sie verallgemeinern. Die Situation schaukelt sich immer weiter hoch. Versucht die eine Person, sich zu entziehen, wird sie von der anderen verfolgt und weiter zur Rechenschaft gezogen. Das ist nur ein möglicher Verlauf. Das Drama-Dreieck kann auf viele verschiedene Arten stattfinden – immer abhängig davon, welche der Rollen, die ich dir gleich vorstellen werde, die Partner übernehmen.

Im Großen und Ganzen lässt sich sagen: Das Drama-Dreieck äußert sich in Schuldzuweisungen, Verantwortungen und Enttäuschungen.

Da das Drama-Dreieck meist unbewusst startet, d. h., die Partner sich ihrer Rollen nicht bewusst sind, ist es eine Herausforderung, diesen Mechanismus in der Beziehung zu verändern – aber es ist möglich! Ihr könnt aus dem Drama-Dreieck aussteigen oder auch lernen, gar nicht erst einzusteigen.

Das Drama-Dreieck als Verhaltensmuster stammt aus der Transaktionsanalyse und wurde von Stephen Karpman begründet. Diese Theorie liefert eine Erklärung dafür, warum Konflikte manchmal extrem eskalieren, indem es drei Verhaltensmuster beschreibt, die wir im Streit zeigen: drei typische Rollen.

Wichtig zu wissen, ist, dass keine der Rollen besser ist als die andere. Alle Rollen wünschen sich im Wesentlichen Aufmerksamkeit und Anerkennung. Alle drei Rollen werden aus Angst heraus gesteuert und alle drei Rollen bedingen sich gegenseitig und sorgen dafür, dass sich die Situation immer mehr aufschaukelt und schlussendlich oftmals richtig eskaliert.

Die drei Rollen, die im Modell beschrieben werden, sind die Rolle

- des Täters bzw. Verfolgers,
- des Opfers und
- des Retters.

Viele Menschen haben eine bevorzugte Rolle, die sie schnell übernehmen. Genauso typisch ist es aber auch, im Laufe des Konflikts die Rolle zu wechseln, verschiedene Rollen zu übernehmen und regelrecht hin- und herzuspringen.

Die Rolle des Täters bzw. Verfolgers. In der Rolle des Täters wird das Gegenüber dominiert und kontrolliert. Die Täter-Persönlichkeit nimmt die Dinge in die Hand auf ihre eigene Art und Weise. Sie weiß alles besser. Sie kritisiert und kontrolliert, droht, schüchtert regelrecht ein und demütigt ihr Gegenüber. Der Täter verfolgt eine Grundeinstellung, die in etwa lautet: »Ich bin okay, du bist nicht okay« oder »Ich habe recht und du hast unrecht«. Nach außen wirkt der Täter oder Verfolger mächtig. Er schädigt, beschuldigt oder bestraft sein Gegenüber. Er ist der Meinung, ganz genau zu wissen, was die Ursache einer problematischen Situation ist – ganz klar die Unfähigkeit oder Unwilligkeit seines Gegenübers. Er plädiert für Konsequenz und Härte. Wenn etwas nicht so läuft, wie der Täter sich das wünscht, wird er wütend oder mitunter auch aggressiv. In vielen Elementen stimmt das Verhalten des Täters aus dem Drama-Dreieck mit dem des Anklägers in der Theorie von Virginia Satir aus dem vorherigen Kapitel überein.

Die Rolle des Opfers. Im Gegensatz dazu steht das Opfer im Drama-Dreieck in einer nach außen sehr schwach wirkenden Position. Das Opfer wird von den anderen Beteiligten für die Situation verantwortlich gemacht und bekommt Anschuldigungen und Vorwürfe zu hören. Daraus resultierend fühlt es sich hilflos und ohnmächtig. Die Opfer-Persönlichkeit versucht, sich dem Gefühl des Verantwortlichseins jedoch zu entziehen – sie möchte die Verantwortung für die Situation nicht tragen und präsentiert sich nach außen als hilflos, denn aus der Opferrolle heraus ist es leicht, den anderen Rollen die Schuld zuzuweisen. Und damit drängt sie ihr Gegenüber regelrecht in die Täter-Rolle: Sie will ein schlechtes Gewissen machen. Die Grundeinstellung hier lautet in etwa: »Ich bin nicht okay, aber du bist auch nicht okay.«

In der Dynamik bekommt das Opfer also viele Vorwürfe und Anschuldigungen zu hören und wird für die Situation verantwortlich gemacht. Diese Vorwürfe und Anschuldigungen nimmt die Opfer-Persönlichkeit jedoch nicht nur passiv hin – nein! Sie füllt diese Rolle regelrecht aus. Sie erlebt sich selbst als schwach und machtlos und die anderen Persönlichkeiten des Drama-Dreiecks als sehr mächtig.

Der Nutzen der Opfer-Persönlichkeit besteht darin, keine Verantwortung für die Situation übernehmen zu müssen: Die anderen sind ja dafür verantwortlich, dass es dem Opfer schlecht geht. Jammern ist also erlaubt. Das Opfer sieht sich selbst nicht in der Lage, seine Situation zu verändern. Und darin besteht die vermeintliche Macht dieser Position: Das Opfer gibt die Verantwortung für sein Handeln und die Folgen seines Handelns ab und manipuliert durch seine eigene Schwäche und seine Schuldgefühle.

Und hier schaltet sich meist die dritte Rolle ein – denn die wird durch das Verhalten der Opfer magisch angezogen.

Die Rolle des Retters. Die Retter-Persönlichkeit möchte gebraucht werden und Anerkennung erhalten. Sie möchte helfen, andere beschützen und ihnen genau sagen, was gut für sie ist. Dem Ganzen liegt der Wunsch nach Bewunderung zugrunde. Aber auch der Retter trägt zum Aufschaukeln der Situation bei, denn er macht andere klein, um selbst größer zu wirken. Er sieht das Opfer als hilflos an und bestätigt sich selbst darin. Die Grundhaltung ähnelt der des Täters: »Ich bin okay, du bist nicht okay.« – Der Retter wertet sich selbst auf, indem er dem Opfer gegenüber die Einstellung vertritt, dass es ohne ihn nicht geht. Damit erzeugt er eine Abhängigkeit: Er macht sich unentbehrlich. Gleichzeitig wertet der Retter auch den Täter ab. Er stellt sich selbst über die anderen Rollen und erkennt ihnen so die Fähigkeit ab, angemessen zu handeln. Damit reißt er die Verantwortung des Opfers an sich. Selbst wenn der Retter auf einen Hilferuf des Opfers hin handelt, handelt er meist ohne direkten Auftrag. Er begründet sein Handeln aus der Situation heraus, in etwa durch den Gedanken: »Das kann man doch nicht zulassen. Da muss doch jemand etwas tun!«

Auf den ersten Blick wirkt es, als wäre die Retter-Persönlichkeit »die Gute« in der Dynamik. Sie leistet Hilfestellung und ist auf die Bedürfnisse des Gegenübers fokussiert, aber das ist nur vordergründig so. Tatsächlich geht es ihr um ihr eigenes Bedürfnis nach Anerkennung und Bewunderung. Durch die Hilfe, die sie dem Opfer entgegenbringt, macht sie zudem das Opfer noch kleiner und hilfloser, als es eigentlich wäre.

Anwendung des Drama-Dreiecks

Vielleicht hast du dich jetzt in der einen oder anderen Rolle wiedererkannt. Der Begründer dieser Theorie hat beobachtet, dass Menschen gewisse Lieblingsrollen haben, im Konflikt aber auch schnell und häufig die Rollen wechseln können. Es kann sein, dass eine Person die anklagende Täter-Rolle und die andere direkt die Opfer-Rolle einnimmt, wodurch die erste Person als Helferin zur Seite steht, bevor sie wieder zur Täterin wird. Opfer können urplötzlich selbst zum Täter werden. Es gibt unzählige Abläufe und Muster, die uns in Konflikten begegnen können. Es muss nicht in jedem Konflikt jede Rolle übernommen werden. Tatsächlich gibt es beispielsweise in Konflikten manchmal auch gar keinen Retter.

In welchen Rollen des Drama-Dreiecks erlebst du dich selbst im Konflikt?

In welchen dieser Rollen erlebt dich dein Partner oder deine Partnerin?

Welche Rollen übernimmt dein Partner oder deine Partnerin häufig?

Eine Reflexion des eigenen Verhaltens ist wichtig, um sich selbst in den Rollen zu erkennen und ein Gespür dafür zu bekommen, wann ihr in das Drama-Dreieck einsteigt. Denn solange die Partner in den Rollen bleiben, gibt es keine wirkliche Lösung. Das Drama-Dreieck bleibt bestehen, bis eine der beiden Personen aussteigt!

Und an dieser Stelle ist es wichtig, noch eine vierte Position einzuführen – die Position, die angestrebt werden sollte. Die vierte, wünschenswerte Position ist die Begegnung auf Augenhöhe. Dieser Position liegt die Haltung zugrunde: »Ich bin okay und du bist auch okay.« Die Partner können ihre eigenen Bedürfnisse wahrnehmen und kommunizieren und ebenso die Bedürfnisse des Partners sehen. Es ist wichtig, von sich zu sprechen und nicht zu interpretieren. Bei sich selbst zu bleiben und dem anderen zugewandt zu bleiben. Die eigenen Emotionen wahrzunehmen und zu reflektieren. Und jetzt einmal ganz konkret: Was kannst du tun, um aus dem Drama-Dreieck auszusteigen? Oder im besten Fall gar nicht erst einzusteigen.

Schritt 1: Mache dir bewusst, welche Rolle du gerade spielst! Erkenne die zugrunde liegenden Mechanismen. Erkenne deine Rolle und die Rolle deines Gegenübers. Der Fokus liegt darauf, zu erkennen, dass du diese Rolle spielst! Es ist eine Rolle, mehr nicht. Du bist nicht dein Verhalten, und du kannst entscheiden, wie du dich verhältst. Du bist möglicherweise unbewusst in eine Rolle gerutscht. Du musst sie nicht erfüllen. Du kannst dich anders verhalten und aussteigen.

Schritt 2: Löse dich von dem Wunsch, Recht, Anerkennung und Aufmerksamkeit zu erhalten! Denn danach strebt jede der Rollen auf ihre eigene Weise. Wenn du die Opfer-Rolle übernommen hast, mache dich unabhängig. Entscheide dich bewusst dagegen, im Selbstmitleid zu verharren oder Aufmerksamkeit in Form von Mitleid zu suchen. Finde deine Kraft und Stärke zurück. Du brauchst kein Mitleid – nicht von dir selbst und nicht von deinem Partner oder deiner Partnerin. Du kannst versuchen, deine Themen selbst anzugehen und zu lösen oder konkret um Hilfe zu bitten.

Wenn du bemerkst, dass du in die Täter-Rolle geraten bist, solltest du darauf achten, konstruktiv und wertschätzend zu kommunizieren. Die Gewaltfreie Kommunikation kann dir dabei helfen. Verzichte auf Anschuldigungen und Abwertungen. Verzichte auf destruktive Kritik. Gib konstruktive und wertschätzende Rückmeldung. Kümmere dich erst einmal um dich selbst: Gib dir alles, was du brauchst. Sorge für dich, ohne dass dies auf Kosten anderer geschieht.

Und in der Retter-Rolle solltest du darauf verzichten, dich und deine Hilfe aufzudrängen. Gib die Verantwortung ab – dahin, wo sie hingehört. Lass dein Gegenüber selbst die Verantwortung für sich übernehmen. Respektiere die Verletzlichkeit deines Gegenübers und sprich ihm nicht die Fähigkeit ab, eigenständig zu denken und zu handeln.

Um gar nicht erst einzusteigen, ist es außerdem hilfreich zu erkennen, wenn dein Gegenüber eine Rolle übernimmt. Wenn dir dein Partner oder deine Partnerin mit Vorwürfen und Anschuldigungen begegnet, lasse dich nicht darauf ein, in die Opfer-Rolle zu wechseln: Du bist nicht hilflos und musst dich nicht in eine Ecke drängen lassen. Du kannst deinem Gegenüber sagen, dass du seine Kritik so nicht annimmst und dass du das Thema konstruktiv lösen möchtest. Wenn dein Gegenüber selbst die Opfer-Rolle übernimmt und versucht, die Verantwortung für eine Situation von sich wegzudrängen, musst du diese Verantwortung nicht annehmen. Wenn du dich provoziert fühlst, musst du nicht zum Täter oder zur Täterin werden. Du kannst die Situation verlassen. Du musst nicht mitspielen. Das braucht etwas Übung, aber du kannst das lernen.

Schritt 3: Teile den Prozess mit deinem Gegenüber! Erzähle von deinen Erkenntnissen. Erzähle ihm, was in der Situation passiert ist. Teile deine Sichtweise. Dabei geht es nicht darum, einer Meinung über alles zu sein, sondern Verständnis für die Unterschiedlichkeit und Verbindung zu schaffen. Du merkst schon: Der Kern, aus dem Drama-Dreieck auszusteigen – oder möglicherweise gar nicht erst einzusteigen –, besteht darin, Verantwortung für das eigene Verhalten zu übernehmen und dich anders zu verhalten als bisher. Du musst Verantwortung für deine eigenen Gefühle und Handlungen übernehmen, denn solange du Gedanken hast wie: »Solange er sich auf diese Art und Weise verhält, verhalte ich mich so …«, bist du Teil des Drama-Dreiecks, und der Konflikt bleibt bestehen.

Vielleicht stellst du dir jetzt die Frage, wie ihr Konflikte denn stattdessen lösen sollt. Wie ihr auf einen Nenner kommen sollt, wenn ihr euch nicht einmal verteidigen dürft.

Fakt ist: Im Drama-Dreieck ist keine Lösung und keine Einigung möglich. Im Drama-Dreieck kümmert sich jeder nur um sich selbst und seine Position. Das Drama-Dreieck wirkt nicht verbindend, sondern trennend. Ihr müsst aussteigen, um überhaupt einen Raum zu schaffen, indem ihr konstruktiv über die Situation sprechen könnt. Das heißt nicht, dass es dann direkt einfach ist, den Konflikt zu lösen. Aber so wird überhaupt der Raum geöffnet, in dem Lösung zu einer Option wird. Nur so begegnet ihr euch offen. Nur so seid ihr bereit, die Meinung des anderen zu hören. Euch auf die Wahrnehmung des anderen einzulassen. Solange ihr im Drama-Dreieck bleibt, werden eure Rollen die Situation, in der ihr euch befindet, verzerren, negativ umdeuten und bestimmte Aspekte auch gänzlich ausblenden.

Welche Gedanken hast du zum Drama-Dreieck?

Kommt dir das Drama-Dreieck bekannt vor, und wenn ja, woher kennst du es?

Hat das Drama-Dreieck bereits in deiner Herkunftsfamilie eine Rolle gespielt oder kennst du es vor allem aus deiner aktuellen Partnerschaft?

Welche Rollen hast du möglicherweise bereits als Kind übernommen und wie haben sich diese Rollen im Erwachsenenalter verändert?

In welchen Situationen in deiner Partnerschaft kommt es dazu, dass ihr Rollen aus dem Drama-Dreieck übernehmt?

Wie wollt ihr euch zukünftig stattdessen verhalten, um gar nicht erst ins Drama-Dreieck einzusteigen?

Lernen, konstruktiv zu streiten

Viele Paare, die in meine Beratung kommen, haben den Wunsch nach einer konstruktiven Streitkultur für Ihre Partnerschaft. Gleichzeitig haben sie die Erfahrung gemacht, dass beinahe jeder Streit eskaliert und es selten konstruktive Gespräche über herausfordernde Themen gibt. Sie haben erfahren, dass sie immer wieder in die gleichen Streitkreisläufe geraten und manchmal schon ein Wort ausreicht, um die Situation wieder vollkommen zu eskalieren. Durch diese Dynamik ist es ihnen in der Vergangenheit noch nicht gelungen, selbstständig aus diesen Mustern auszusteigen – doch das muss nicht so bleiben. Es ist nicht immer leicht, schwierige Themen anzusprechen und Konflikte auszutragen. Oftmals kommt es in solchen Streitgesprächen zu Verletzungen – das lässt sich nicht immer vermeiden. Die Paarbeziehung ist eine der engsten Beziehungen, die wir in unserem Leben führen. In der Partnerschaft stehen wir uns so nahe und führen eine so emotionale Beziehung, dass immer auch wunde Punkte getroffen werden. Das Ziel besteht deshalb nicht unbedingt darin, Verletzung zu vermeiden, sondern Verletzung gut aufzufangen.

In diesem Kapitel lernst du Schritt für Schritt, wie du zukünftig konstruktive Streitgespräche mit deinem Partner oder deiner Partnerin führen und eine gute Streitkultur etablieren kannst.

Schritt 1: Den Konfliktraum schaffen

Nicht jede Situation eignet sich gleich gut dafür, ein Streitgespräch zu führen. Vielleicht hast auch du in deiner Beziehung die Erfahrung gemacht, dass ihr in stressigen Situationen eher selten konstruktive Gespräche geführt und gute Lösungen gefunden habt.

Das Ziel eines Konflikts besteht darin, zu einer Einigung oder Lösung zu kommen, gehört zu werden und das Thema abzuschließen. In der Folge macht es also nur Sinn, ein solches Gespräch zu führen, wenn die äußeren Bedingungen genau das zulassen: eine Einigung oder einen Abschluss des Themas. Und was es dafür braucht, ist – neben ausreichend Zeit und einer ruhigen Umgebung – eine emotionale Offenheit beider Personen für das Gespräch.

Ich erlebe oft, dass ein Partner stark auf ein Gespräch drängt, den anderen regelrecht damit überfällt. Das erzeugt emotionalen Stress auf beiden Seiten. Die Folge ist nicht nur, dass es zu keiner Einigung kommt, sondern schlimmer: Es kommt zu einem eskalierenden Konflikt.

Bevor ihr euch also Hals über Kopf in einen Konflikt stürzt, klärt miteinander ab, ob ihr gerade beide offen und bereit seid, dieses Gespräch zu führen. Ich nutze in der Beratung oft das Bild einer Tür: Klopfe an die emotionale Tür deines Gegenübers, warte ab, bis dein Gegenüber öffnet, und frage ihn, ob du mit deinem Thema eintreten darfst.

Neben der emotionalen Verfügbarkeit spielen natürlich auch andere Themen eine Rolle: Habt ihr Zeit, den Konflikt auszutragen, oder ist es schon zu spät am Abend oder nur noch einige Minuten, bis ihr zu einem Termin müsst? Habt ihr genug geschlafen oder seid ihr eigentlich zu müde für das Gespräch und dadurch reizbar? Seid ihr beide satt und habt genug Wasser getrunken? Auf den ersten Blick wirken diese Faktoren möglicherweise lächerlich, doch gerade wenn wir schwierige Themen angehen wollen, ist es im ersten Schritt wichtig, gut für uns und unseren Körper gesorgt zu haben.

Es kann sich schwierig anfühlen, abgewiesen zu werden, aber es ist wichtig, die Grenzen des anderen zu wahren. Denn wenn du auf Biegen und Brechen auf das Austragen des Konflikts bestehst, auch dann, wenn dein Partner oder deine Partnerin nicht bereit dazu ist und keine emotionalen Ressourcen für das Gespräch zur Verfügung hat, wirst du in diesem Gespräch mit großer Wahrscheinlichkeit nicht das bekommen, was du dir wünschst und brauchst, sondern eine frustrierende Erfahrung machen. Wenn dein Partner aktuell nicht bereit ist, dieses Konfliktgespräch mit dir zu führen, bitte ihn, auf dich zuzukommen, sobald er sich bereit fühlt.

Welche Voraussetzungen müssen für dich erfüllt sein, um ein konstruktives Gespräch zu führen? Welche äußeren Umstände sind dafür wichtig und welche emotionalen Voraussetzungen müssen erfüllt sein?

Was braucht dein Partner oder deine Partnerin, um gut in ein Streitgespräch gehen zu können?

Worauf möchtet ihr zukünftig achten, wenn ihr herausfordernde Themen anzusprechen habt?

Welche Sorgen oder Bedenken hast du vielleicht aktuell noch beim Gedanken an zukünftige Streitgespräche? Teile sie mit deinem Gegenüber!

Was wünscht ihr euch voneinander mit Blick darauf, wie ihr herausfordernde Themen zukünftig ansprechen werdet?

____

____

____

Schritt 2: Haltung und Ziel des Gesprächs formulieren

Wenn ihr beide euch bereit fühlt, das Gespräch zu führen, und ihr euch einig seid, dass ihr gemeinsam eine Einigung oder Lösung für das betreffende Thema erzielen wollt, steht die sinnbildliche Türe für das Gespräch offen. Bevor ihr jedoch die Schwelle überschreitet, lohnt es sich, einmal zu reflektieren, wie ihr euch im Streit begegnen möchtet.

Leitlinien und Werte eures Gesprächs können beispielsweise die folgenden sein – kreuze gern an, welche inneren Haltungen du übernehmen willst, und ergänze eigene Ideen:

- ☐ Wir lassen uns aussprechen, wir unterbrechen uns nicht.
- ☐ Wir hören aufmerksam zu und fragen nach, wenn wir etwas nicht verstehen.
- ☐ Wir sind offen für das, was der andere zu sagen hat, auch wenn sich unsere Meinung oder Wahrnehmung unterscheidet.
- ☐ Wir schenken einander Glauben und zweifeln die Wahrnehmung des anderen nicht an.
- ☐ Wir sprechen mit ruhiger Stimme, anstatt laut zu werden.
- ☐ Jeder spricht von sich und beachtet die Regeln der Gewaltfreien Kommunikation.
- ☐ Wir sind gewillt, den Konflikt zu lösen.
- ☐ ______________________________
- ☐ ______________________________
- ☐ ______________________________

Oftmals erlebe ich, dass Paare ziellos streiten. Sie tauschen Meinungen aus, hören einander möglicherweise sogar aufmerksam zu, aber wissen eigentlich gar nicht, was es braucht, um den Konflikt erfolgreich abzuschließen. Im schlimmsten Fall haben beide sogar völlig unterschiedliche Vorstellungen davon, was das Ziel des Konflikts ist. Die eine Person versucht beispielsweise, eine Lösung für das Problem zu finden, während die andere eigentlich nur gehört werden möchte und sich Trost wünscht. So kann der Konflikt selbst mit bester Absicht nicht erfolgreich beigelegt werden.

Simone und Thomas, ein Paar, das ich in der Online-Paartherapie betreute, erzählten mir beispielsweise von einem schlimmen Streit, der beide sogar veranlasste, über eine Trennung nachzudenken. Simone, die im Haushalt für die Wäsche verantwortlich war, kam eines Tages entsetzt und traurig aus der Waschküche ins Wohnzimmer, zeigte Thomas einen winzigen Pullover und fragte ihn traurig: »Mein absoluter Lieblingspullover ist mir beim Waschen eingegangen! Wie konnte das nur passieren? Was habe ich falsch gemacht?« Thomas war sofort zur Stelle und erklärte seiner Frau: »Du musst den Pullover zu heiß gewaschen haben. Nächstes Mal musst du die Temperatur besser kontrollieren oder so einen besonderen Pulli mit der Hand waschen.« Simone fühlte sich von seiner Antwort zutiefst verletzt. Der Streit – wir werden später noch einmal darauf zurückkommen – ging so weit, dass beide den restlichen Abend getrennt voneinander verbrachten.

Aber was war das eigentliche Problem?

Simone hatte sich in ihrer Trauer keine Antwort auf ihre Frage erhofft. Vielmehr verspürte sie einen starken Wunsch nach Trost und wollte am liebsten von Thomas in den Arm genommen werden. Thomas hörte – verständlicherweise – nur die Frage seiner Frau und suchte intuitiv nach einer Lösung. Als er den Lösungsvorschlag vorbrachte, bekam Simone nicht nur nicht das, was sie eigentlich brauchte, sondern fühlte sich durch seine Aussage in ihren Fähigkeiten kritisiert.

Doch wer hat sich in dieser Situation falsch verhalten? Die Antwort ist komplex: beide und keiner. Denn das Verhalten, das beide gezeigt haben, ist aus der jeweiligen Perspektive gut nachvollziehbar. Der Konflikt hätte jedoch gar nicht erst aufkommen müssen, hätten Simone und Thomas die Erwartungen an die Situation im Vorfeld geklärt.

Wir dürfen nicht erwarten, dass unser Partner immer intuitiv weiß, was wir brauchen. Jeder Mensch nimmt die Welt durch seine eigene Brille – die eigenen Filter – wahr. Selbst in derselben Situation nehmen zwei Menschen unterschiedliche Dinge wahr und erinnern später andere Fakten und Details. Wir müssen in Kontakt gehen, uns ausdrücken und erklären, wenn wir wollen, dass unsere Partnerschaft ohne Missverständnisse verläuft.

Und dabei gibt es etwas, was jeder Partner beitragen kann. Die Person, die ein Thema einbringt (im Beispiel ist das Simone, die auf Thomas zugeht, um ihm von dem Pullover zu erzählen), kann ganz konkret ausdrücken, was sie sich wünscht, beispielsweise: »Mir ist etwas Blödes passiert. Ich bin ganz traurig. Kannst du mir Trost spenden?« Die andere Person, in diesem Fall Thomas, darf sich bewusst machen, dass die Annahme, Simone wolle eine Antwort auf ihre Frage, seine eigene Interpretation ist, und sich stattdessen öffnen für das, was gerade wirklich benötigt wird, indem er fragen kann: »Was brauchst du gerade? Was wünschst du dir von mir?«

Es gibt unzählige Verhaltensweisen, die wir uns voneinander wünschen können. Die Beziehungsbedürfnisse nach Erskine (ab Seite 112) geben einen kleinen Einblick in die Vielfältigkeit unserer Bedürfnisse in der Partnerschaft. Wir können nicht erwarten, dass der Partner errät, was wir gerade brauchen. Wir müssen es ausdrücken, wir müssen unseren Wunsch äußern.

Wir dürfen uns in der Partnerschaft alles voneinander wünschen. Wir haben kein Recht darauf, auch alles zu bekommen, aber die Wahrscheinlichkeit, das zu bekommen, wonach wir uns sehnen, steigt, wenn wir unserem Partner davon erzählen.

Durch eine Absprache darüber, was wir gerade brauchen, vermeiden wir Missverständnisse. Im besten Fall bekommen wir genau das, was uns gerade fehlt.

Auch wenn wir in einen Konflikt gehen und ein unangenehmes Thema ansprechen wollen, ist es gut, vorher zu besprechen, was es braucht, damit das Thema gut abgeschlossen werden kann. Ein solches Gespräch kannst du beispielsweise folgendermaßen eröffnen: »Ich möchte etwas ansprechen, was vielleicht ein bisschen schwierig wird. Ich wünsche mir von dir,

- dass du mir einfach nur zuhörst und mich wahrnimmst.«
- dass wir eine Vereinbarung darüber treffen, wie wir solche Situationen zukünftig vermeiden.«
- dass wir einen besseren Umgang mit dem Thema finden und überlegen, was ein besserer Umgang sein könnte.«
- dass wir eine Entscheidung zu diesem Thema treffen oder einen Plan entwickeln, wie wir zu einer Entscheidung kommen können.«

Durch das Abklären der Erwartungen und Wünsche könnt ihr zukünftig zielgerichteter Konflikte angehen. Und sollte einmal unklar sein, was der Wunsch oder das eigentliche Bedürfnis im Gespräch ist, bleibt es euch immer frei, die Frage zu stellen: Worum geht es hier gerade wirklich?

Welche Bedürfnisse hast du häufig in Gesprächen, Diskussionen oder im Streit?

Wodurch erlebst du diese Bedürfnisse als gesehen und bedient? Wenn du beispielsweise das Bedürfnis hast, gehört zu werden: Wodurch fühlst du dich gehört? Notiere hier für alle Bedürfnisse, die dir spontan einfallen, wodurch du sie als befriedigt empfindest.

Gab es schon einmal eine Konfliktsituation, in der euch beiden vollkommen klar war, worum es wirklich geht? Wie konntet ihr euch in dieser Situation sicher sein? Wie habt ihr kommuniziert, dass ihr verstanden habt, was der andere sich wünscht?

Nicht immer brauchen beide Seiten das Gleiche in der gleichen Situation. Deshalb ist es umso wichtiger, die unterschiedlichen Wünsche und Bedürfnisse gut herauszuarbeiten und sich dann zu einigen, welches dieser Bedürfnisse ihr zuerst angeht. Ihr könnt beispielsweise zuerst den einen Partner seine Sichtweise schildern lassen und einfach nur zuhören, solange, bis er sich wirklich verstanden fühlt, und dann gemeinsam eine Lösung entwickeln, die für euch beide passt.

Es ist nicht immer leicht, das eigene Bedürfnis direkt zu erkennen. Durch kontinuierliche Übung und Reflexion – auch im Alltag und außerhalb von Konfliktsituationen – wird es dir mit der Zeit leichter fallen, zu erkennen, was du gerade brauchst.

Schritt 3: Beim Thema bleiben

Im Streit selbst kann es leicht passieren, dass ihr in alte Muster zurückfallt. Dass es wieder nur darum geht, recht zu behalten, und ihr die eigenen Bedürfnisse, aber auch die des Partners vollkommen aus den Augen verliert. Eine Herausforderung besteht deshalb darin, im Streit beim Thema zu bleiben. Oft kommen Paare in Diskussionen vom Hundertsten ins Tausendste, diskutieren unendlich über einzelne Situationen, in denen sich die Wahrnehmung der Partner unterschieden hat, kommen am Ende zu keiner Einigung und wissen vor allem oft überhaupt nicht mehr, worum es eigentlich ursprünglich ging.

Kennst du das aus deiner Beziehung? Kommt dir das bekannt vor?

____

____

____

Um zukünftig zu verhindern, dass ihr vom Thema abkommt, und um stattdessen über das zu streiten, was wirklich wichtig ist, ist es wichtig, euch an die Ergebnisse aus Schritt 2 zu erinnern. Daran, was ihr beide gerade braucht und worum es in diesem Gespräch wirklich geht. Eure Bedürfnisse können sich im Streit verändern, deshalb ist es wichtig, sie immer wieder zu reflektieren. Frage dich deshalb immer wieder:

- Worum geht es mir?
- Was möchte ich in diesem Gespräch erreichen?
- Was bezwecke ich mit diesem Gespräch?
- Was wünsche ich mir gerade von meinem Partner?

Diese vier Fragen für sich selbst zu beantworten, kann Klarheit und eine Orientierung bezüglich der Richtung geben, in die das Gespräch gehen soll.

Meistens geht es, wenn wir in ein Gespräch gehen, darum, dem Gegenüber etwas anzuvertrauen. Ihn um etwas zu bitten. Einen Wunsch zu äußern. Eine positive Veränderung herbeizuführen. Eher weniger geht es darum, zu verletzen, anzuklagen oder Vorwürfe zu machen. Dennoch entwickelt sich das Gespräch im Verlauf oftmals in diese Richtung. Das kann mitunter auch daran liegen, dass wir uns vor dem Gespräch nicht deutlich klar machen, worum es geht und was wir erreichen wollen.

Schritt 4: Den Konflikt konstruktiv austragen

Auch wenn wir im Vorfeld die Bedürfnisse eindeutig geklärt und ein gemeinsames Ziel definiert haben, passiert es oft im Streit – gerade wenn emotional gestritten wird –, dass alte Geschichten wieder aufgewärmt werden und es dem Paar schwer oder gar nicht gelingt, beim eigentlichen Thema zu bleiben. Das ist meistens der Zeitpunkt, an dem keine konstruktive Lösung mehr für den Konflikt möglich ist. Hier werden keine ehrlichen und wahrhaftigen Aussagen mehr gemacht, nicht mehr miteinander am Thema und an der Lösung gearbeitet: Hier spricht zumindest ein verletzter Mensch, der seinen Standpunkt nicht aufgeben möchte und dem es nicht mehr darum geht, eine Lösung zu finden, sondern recht zu behalten. Wie kann es jetzt gelingen, wieder zurück zum Thema zu finden?

Tipp 1: Lege eine Pause ein

Wenn du bemerkst, dass du vom Thema ablenkst, oder wenn dir auffällt, dass dein Partner oder deine Partnerin nicht mehr konstruktiv auf der Suche nach einer Lösung ist, unterbrecht den Konflikt. Macht eine Pause. Gebt euch gegenseitig ein paar Minuten für Ruhe, einen Spaziergang, einen Ortswechsel. Atme ein paar Minuten durch. Schließe die Augen und zähle langsam bis 10. Lege deine Hände auf deine Brust und spüre dein Herz schlagen, oder lege sie auf deinen Bauch und spüre, wie er sich mit Luft füllt. Lasst die Emotionen los und findet euch wieder zusammen, wenn ihr wieder gemeinsam nach einer Lösung suchen könnt. Wichtig dabei ist, dass nicht die eine Person die andere stehenlässt. Gebt euch auch dann Sicherheit, wenn ihr euch Raum nehmt. Dazu könnt ihr beispielsweise sagen: »Ich habe das Gefühl, das Gespräch ist gerade nicht mehr sehr konstruktiv. Ich brauche ein paar Minuten, um mich wieder zu sammeln. Ich gehe jetzt kurz raus, aber ich werde wiederkommen, und dann bin ich auch wieder bereit, dir zuzuhören.«

Tipp 2: Schenkt euch Liebe

Das mag im ersten Moment seltsam klingen, ist aber so hilfreich. Gerade dann, wenn der Streit nicht mehr konstruktiv abläuft, kommen wir schnell in existenzielle Zustände, fühlen uns nicht mehr geliebt und in der Partnerschaft nicht mehr sicher aufgehoben. Unterbrecht das Gespräch an dieser Stelle, seht euch an, umarmt euch, wenn das möglich ist. Schenkt euch Liebe. Sagt beispielsweise etwas wie: »Ich liebe dich, und unser Streit ändert nichts an meinem tiefen Wunsch, diese Beziehung mit dir zu führen. Und trotzdem muss ich dieses Thema gerade lösen, weil es einfach wichtig für mich ist, dir klarzumachen, dass ich eine Veränderung brauche, damit es mir in der Beziehung gut geht.« Und dann sucht gemeinsam weiter nach einer Lösung.

Tipp 3: Formuliert ein konkretes Problem

Vom Thema abzukommen, fällt immer leichter, umso weniger klar die Fragestellung ist. Es kann passieren, dass ihr euch im Streit so verzettelt, dass irgendwann gar nicht mehr klar ist, worum es eigentlich geht oder was ihr zur Lösung überhaupt benötigt. Hier kann es helfen, ein konkretes Problem oder eine konkrete Fragestellung auszuformulieren und eventuell sogar schriftlich festzuhalten. So könnt ihr euch im Zweifel, wenn ihr in Vorwürfe abschweift, die nichts mit dem eigentlichen Problem zu tun haben, sagen: »Ich verstehe, dass auch das für dich ein Thema ist. Ich sehe dich und ich nehme das ernst. Und trotzdem ist es mir wichtig, dass wir für den Moment auf das eigentliche Thema zurückkommen und hier nach einer Lösung suchen.«

Tipp 4: Streitet miteinander, nicht gegeneinander

Oft habe ich das Gefühl, dass Paare im Streit vergessen, worum es eigentlich geht. Denn im Streit geht es darum, Verbindung zu schaffen. Zu einer gemeinsamen Lösung zu kommen, die euch ermöglicht, wieder gut miteinander in Beziehung zu sein. Was diesem grundlegenden Wunsch also zutiefst widerstrebt,

- ist Aggression, denn die wirkt trennend;
- sind Verletzungen und Anschuldigungen, denn die hinterlassen Wunden beim anderen;
- ist der Wunsch, im Recht zu sein, denn dieser Wunsch führt zu keiner gemeinsamen Lösung, sondern macht euch zu Einzelkämpfern gegeneinander.

Simone und Thomas, die über einen eingegangenen Pullover in einen Konflikt geraten sind, haben genau diese Verbindung an einem Punkt ihres Gesprächs verloren. Als Simone feststellte, dass sie den Trost, den sie sich gerade von Thomas gewünscht hatte, nicht bekommen würde, ging sie zurück in die Waschküche, um die restliche Wäsche aufzuhängen – ohne ein Wort zu sagen. Thomas fühlte sich stehen gelassen und in seiner Rolle als Unterstützer nicht wertgeschätzt, denn er hatte Simones Frage beantwortet und somit Anteil an ihrer Situation genommen. Als Simone aus der Waschküche zurückkam, hagelte es Vorwürfe von Thomas, und der Konflikt nahm seinen Lauf. Als Thomas ansprach, dass er sich von Simone nicht beachtet und wertgeschätzt fühlte, lächelte Simone diesen Einwand einfach weg und verließ abermals das Zimmer. Thomas folgte ihr, versuchte weiterhin, seinen Standpunkt deutlich zu machen, und wurde dabei immer lauter. Später fanden wir gemeinsam heraus, dass laut zu werden eine Strategie ist, die Thomas immer dann anwendet, wenn er sich nicht gehört fühlt. Unbewusst denkt er, dass er irgendwann gehört werden wird, wenn er so laut ist, dass es Simone nicht mehr gelingen kann, ihn zu überhören. In der Realität führt sein Verhalten jedoch zum Gegenteil: Simone verschließt sich vollkommen, sobald Thomas die Stimme erhebt.

Welches Verhalten zeigst du im Konflikt? Wirst du laut oder verschließt du dich? Verlässt du den Raum oder verfolgst du deinen Partner oder deine Partnerin regelrecht? Wendest du eine Flucht- oder Kampfreaktion an?

Welche Funktion erfüllt dieses Verhalten für dich? Was möchtest du – vielleicht unbewusst – damit erreichen?

Unsere bisherigen Verhaltensmuster sind nicht zwangsläufig konstruktiv und helfen nicht immer dabei, das zu erreichen, was wir uns wünschen. Hast du beispielsweise das Gefühl, nicht gehört zu werden, wenn du nicht laut wirst? Dann sage deinem Partner oder deiner Partnerin doch: »Ich möchte dir was ganz Wichtiges sagen und ich brauche die Gewissheit, dass du mir zuhörst!« – und wenn sie dir ihre volle Aufmerksamkeit schenkt, brauchst du nicht mehr laut zu werden. Wenn du aggressiv wirst, weil die Aggression dein Schutzschild ist und dir hilft, nicht Gefahr zu laufen, von deinem Partner dominiert zu werden, dann begegne ihm auf Augenhöhe und bitte ihn, auch dir auf Augenhöhe zu begegnen. Sage ihm, dass du Angst hast, dominiert zu werden, und dass du denkst, aggressiv werden zu müssen, um dich zu schützen. Schaut gemeinsam, wie ihr den Konflikt lösen könnt, ohne dass du diesen Schutz benötigst. Finde das Thema hinter deinem Verhalten, die Angst oder das Bedürfnis hinter deiner Reaktion.

Wie könntest du deine Bedürfnisse zukünftig konstruktiv einbringen, anstatt weiterhin in ein altes Verhaltensmuster zu fallen?

Bleibt im Kontakt und schafft keine emotionale Trennung im Streit. Das gelingt jedem Paar anders:

- Über die Kommunikation und das direkte Aussprechen davon, was man gerade braucht
- Durch Körperkontakt, eine Umarmung oder eine Berührung während des Streits
- Durch intensiven Augenkontakt
- Durch Sich-Erinnern daran, wer einem gegenübersitzt: der Mensch, mit dem man in Verbindung sein will

Macht euch auch im Gespräch, im Streit oder im Konflikt immer wieder klar, dass ihr auf der gleichen Seite steht. Ihr beide arbeitet gegen das Problem oder besser: *für* die Lösung des Problems. Ihr beide arbeitet niemals gegeneinander. Ihr streitet nicht gegeneinander. Ihr streitet miteinander. Für eure Beziehung. Für euch. Damit es euch beiden miteinander gut geht.

Tipp 5: Übernimm Verantwortung für dein Verhalten im Streit

Im Streit können die eigenen Emotionen oft überwältigend wirken. Wenn der Partner sich dann noch ungerecht verhält, ist es leicht, alle eigenen guten Vorsätze über Bord zu werfen und sich voll und ganz in den Streitkreislauf hineinzugeben, selbst verletzend zu werden und sich durch destruktives Verhalten Luft zu machen. Das Problem ist jedoch: Dann wird sich nichts ändern. Wenn du im Konflikt genau das gleiche Verhalten zeigst wie bisher, wirst du auch genau das gleiche Ergebnis bekommen, wieder und wieder. Und das möchtest du doch nicht, oder?

Kein Verhalten deines Gegenübers rechtfertigt, dass du destruktives Verhalten zeigst. Übernimm Verantwortung für dich selbst und deine Verhaltensweisen und gehe du den ersten Schritt, um ein konstruktives Gespräch möglich zu machen. Mache etwas anders als bisher. Wenn du bisher laut geworden bist, bleib leise. Wenn du bisher auf Distanz gegangen bist, komme etwas näher. Wenn du bisher interpretiert hast, frage nach. Wenn du bisher verletzt hast, zeige Verständnis. Wenn du bisher Ja gesagt hast, sage Nein. Dann wirst du andere Ergebnisse erzielen und eine neue Streitkultur in deiner Beziehung möglich machen.

Wie könnt ihr diese Tipps zukünftig ganz konkret umsetzen?

Was braucht es noch an Vereinbarungen zwischen euch, um den nächsten Konflikt konstruktiver anzugehen und zu einer guten Einigung zu kommen?

Schritt 5: Annäherung und Versöhnung

Je besser ihr die Tipps und Erkenntnisse der ersten vier Schritte umsetzt und in eure Beziehung integriert, umso besser werdet ihr auch im Konflikt in Verbindung sein und umso leichter wird die Annäherung und Versöhnung nach dem Streit gelingen.

Trotzdem kann es hilfreich sein, zu reflektieren, wie ihr euch nach herausfordernden Gesprächen gut wieder annähern könnt.

Was hilft euch dabei, euch nach einem Streit zu versöhnen?

Kannst du dich an einen Streit oder ein schwieriges Gespräch erinnern, nach dem ihr gut wieder in Verbindung gekommen seid? Was habt ihr konkret dafür getan?

Auch die Versöhnung und Annäherung nach dem Streit gehört zu einer erfolgreichen und konstruktiven Streitkultur. Jedes Paar hat seine ganz eigenen Mechanismen, die dabei helfen, nach Konflikten wieder gut in Verbindung zu kommen.

Es gibt verschiedene Ebenen, auf denen wir uns nach Konflikten wieder annähern können:

- *Sprache und Worte:* Versichert euch, dass jetzt wieder alles gut zwischen euch ist. Macht euch gegenseitig Komplimente, drückt eure Liebe verbal aus und sagt euch, wie froh ihr seid, einander zu haben. Sprecht auch gern darüber, wie gut es euch gelungen ist, den Konflikt auszutragen und was ihr bereits alles dazugelernt habt.
- *Körperliche Nähe:* Verbindet euch durch Küsse, Umarmungen oder Sex. Bleibt für einige Zeit nah zusammen, kuschelt euch, stellt durch Berührungen wieder Nähe und Verbindung her.
- *Aufmerksamkeiten und Geschenke:* Schreibt euch einen Brief oder eine kleine Notiz mit liebevollen Worten, überrascht euch mit kleinen Geschenken, kauft Blumen für den anderen oder kocht für den anderen.
- *Zweisamkeit:* Verbringt Zeit zusammen, unternehmt etwas, plant einen Ausflug oder haltet euch einen Abend füreinander frei. Stellt durch gemeinsame Zeit und schöne Erlebnisse wieder eine Verbindung her.
- *Unterstützung:* Unterstützt einander und zeigt euch so, dass ihr ein Team seid. Tut euch gegenseitig einen Gefallen, geht euch zur Hand, unterstützt euch bei den jeweiligen Aufgaben und Projekten, die gerade anstehen.

Auf welcher dieser Ebenen möchtest du dich gern nach einem Konflikt mit deinem Partner oder deiner Partnerin verbinden?

Welche Formen der Verbindung wünscht sich dein Partner oder deine Partnerin nach einem Konflikt?

Was tut euch beiden nach Streitigkeiten gut?

Welche Form der Routine könntet ihr euch beispielsweise nach Konflikten vorstellen, um euch wieder anzunähern und in Verbindung zu gehen?

Reflexion: Konflikte und Streitkultur

Meine wichtigsten Erkenntnisse aus diesem Kapitel:

Folgende Erkenntnisse habe ich schon umgesetzt:

Das möchte ich zukünftig noch ausprobieren:

Darüber möchte ich mich noch mit meinem Partner / meiner Partnerin austauschen:

Das durfte sich schon in Konfliktsituationen in meiner Partnerschaft verändern:

Das soll sich zukünftig in der Streitkultur in meiner Beziehung noch verändern:

10. Vertrauen und Eifersucht

Wie steht es um Vertrauen und Eifersucht in deiner Beziehung?

Ein stabiles Vertrauensverhältnis ist ein Grundbaustein einer erfolgreichen Partnerschaft und entgegen einiger Meinungen ist Eifersucht keine konstruktive Art, Interesse zu zeigen, und Kontrolle kein Liebesbeweis. Eine Partnerschaft, die auf lange Sicht funktionieren soll, braucht Stabilität. Wir müssen uns in der Beziehung entspannen und zu Kräften kommen können. Mangelndes Vertrauen und Eifersucht rauben Energie und sorgen dafür, dass wir uns in der Partnerschaft nicht sicher und geborgen fühlen. Es gibt Formen der Eifersucht, die begründet sind und eine Funktion erfüllen, beispielsweise als Schutz nach einem Seitensprung des Partners, und solche, die vor allem auf der Unsicherheit oder dem mangelnden Selbstwertgefühl eines Partners beruhen. Mit diesen beiden Formen muss vollkommen unterschiedlich umgegangen werden. Grundsätzlich lässt sich jedoch sagen: Damit wir vertrauen und die Eifersucht loslassen können, müssen wir positive Erfahrungen machen.

Sehen wir uns im ersten Schritt einmal an, welche Erfahrungen du in deiner Partnerschaft, aber auch in deinem sonstigen Leben gemacht hast.

Wie sehr vertraust du deinem Partner aktuell auf einer Skala von 1 (Ich vertraue gar nicht) bis 10 (Ich vertraue vollkommen)?

Ich vertraue gar nicht (– 1 2 3 4 5 6 7 8 9 10 +) Ich vertraue vollkommen

Inwieweit spielt Vertrauen aktuell eine konkrete Rolle in eurer Partnerschaft?

____

____

____

Sehen wir uns die Vertrauensgeschichte in eurer Beziehung einmal etwas genauer an.

Wie hat sich mein Vertrauen in meinen Partner / meine Partnerin im Laufe der Zeit verändert?

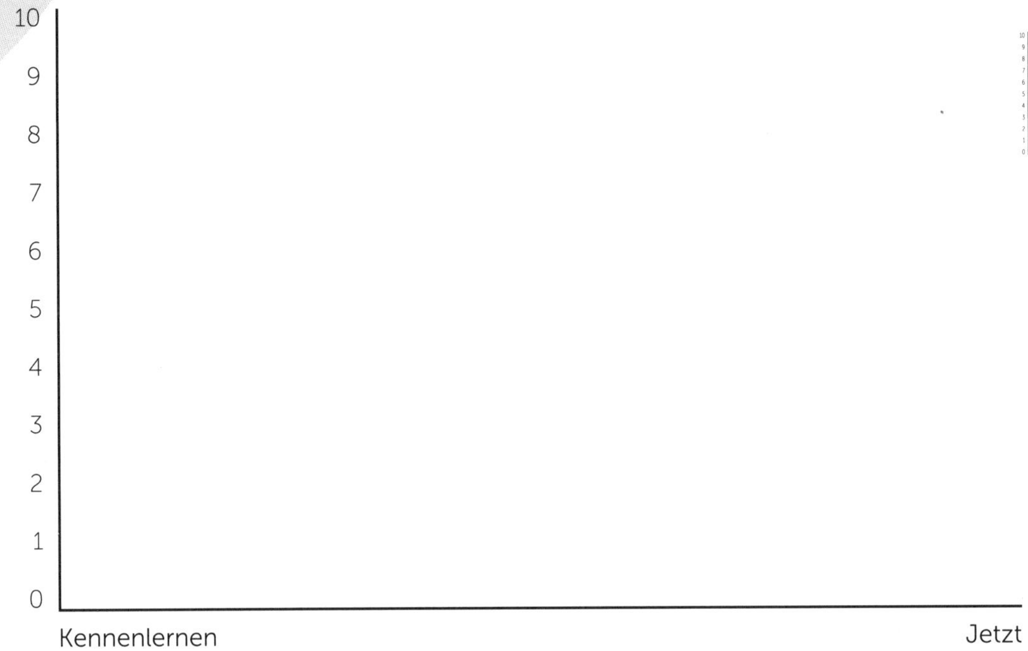

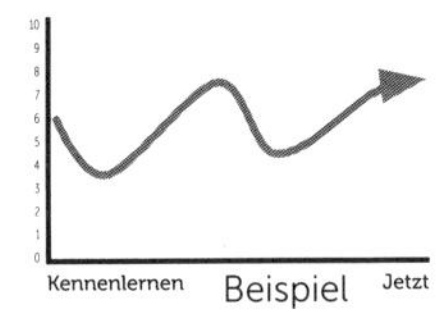

Trage in die Abbildung ein, wie sich das Vertrauen, das du deinem Partner entgegengebracht hast, seit eurem Kennenlernen verändert hat. Gehe wie folgt vor:

- Wenn ihr die Übung gemeinsam bearbeitet, nutzt einfach zwei verschiedenfarbige Stifte.
- Wie sehr hast du beim Kennenlernen vertraut? Trage einen Punkt auf Höhe der Skala von 0 bis 10 ein.
- Wie sehr vertraust du heute? Trage auch hier einen Punkt in die Skala ein.
- Und welche Phasen und Situationen habt ihr zwischen dem Kennenlernen und dem heutigen Tag erlebt, die dazu geführt haben, dass du mehr oder weniger vertraut hast?
- Setze so viele Punkte in die Grafik, wie du Phasen und Situationen gefunden hast. Arbeite dich auf dem Zeitstrahl von links nach rechts durch und beschrifte die Punkte, wenn du magst. Verbinde dann die einzelnen Punkte. Es entsteht die Kurve des Vertrauens in eurer Beziehung.

Wie geht es dir, wenn du deine Vertrauenskurve betrachtest? Spiegelt sie wider, was du über das Vertrauen in deiner Partnerschaft denkst?

____

____

____

An welchen Punkten eurer Beziehung war das Vertrauen zu deinem Gegenüber am stärksten?

Was hat diese Phasen und Situationen ausgemacht? Wodurch konntest du deinem Partner in diesen Phasen und Situationen so viel Vertrauen entgegenbringen?

In welchen Phasen eurer Beziehung konntest du deinem Partner eher weniger vertrauen?

Was hat konkret zu diesem Vertrauensverlust geführt?

Was brauchst du, um dich in der Partnerschaft sicher zu fühlen und vertrauen zu können?

Nutzen wir die gleiche Übung nun auch einmal für die Eifersucht:

Wie sehr verspürst du aktuell Eifersucht in der Beziehung mit deinem Partner auf einer Skala von 1 (Ich verspüre gar keine Eifersucht) bis 10 (Ich verspüre totale Eifersucht)?

gar keine Eifersucht – 1 2 3 4 5 6 7 8 9 10 + totale Eifersucht

Inwieweit spielt Eifersucht aktuell eine konkrete Rolle in eurer Partnerschaft?

Wie wirkt sich die Eifersucht konkret auf eure Beziehung aus?

Sehen wir uns nun die Eifersuchtsgeschichte in eurer Beziehung etwas genauer an.

Wie hat sich meine Eifersucht gegenüber meinem Partner / meiner Partnerin im Laufe der Zeit verändert?

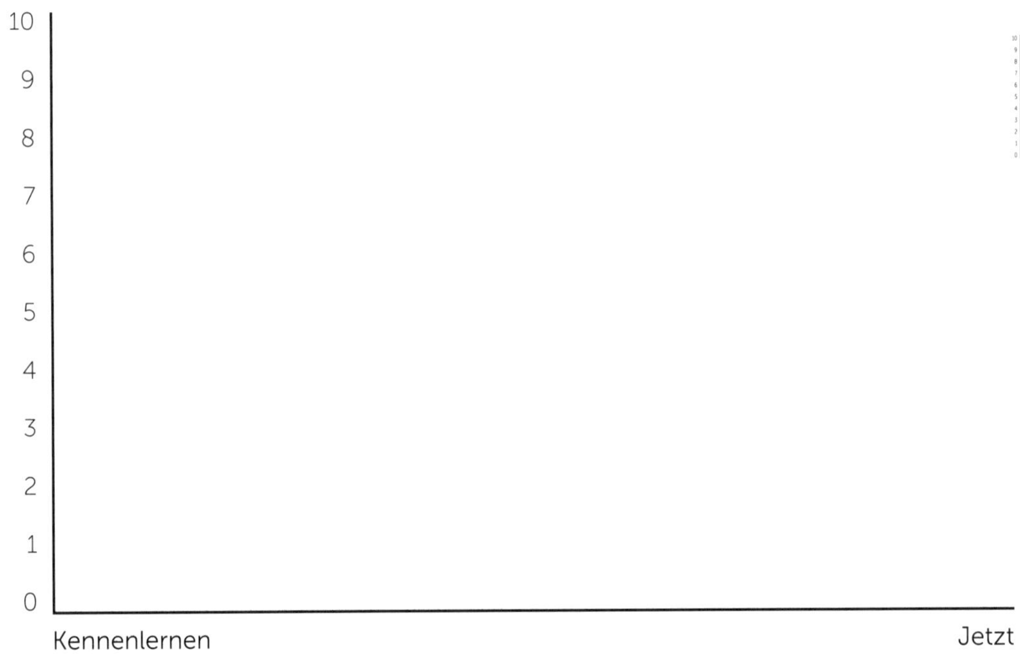

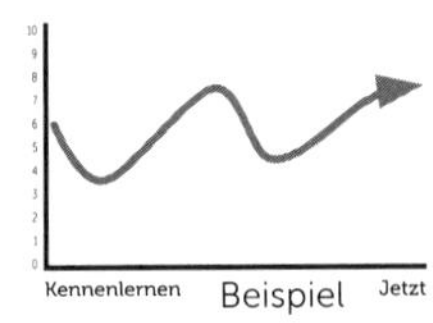

Trage in die Grafik ein, wie sich die Eifersucht, die du deinem Partner gegenüber gespürt hast, seit eurem Kennenlernen verändert hat. Gehe wie folgt vor:

- Wenn ihr die Übung gemeinsam bearbeitet, nutzt wieder zwei verschiedenfarbige Stifte.
- Wie eifersüchtig warst du beim Kennenlernen? Und worauf bezog sich deine Eifersucht damals? Trage einen Punkt auf Höhe der Skala von 0 bis 10 ein und notiere ein Stichwort.
- Wie eifersüchtig bist du heute und auf wen oder was bezieht sich deine Eifersucht? Trage auch hier einen Punkt und ein Stichwort in die Skala ein.

- Welche Phasen und Situationen der Eifersucht habt ihr zwischen dem Kennenlernen und dem heutigen Tag erlebt? Trage die Punkte ein.
- Setze so viele Punkte in die Grafik, wie du Phasen und Situationen gefunden hast. Arbeite dich auf dem Zeitstrahl von links nach rechts durch und beschrifte die Punkte, wenn du magst. Verbinde dann die einzelnen Punkte. Es entsteht die Kurve der Eifersucht in eurer Beziehung.

Wie geht es dir, wenn du die Eifersuchtskurve betrachtest? Spiegelt sie wider, was du über die Eifersucht in deiner Partnerschaft denkst?

An welchen Punkten eurer Beziehung war die Eifersucht am stärksten?

Wer oder was war der Gegenstand dieser Eifersucht?

Empfindest du die Eifersucht in der Rückschau eher als begründet oder als unbegründet und weshalb denkst du heute so darüber?

Was hat diese Phasen der Eifersucht ausgemacht? Wodurch wurde deine starke Eifersucht konkret geweckt und aufrechterhalten?

In welchen Phasen eurer Beziehung hast du eher weniger Eifersucht empfunden?

Was hat konkret zur Abnahme der Eifersucht geführt?

Was brauchst du konkret, um weniger eifersüchtig zu sein oder konstruktiver mit deiner Eifersucht umzugehen?

Wie stark empfindest du die Eifersucht deines Partners auf einer Skala von 1 (keine Eifersucht) bis 10 (extrem starke Eifersucht)?

keine Eifersucht – 1 2 3 4 5 6 7 8 9 10 + extrem starke Eifersucht

Woran bemerkst du die Eifersucht deines Partners oder deiner Partnerin ganz konkret in der Partnerschaft? Welches Verhalten zeigt die Eifersucht?

Wie wirkt sich die Eifersucht deines Partners oder deiner Partnerin auf die Beziehung aus?

Nehmen wir an, es würde euch beiden gelingen, einen vertrauensvollen Umgang miteinander zu finden. Was wäre dann konkret anders in eurer Beziehung?

Woran würdest du bemerken, dass ihr vertrauensvoll miteinander umgeht?

Was würde durch einen vertrauensvollen Umgang möglich werden?

Was müsste sich noch konkret verändern, damit dieser vertrauensvolle Umgang möglich wird?

Nehmen wir außerdem an, ihr würdet einen guten Umgang mit der Eifersucht finden. Wie sähe der aus?

Wie würdet ihr euch verhalten, wenn Eifersucht keine Rolle mehr spielen würde?

Was würde dadurch für euch und für die Beziehung möglich werden?

Wie Vertrauen entsteht und aufrechterhalten wird

Die grundlegendste Form des Vertrauens, das *Urvertrauen,* entsteht in der sensiblen Phase unserer Kindheit, den ersten Lebensmonaten und -jahren. Menschen, die in dieser Zeit Fürsorge, emotionale und physische Nähe zu ihren Bezugspersonen erleben, entwickeln das sogenannte Urvertrauen. Ihnen fällt es auch im späteren Leben leichter, Vertrauen zu anderen Menschen und ins Leben generell zu fassen.

Doch auch der weitere Verlauf unseres Lebens beeinflusst, wie leicht oder schwer wir Vertrauen zu anderen Menschen fassen können. Sind wir in Partnerschaften immer wieder mit Vertrauensbrüchen konfrontiert, hilft das stärkste Urvertrauen nichts. Haben wir nur wenig Urvertrauen aufgebaut, dafür aber im späteren Leben viele positive Erfahrungen gemacht, können wir lernen, dass es sich lohnt, zu vertrauen.

Wie ist das bei dir? Wie sehr vertraust du generell anderen Menschen, Situationen und dem Leben auf einer Skala von 1 bis 10? Eine 1 steht dabei für »Mir fällt es sehr schwer, zu vertrauen«, eine 10 steht für »Ich vertraue leicht«.

Mir fällt es sehr schwer zu vertrauen (– 1 2 3 4 5 6 7 8 9 10 +) Ich vertraue leicht

Je nachdem, ob es dir leicht gelingt oder schwierig für dich ist, Vertrauen zu fassen, wirst du einen anderen Blick auf die Welt haben. In der Psychologie spricht man dabei von *selektiver Wahrnehmung.* Es prasseln täglich zu viele Reize auf uns ein, um alle Eindrücke wirklich wahrnehmen zu können. Unser Gehirn sortiert deshalb für uns vor und präsentiert nur die Bilder und Reize, die für uns sinnvoll sind. Dabei wählt nicht jedes Gehirn die gleichen Bilder und Reize aus, es ist sozusagen nicht neutral. Uns werden vorwiegend die Reize präsentiert, die die Meinungen und Thesen stützen, die wir haben. Uns wird all das präsentiert, was wir für richtig und möglich halten.

Menschen, die mit der Grundeinstellung durchs Leben gehen, dass alles gut wird, alle Menschen vertrauenswürdig sind und sie sicher und beschützt sind, werden genau das in ihrem Leben erleben und wahrnehmen:

- Sie nehmen all die Hilfe wahr, die ihnen angeboten wird.
- Sie nehmen die Offenheit und Ehrlichkeit anderer Menschen wahr.
- Sie nehmen wahr, was der Partner gut und richtig macht.

Und sollten sie einmal einen Vertrauensbruch erleben, beispielsweise eine Lüge des Partners enttarnen, werden sie darüber nicht schwer erschüttert sein, sondern sich beispielsweise eine Notsituation, einen Zufall oder ein Versehen als Erklärung bereitlegen.

Im Gegensatz dazu werden Menschen, die sich schwer damit tun zu vertrauen, in den gleichen Situationen völlig andere Bilder und Reize wahrnehmen:

- Sie werden Unsicherheiten an ihrem Partner entdecken.
- Sie werden hinter Unklarheiten Lügen und Verstrickungen vermuten.
- Macht ihr Partner anderen Personen Komplimente, werden sie es nicht als Höflichkeit oder nette Geste verstehen, sondern als Bedrohung oder Betrug.

Kurz gesagt: Unser Gehirn wird immer Bilder und Reize finden, die unsere Einstellung bestätigen – egal ob wir vom Guten oder vom Schlechten ausgehen!

Für den Menschen, der vertrauensvoll auf die Welt und sein Gegenüber blickt, liegt wiederum die Gefahr darin, Vertrauensbrüche erst spät zu erkennen und vielleicht im übertragenen Sinn erst aufzuwachen, wenn es schon zu spät ist. Gleichzeitig hat dieser Mensch die Fähigkeit, schlechte Erfahrungen gut wegzustecken, und er wird nicht allzu tief fallen.

Ein Mensch, der schwer Vertrauen fassen kann und überall nach Zeichen sucht, die sein Misstrauen rechtfertigen, wird früher oder später Situationen finden, die sein Misstrauen bestätigen, denn kein Mensch verhält sich immer nur richtig. Im schlimmsten Fall trägt er sogar durch sein Misstrauen dazu bei, dass Situationen entstehen, die sein Vertrauen verletzen – mehr darüber erfährst du ab Seite 158, wo es um den Teufelskreis der Eifersucht geht.

Wenn wir über Vertrauen sprechen, ist es wichtig, zu unterscheiden zwischen Fällen, in denen das Vertrauen vollkommen berechtigt verschwunden ist, beispielsweise nach einem Seitensprung oder einem anderen schweren Vertrauensbruch, und solchen Fällen, in denen es einem Menschen generell schwerfällt, zu vertrauen, und er auch ohne besondere Vorkommnisse misstraut.

Menschen, die schwer Vertrauen fassen können und die tendenziell zu Misstrauen neigen, auch ohne dass ihr Vertrauen gebrochen wurde, kann es helfen, sich all die Faktoren vor Augen zu führen, die Grund zu vertrauen geben.

Wodurch hat sich dein Partner oder deine Partnerin in der Vergangenheit als vertrauenswürdig erwiesen?

Erstelle hier oder auf einem Blatt eine Liste all der Worte, Gesten und Handlungen deines Partners, die zeigen, dass du ihm vertrauen kannst:

Was ihr in der Partnerschaft immer tun könnt, um das Vertrauen zu stärken, sind die folgenden Gesten und Handlungen:

Offenheit und Ehrlichkeit

Erzähle deinem Partner oder deiner Partnerin, was dir im Kopf herumgeht, dich belastet oder beschäftigt, und gib auch ihr Raum, von sich zu sprechen und die Dinge mit dir zu teilen, die sie belasten. Bleibt offen und ehrlich, auch wenn es einmal unangenehm wird. Lasst alle Gefühle zu, auch wenn es sich im ersten Moment schwierig anfühlt. In den vorherigen beiden Kapiteln habt ihr bereits gelernt, konstruktiv über Themen zu sprechen und auch schwierige Gespräche gut zu lösen.

Was muss dringend einmal gesagt werden?

____

____

____

Was sollte dein Partner oder deine Partnerin wissen?

____

____

____

Aktivitäten und Handlungen

... gemeinsam und allein! Denn gemeinsame Zeit und Erlebnisse, auf die ihr gemeinsam zurückblicken könnt, verbinden. Und Zeit allein hilft, sich selbst stärker bewusst zu werden, Selbstbewusstsein und Selbstvertrauen aufzubauen. Schreibt zwei Punkte auf, die ihr in den nächsten Tagen gemeinsam erleben möchtet, und setzt direkt ein Datum fest:

____________________________ Datum: ________________

____________________________ Datum: ________________

Schreibe zwei Punkte auf, wie du in den nächsten Tagen Zeit mit dir selbst verbringen möchtest, und setze direkt einen Zeitpunkt fest:

____________________________ Datum: ________________

____________________________ Datum: ________________

Zeit geben

Vertrauen baut sich nicht in ein paar Stunden oder Tagen auf und auch nicht durch ein oder zwei offene Gespräche. Vertrauen baut sich durch positive Erfahrungen auf. Durch die Lernerfahrung, dass nichts Schlimmes passiert, wenn du vertraust. Also gib dir selbst und auch deinem Gegenüber Zeit, vertrauen zu lernen.

Was kannst du für dich mitnehmen?

Diese drei Tipps und Aufgaben können einen ersten Anstoß geben, um Vertrauen aufzubauen. Nichtsdestotrotz kann es sein, dass sich dein Partner oder deine Partnerin einmal nicht richtig verhält, denn kein Mensch ist fehlerfrei. Es kann sein, dass er alles gibt und es dir trotzdem schwerfällt, Vertrauen zu fassen. Vertrauen zu fassen, ist deine ganz eigene Aufgabe. Wenn dein Partner dir keinen Anlass mehr gibt, misstrauisch zu sein, gehört es dazu, dass du dich mit dir selbst auseinandersetzt. Vertrauen zu dir selbst fasst – Selbstvertrauen. Zu vertrauen, ist nicht nur eine gemeinsame Aufgabe in der Beziehung. Du selbst musst einen Teil des Weges allein gehen und an dir arbeiten, um zukünftig besser vertrauen zu können.

Anders verhält es sich natürlich dann, wenn das Vertrauen in Folge eines großen Vertrauensbruchs abhandengekommen ist, beispielsweise einer Lüge oder eines Seitensprungs. Auch dass sich eine Person in der Partnerschaft über längere Zeit nicht wertgeschätzt, gesehen oder unterstützt fühlt, wirkt als Vertrauensbruch. Und wenn der Partner sein Verhalten nun verändert hat und sich mehr für die Beziehung einsetzt, beispielsweise einer Paartherapie zustimmt, ist das Vertrauen nicht sofort wieder hergestellt.

Und das ist gut so! Dass unser Vertrauen nach einem Vertrauensbruch welcher Form auch immer verschwindet, ist ein sehr wertvoller Schutzmechanismus. Hätten wir diesen nicht, könnte uns immer wieder die gleiche Situation passieren und wir würden uns jedes Mal auf Neue vollkommen verletzt und im Vertrauen verraten fühlen. Es hat einen Sinn, dass das Vertrauen nach einer schlechten Erfahrung erst einmal verschwindet: Wir werden den gleichen Fehler so wahrscheinlich nicht noch einmal machen.

Öffne dich jedoch langsam wieder für deine Partnerin oder deinen Partner. Wenn er nach einem einmaligen Vertrauensbruch sein Verhalten völlig ändert und du noch immer kein neues Vertrauen fassen kannst, kann das für deine Partnerschaft sehr belastend sein. Oft höre ich den Wunsch nach einem Wundermittel. Einem Heilmittel, das das Vertrauen sofort wieder herstellt. Wir können froh sein, dass es so etwas nicht gibt! Das Vertrauen darf und soll sich *langsam* aufbauen, indem wir positive Erfahrungen machen, indem sich der Partner über einen längeren Zeitraum als vertrauenswürdig erwiesen hat, denn nur so kann das Vertrauen nachhaltig wiederhergestellt werden.

Gleichzeitig gilt: Es ist gut, dass wir uns selbst vor erneuter Verletzung schützen. Es gibt keine Garantie, dass wir sie nicht erleben werden, aber so lernen wir, uns wieder auf uns selbst zu verlassen und uns selbst Sicherheit zu geben. Einen inneren sicheren Ort zu schaffen.

Der Teufelskreis der Eifersucht

Vielleicht ist Eifersucht ein Thema in deiner Beziehung. Vielleicht bist du selbst sehr eifersüchtig oder dein Partner oder deine Partnerin ist sehr eifersüchtig und eure Beziehung leidet darunter. In diesem Kapitel erfährst du, wie Eifersucht entsteht, wie sie sich aufrechterhält, was die zugrunde liegenden Themen dahinter sind und was du dagegen tun kannst, wenn du selbst eifersüchtig bist, aber auch, wie du deinen Partner oder deine Partnerin unterstützen kannst, wenn sie eifersüchtig ist.

Eifersucht kann sich für jeden Menschen ein bisschen anders anfühlen. Denn die Eifersucht ist eine Mischung aus Gefühlen: Angst, Wut, manchmal auch ein bisschen Trauer. Oft steht die Eifersucht im Zusammenhang mit der Emotion Scham.

Wie fühlt sich Eifersucht für dich an?

____

____

____

Ganz egal, ob du ein eifersüchtiger Mensch bist oder nicht: Das Gefühl der Eifersucht hat so gut wie jeder Mensch schon einmal erlebt. Wann hast du dich schon einmal eifersüchtig gefühlt?

____

____

____

Wie ist das Gefühl damals entstanden? In welcher Situation wurde es ausgelöst und wodurch?

____

____

____

Wenn Eifersucht entsteht, bringt sie häufig einen regelrechten Kreislauf in Gang, den Teufelskreis der Eifersucht. Durch diesen Kreislauf entsteht die Eifersucht und wird auch über die Zeit aufrechterhalten (siehe die Abbildung auf Seite 161). Wenn Paare sich ihrer Rolle im Teufelskreis nicht bewusst sind, kann der Kreislauf bis hin zur Trennung führen.

Kreislauf der Eifersucht

Häufig entsteht Eifersucht durch einen oder mehrere *negative Gedanken*. Beispielsweise beobachtest du, dass dein Partner eine Nachricht an seinem Handy tippt, und du weißt nicht ganz sicher, mit wem er da gerade schreibt. Dein negativer Gedanke könnte sein: »Bestimmt schreibt er mit einer anderen Frau, die er über die Arbeit kennengelernt hat.« Oder du beobachtest, wie sich dein Partner mit einer anderen Frau oder einem anderen Mann unterhält und denkst dir: »Sicherlich findet er diese Person attraktiver als mich.« Es kann auch sein, dass du unabhängig vom Verhalten deines Partners einen negativen Gedanken bekommst, beispielsweise: »Hat er nicht letztens erzählt, dass er diese neue Kollegin hat? Sicher findet er sie viel entspannter als mich.« Oder dein Partner fährt über das Wochenende weg, und du weißt nicht genau, was er und seine Freunde machen, und denkst dir: »Bestimmt vermisst er mich gar nicht, sonst würde er sich ja melden.«

Es gibt zahlreiche negative Gedanken, die du denken kannst. In jedem Fall steht am Anfang des Kreislaufs einer dieser Gedanken, wie gesagt, auch unabhängig vom Verhalten deines Partners. Und das zeigt ganz deutlich, wie sehr die Eifersucht in dir entsteht und wie sehr sie mit deiner eigenen Unsicherheit und deinem Selbstwert zu tun hat. Es lohnt sich, daran zu arbeiten.

Was dieser negative Gedanke im zweiten Schritt macht, ist, dass er *negative Gefühle* auslöst. Plötzlich spürst du Angst oder Wut, vielleicht auch Trauer oder weitere negative Gefühle. Du wirst unruhig und unsicher. Die negativen Gefühle führen in einem eigenen Kreislauf zu *noch mehr negativen Gedanken*.

Und auch diesen negativen Gedanken folgen dann wieder weitere negative Gefühle und noch negativere Gedanken. Und schon bist du im Teufelskreis der Eifersucht gefangen und befindest dich in dieser negativen Abwärtsspirale hin zur maximalen Eifersucht.

Hier braucht es absolute Vorsicht und Selbstreflexion, denn womit die Eifersucht oft in Zusammenhang steht, ist das Phänomen *der sich selbsterfüllenden Prophezeiung*. Das bedeutet, dass deine negativen Gedanken und Gefühle dein Verhalten unbewusst so steuern, dass du dich auf eine Art und Weise verhältst, die dazu führt, dass deine Sorgen Wirklichkeit werden, deine negativen Gedanken wirklich eintreten. Das ist kein Hokuspokus, im Gegenteil: Dieses Phänomen tritt beispielsweise häufig auf, wenn du Angst hast, verlassen zu werden, betrogen oder angelogen zu werden. Dann führt diese Angst ganz oft dazu, dass das tatsächlich eintritt. Dass du tatsächlich betrogen wirst, dass du tatsächlich verlassen wirst oder dass du tatsächlich angelogen wirst. Weil dein Verhalten – aus der Angst heraus – oftmals ein *einschränkendes Verhalten* ist.

Zuerst nimmt dein Gegenüber vielleicht *übermäßig Rücksicht*, weil es gelernt hat, dass es potenziell kritische Situationen gibt, die zu Streit führen können. Auf die Dauer lassen sich jedoch nicht alle potenziell kritischen Situationen vermeiden. Dein Gegenüber wird immer einmal Kontakt zu anderen Menschen suchen. Es wird auch sicherlich andere Menschen neben dir attraktiv finden. Vielleicht wird es sich sogar mal auf einen Flirt, einen Blick einlassen. All das sind potenziell kritische Situationen, die jedoch deine Beziehung prinzipiell in keiner Weise gefährden. Dein Gegenüber hat allerdings gelernt, dass es zu Streit und Konflikten in eurer Partnerschaft führt, wenn du von diesen potenziell kritischen Situationen erfährst. Und so wird der Partner versuchen, diese *Situationen zu verheimlichen*. Möglicherweise erzählt er einfach nichts von der neuen Kollegin, weil er weiß, dass du ihn mit Fragen über ihr Aussehen und euer Verhältnis löchern würdest. Vielleicht versteckt er sogar den Chat mit einer Freundin in seinem WhatsApp-Archiv, damit du nicht auf den Gedanken kommst, er könnte diese Freundin attraktiv finden, wenn du erfährst, dass sie Nachrichten miteinander schreiben. Er verheimlicht potenzielles Konfliktverhalten und Fehltritte. Vielleicht lügt er sogar, um die Geheimnisse aufrechtzuerhalten und Konflikten und Kontrolle aus dem Weg zu gehen. Dieses Verhalten ist nicht richtig und sorgt entscheidend dafür, dass der Teufelskreis der Eifersucht aufrechterhalten wird.

Denn früher oder später wirst du sein *Geheimnis entdecken*, die *Lüge aufdecken* und sein *Verhalten durchschauen* – denn als eifersüchtige Person bist du extrem sensibel für Anzeichen aller Art und übermäßig aufmerksam dem Verhalten deines Partners gegenüber. Und was du entdeckst, *bestätigt deine schlimmsten Befürchtungen*. Es ist dabei inhaltlich gar nicht so wichtig, was dein Partner vor dir verheimlicht hat. Die Tatsache, dass er ein Geheimnis vor dir hatte oder dich angelogen hat, bestätigt für dich, dass deine Befürchtungen rechtens waren, und *verstärken so wiederum deine negativen Gedanken und Gefühle*. Der Kreislauf beginnt von vorne!

Wie dieser Kreislauf in der Praxis aussieht, erzählten mir Mashka und Johannes, die aufgrund eines Mangels an Vertrauen in meine Paartherapie kamen. Johannes hatte aufgrund einer früheren Erfahrung große Angst davor, von seiner Partnerin angelogen zu werden. Es war seine große Angst, dass Mashka nicht ehrlich zu ihm war, weil er genau das in einer früheren Beziehung erlebt hatte. Aus Angst davor, von Mashka angelogen zu werden, begann Johannes, sie zu kontrollieren und an allem, was sie sagte, zu zweifeln. Mashka hatte bereits vor der Beziehung mit Johannes eine enge Freundschaft zu Leon. In der Beratung beteuerte sie – wie auch schon häufig gegenüber Johannes –, dass die Freundschaft zwischen Leon und ihr schon immer rein platonisch gewesen sei und sie keinerlei Interesse aneinander hätten. Auf Johannes Wunsch hin reduzierte Mashka nach und nach den Kontakt zu Leon und traf ihn nur noch selten und im Rahmen von Treffen, bei denen der ganze Freundeskreis um Mashka und Leon anwesend war. Johannes nahm an diesen Treffen nur selten teil, und Mashka erzählte, dass sie nach jedem dieser Treffen von Johannes dazu befragt wurde, ob Leon da gewesen sei und wie viel Zeit sie mit ihm verbracht habe.

Die ausschlaggebende Situation, die die beiden schlussendlich in meine Paarberatung brachte, war ein Treffen dieses Freundeskreises, von dem Mashka spät und ziemlich betrunken nach Hause gekommen war. Auf Johannes Nachfrage erzählte sie, dass sie noch mit einigen ihrer Freundinnen um die Häuser gezogen war, als sich die meisten schon verabschiedet hatten. Leon sei nur kurz dabei gewesen und sie hätten nur wenig geredet. Am nächsten Tag sah Johannes ein Foto auf dem Instagram-Account einer Freundin von Mashka, das seine Freundin zusammen mit Leon auf der Tanzfläche zeigte: lachend und tanzend. Johannes, ohnehin schon misstrauisch, kontaktiere die Freundin und fragte nach, wie der Abend verlaufen sei und wer der Freunde noch weitergezogen war. So erfuhr er, dass sich die meisten Freunde im Laufe des Abends verabschiedet hätten und nur noch Leon und Mashka in den letzten Club gegangen seien. Johannes war außer sich und fühlte sich von Mashka betrogen. Als er seine Erkenntnisse zur Sprache brachte, gab sie alles zu, erklärte jedoch, dass nichts zwischen Leon und ihr passiert sei. Sie hätten einfach nur den gemeinsamen Abend genossen und sich über die Zeit gefreut, die sie wieder einmal zusammen verbringen konnten. Mashka gab zu, Leon als engen Freund sehr zu vermissen, bestand aber immer noch darauf, dass ihr Verhältnis rein freundschaftlich sei. Sie habe gelogen, um Streit mit Johannes aus dem Weg zu gehen. Johannes' Ängste wurden bestätigt: Mashka hatte nicht nur den

Abend mit Leon verbracht, sie hatte ihn auch noch darüber angelogen. Er war am Boden zerstört.

Beide Partner haben ihren Teil zu diesem Ergebnis beigetragen. Natürlich ist Mashkas Verhalten nicht richtig – Ehrlichkeit ist in den meisten Beziehungen ein absoluter Grundwert. Gleichzeitig spiegelt Mashkas Verhalten die Aussichtslosigkeit der Situation wider. Sie wollte den Abend mit ihrem Freund Leon verbringen und sich durch die Eifersucht ihres Partners Johannes nicht davon abhalten lassen. Gleichzeitig war ihr bewusst, dass Ehrlichkeit mit einem Konflikt, mit Auseinandersetzungen, Gesprächen und möglichen Anschuldigungen verknüpft sein könnte. Und so wählte sie die Lüge in der Hoffnung, dadurch einem – aus ihrer Sicht unnötigen – Konflikt aus dem Weg zu gehen.

Hast du eine solche oder ähnliche Situation schon einmal erlebt? Wie zeigt sich der Teufelskreis der Eifersucht möglicherweise in deiner Beziehung?

____

____

____

Hier noch einmal der Teufelskreis der Eifersucht als Abbildung. Schreibe in die nächste Abbildung, wie sich bei euch die Eifersucht aufschaukelt.

Mein Teufelskreis der Eifersucht

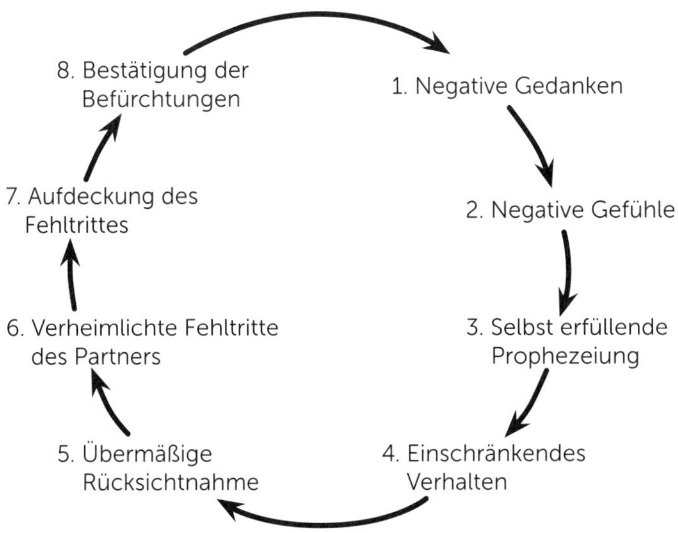

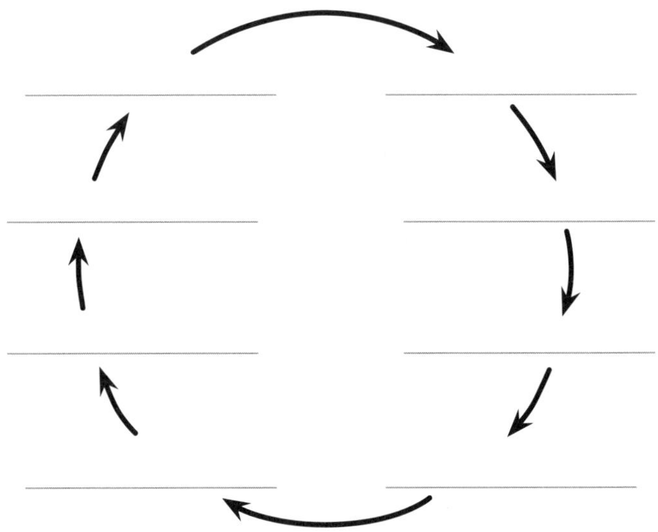

Was du sofort tun kannst, wenn du eifersüchtig wirst

Tipp 1: Nimm die Eifersucht wahr

Vielen Menschen fällt es schwer, den Weg aus der Eifersucht zu finden, wenn sie auftritt und akut ist. Die Eifersucht ist ein Gefühl, und dieses Gefühl zu verspüren, ist ganz normal. Die meisten Menschen kennen dieses Gefühl in irgendeiner Ausprägung. Sie sind vielleicht nicht durchgehend eifersüchtig oder überdurchschnittlich eifersüchtig. Aber sie haben dieses Gefühl schon mal gefühlt. Wenn du das Gefühl der Eifersucht also wahrnimmst, dann mache dir im ersten Schritt klar, dass Eifersucht ein ganz normales Gefühl ist. Eines deiner Gefühle, das du eben fühlen kannst. Nimm es einfach wahr, wenn es auftritt. Versuche nicht, es zu unterdrücken, denn es würde einen anderen Weg finden, sich zu zeigen, beispielsweise über Aggressivität: Du würdest deinem Partner oder deiner Partnerin möglicherweise eine Szene machen. Also nimm sie stattdessen einfach nur wahr. Nimm auch andere Gefühle wahr, die mit der Eifersucht einhergehen, beispielsweise das Gefühl der Scham. Nimm wahr, wenn du Scham darüber verspürst, eifersüchtig zu sein. Versuche auch einmal, die Scham und alle anderen Gefühle, die in dir aufsteigen, anzunehmen, anstatt sie zu unterdrücken. Die Eifersucht ist kein Gefühl, für das du dich schämen musst. Dass die Eifersucht gerade da ist und ihren Platz hat, hat einen guten Grund – dazu kommen wir später noch. Wenn du die Eifersucht wahrgenommen hast, nimm sie an. Sie ist gerade da. Das ist okay. Dass dieses Gefühl da ist, ist einfach okay.

Tipp 2: Unterbrich das Gedankenkarussell

Achte im nächsten Schritt gut auf dich und übe dich darin, deine negativen Gedanken zu unterbrechen und so aus dem Teufelskreis der Eifersucht auszusteigen. Du musst nicht in dieser Negativspirale von Gedanken und Gefühlen landen. Du kannst das beispielsweise unterbrechen, indem du bewusst an positive Dinge denkst. Daran, was dein Partner an dir mag – bestimmt hat er dir schon mal gesagt, was er an dir sehr mag. Bestimmt hat er dir auch schon mal gesagt, warum er ausgerechnet mit dir zusammen sein möchte – und nur mit dir! Denke daran. Denke an schöne gemeinsame Erinnerungen.

Woran kannst du denken, wenn du das nächste Mal negative Gedanken denkst?

____

____

____

Tipp 3: Mache den Realitätscheck

Ist die Situation, aus der heraus du eifersüchtig geworden bist, wirklich so, wie du sie gerade wahrnimmst? Oder gibt es vielleicht noch eine alternative Erklärung, eine harmlose Erklärung? Dass das Gefühl der Eifersucht da ist, dafür brauchst du dich nicht zu schämen. Das kannst du wahrnehmen und annehmen. Wofür du verantwortlich bist, ist, was aus diesem Gefühl heraus entsteht. Du kannst deine Handlungen steuern. Du musst nicht impulsiv handeln, du musst keine Szene machen. Du kannst im konstruktiven Umgang mit diesem Gefühl der Eifersucht bleiben.

Tipp 4: Suche das Gespräch mit deinem Partner

Sage ihm, wie es dir gerade geht. Sage ihm ganz neutral, dass du Eifersucht verspürst. Dass du vielleicht Scham über diese Eifersucht verspürst, Angst, ihn zu verlieren, oder was immer du gerade spürst. Sage ihm, dass diese Gefühle gerade da sind, und teile mit ihm, was du gerade von ihm brauchst. Lasse ihn an der Situation teilhaben. Denn sonst passiert es leicht, dass deine Grenze so weit überschritten wird, dass es irgendwann aus dir herausbricht und du deinem Partner beispielsweise Vorwürfe machst – dass sich die Eifersucht in Aggression zeigt –, und genau dann ist kein konstruktiver Umgang mit deinem Gefühl mehr möglich.

Was du langfristig tun kannst, wenn du eifersüchtig bist

Wenn du auch an Situationen denkst, in denen du eifersüchtig warst, ist dir vielleicht aufgefallen, dass die Eifersucht häufig aus Vergleichen resultiert: Du vergleichst dich mit anderen Menschen, mit denen dein Partner oder deine Partnerin in Kontakt ist, beispielsweise über die Arbeit, sein Hobby oder die Nachbarschaft. Und bei diesen Vergleichen kommst du ganz oft nicht gut weg. Du wertest dich selbst ab.

Ein Hauptgrund bei vielen Menschen, die Eifersucht verspüren, ist ein niedriger Selbstwert. Sie werten sich ab und schneiden dadurch in Vergleichen mit anderen Menschen nicht gut ab. Sie können nicht sehen, was für ein toller Mensch sie sind oder was der Partner wohl an ihnen schätzen könnte. Komplimente kommen oft gar nicht an. Sie sehen nur die andere Person und wie viel besser, schöner und toller sie ist. Sie sehen nur, warum es ganz logisch ist, dass der Partner oder die Partnerin lieber mit dieser Person zusammen sein sollte als mit dir!

Kommen dir solche Gedanken bekannt vor? Dann solltest du an das Thema *hinter* der Eifersucht herangehen. Denn vielleicht hast du schon gemerkt, dass du nicht nur bei deinem aktuellen Partner eifersüchtig bist. Vielleicht kennst du das aus früheren Beziehungen und vielleicht kennst du Eifersucht auch gegenüber anderen Menschen. Auf Freunde beispielsweise oder auf deine Geschwister. Vielleicht fühlst du dich insgesamt leicht aus Gruppen ausgeschlossen und außen vorgelassen. Vielleicht hast du das Gefühl, nicht richtig beliebt zu sein, und bist überzeugt, dass alle anderen viel liebenswerter, cooler, schöner oder beliebter sind als du.

Kennst du das? Auch das hängt mit deinem Selbstwert zusammen. Notiere, in welchen Situationen du sonst noch Eifersucht erlebst:

Und in diesem Fall ist es – nicht nur für deine Beziehung, sondern auch für deine Lebensqualität im Allgemeinen – sehr wichtig, hinzusehen, wann diese Selbstabwertung begonnen hat und ob es da ein auslösendes Ereignis gab. Es lohnt sich, zu erforschen, wo du diese Gefühle schon einmal erlebt hast und womit sie zusammenhängen. Diese Verletzung kannst du heilen – zu einem gewissen Grad selbst, wenn du ehrlich zu dir bist und einen guten Einblick hast, wo diese Entwicklung bei dir angefangen hat. Es kann aber auch sehr sinnvoll sein, sich professionelle Unterstützung zu holen und sich dabei helfen zu lassen, diese alten Verletzungen zu heilen!

Manchmal kommt zu so einem Selbstwertthema – oder auch ganz unabhängig davon – eine ganz große Angst: die Angst, verlassen zu werden. Auch diese Angst hängt oft zusammen mit der Eifersucht, denn die Eifersucht ist der Ausdruck dieser Angst. Die Eifersucht möchte dich schützen, sie möchte verhindern, dass sich diese Angst verwirklicht, du einen Verlust erleben musst. Doch leider kommt es häufig zu einer sich selbsterfüllenden Prophezeiung: Anstatt dich zu schützen, führt sie im Gegenteil stärker dazu, dass du Verluste erfährst.

Und auch hier möchte ich dich einladen, ganz genau hinzusehen. Wo kommt diese Angst her?

Hast du einen Verlust in früheren Beziehungen erlitten? Wurdest du verlassen? Hast du einen Verlust in der Familie erlitten? Haben sich deine Eltern vielleicht getrennt und ein Elternteil hat die Familie verlassen? Auch das kann eine solche Verlustangst auslösen. Ist ein dir sehr nahestehender Mensch gestorben und hat dich auf diese Art und Weise verlassen? Gab es ein solches Ereignis in deinem Leben? Oder vielleicht ein schmerzhafter Bruch in einer Freundschaft, in einer Geschwisterbeziehung, in einer sonstigen nahen Beziehung? Notiere hier Verluste, die du in deinem Leben erlitten hast.

All das kann dazu führen, dass du von dieser Verlustangst gesteuert wirst und durch die Eifersucht versuchst, diese Situation zu lösen, dich vor einem erneuten Verlust zu schützen.

Wenn du dich in dieser Situation wiedererkennst, wenn du denkst, dass du Verlustangst hast, dann suche dir bitte Unterstützung von ausgebildeten Fachleuten, beispielsweise einer Psychologischen Psychotherapeutin.

Was du tun kannst, wenn dein Partner eifersüchtig ist

Vielleicht ist Eifersucht aber auch überhaupt nicht dein Thema, sondern Thema deines Partners oder deiner Partnerin. Das ist eine herausfordernde Situation, denn es ist schwierig, sich hier richtig zu verhalten und auszuhalten, dass du nicht so richtig etwas tun kannst, um deinem Partner zu helfen.

Die Eifersucht deines Gegenübers hat wahrscheinlich gar nicht so viel mit dir zu tun, mit dem, was du tust oder nicht tust, sondern mit ihm selbst. Solange du nicht absichtlich versuchst, ihn eifersüchtig zu machen, kannst du nicht viel dafür, dass dein Partner eifersüchtig ist. Denn dass du Kontakt zu anderen Menschen hast, dich mit Freunden und Kollegen triffst, ist ein normales Verhalten. Es gibt nichts, was du an dir selbst ändern solltest, solange du nicht das Gefühl hast, absichtlich zu versuchen, mit den Gefühlen deines Partners zu spielen.

Du kannst aber deinen Partner oder deine Partnerin unterstützen, weniger eifersüchtig zu sein. Zum Beispiel, indem du sie ermunterst, sich professionelle Hilfe zu suchen, um an ihren Themen zu arbeiten. Du kannst ihr deine Unterstützung anbieten und sie fragen, was sie von dir braucht. So könnt ihr gemeinsam das Thema langfristig auflösen.

Was du aber auch tun kannst, um die Situation für ihn ein bisschen zu erleichtern, ist, die Eifersucht nicht zu schüren. Habe keine Geheimnisse und lüge deinen Partner nicht an. Unterstütze den Teufelskreis der Eifersucht nicht durch dein Verhalten. Sei ehrlich zu ihm und gib ihm keinen Grund, an dir zu zweifeln. Halte Versprechen ein und sei zuverlässig. All das unterstützt deinen Partner dabei, wieder Vertrauen zu fassen.

Ganz wichtig ist bei allem: Achte gut auf dich! Achte gut auf deine Grenzen, ziehe sie dort, wo es nötig ist. Du musst dich der Eifersucht deines Partners nicht hingeben. Lasse dir nichts verbieten, lasse dich nicht einschränken. Das alles unterstützt die Eifersucht deines Partners. Ziehe die Grenze da, wo es für dich wichtig und richtig ist. Wenn dein Partner erwartet, dass du seine Nachrichten sofort beantwortest, jederzeit über das Telefon erreichbar bist, ihm ständig Fotos davon schickst, wo und mit wem du unterwegs bist, dann äußere klar, was über deine Grenze geht. Schalte nicht einfach dein Telefon aus, um nicht mehr erreichbar zu sein, wenn es dir zu viel wird, sondern sage deinem Partner: »Ich weiß, dass es für dich wichtig ist, zu wissen, wo ich gerade bin. Ich habe heute vor, meine Freunde zu treffen, aber währenddessen will ich ganz dort sein. Ich will nicht ständig an meinem Handy sein, um deine Nachrichten zu beantworten. Das hat nichts mit dir und meiner Liebe zu dir zu tun. Ich freue mich schon sehr auf dich und auf unser Wiedersehen, aber in dem Moment möchte ich nur einfach ganz im Moment sein. Ich melde mich, sobald ich ein bisschen Ruhe habe und es für mich passt.«

Und ziehe damit die Grenze. Ohne Verhandlungen. Dein Partner muss lernen, dass er nicht die Kontrolle über dich hat, denn selbst die volle Kontrolle über dich würde das dahinter liegende Thema nicht lösen.

Mit Vertrauensbrüchen umgehen

Möglicherweise ist es in deiner Partnerschaft bereits zu einem Vertrauensbruch gekommen. Vielleicht wurdest du betrogen, vielleicht bist du auch selbst fremdgegangen. Vielleicht gab es auch einen Vertrauensbruch anderer Art. Eine große Lüge, die aufgedeckt wurde. Eine Phase eurer Beziehung, in der ihr euch vernachlässigt und eure Bedürfnisse aus den Augen verloren habt. Möglicherweise auch etwas ganz anderes.

Gab es oder gibt es in deiner Partnerschaft einen Vertrauensbruch? Um welche Art Vertrauensbruch handelte oder handelt es sich?

Ein Vertrauensbruch kann sich wie ein Schock anfühlen. Möglicherweise werden intensive Ängste in dir oder deinem Partner geweckt. Gleichzeitig kommt vielleicht ein starkes Misstrauen gegenüber dem Partner auf. Dieser ist oftmals geplagt von Schuldgefühlen.

Wie fühlst du dich gerade nach diesem Vertrauensbruch?

Tipp 1: Nimm dir Zeit, die Situation zu klären

Bitte handle nicht überstürzt! Nach einem Vertrauensbruch Kurzschlussreaktionen zu vollziehen – sich vom Partner trennen, im Job kündigen usw. –, ist oft nicht die richtige Lösung, denn du wirst diese überstürzte Handlung vielleicht schon bald bereuen. Nimm dir besser die Zeit, die du brauchst, um wieder klar denken und vernünftige Entscheidungen treffen zu können – und gib diese Zeit auch deinem Partner. Vielleicht packst du zunächst einmal eine kleine Tasche und gehst für ein paar Tage zu deiner Familie oder zu Freunden. Und wenn du dich dann immer noch trennen möchtest, kannst du das tun.

Ein Vertrauensbruch verändert eine Beziehung! Die Partner müssen die Situation erst einmal verdauen, haben möglicherweise auch Mühe, das Geschehene mit ihrem Selbstbild in Einklang zu bringen. Das benötigt Zeit und das macht jeder auf seine eigene Art und Weise.

Ihr beide solltet euch folgende Fragen stellen:

Was brauche ich jetzt von meinem Partner?

Wie viel Nähe oder Abstand ist jetzt nötig?

Was verändert sich durch diese Situation für mich und wie will ich damit umgehen?

Möglicherweise habt ihr nach dem Vertrauensbruch verschiedene Herangehensweisen: Während der eine voller Tatendrang an der Beziehung arbeiten möchte, benötigt der andere Abstand.

Tipp 2: Erkenne deine Grenzen und ziehe sie

Es ist jetzt wichtig, deinem Partner oder deiner Partnerin zu kommunizieren, was du brauchst. Wahre deine persönlichen Grenzen. Formuliere Wünsche, fordere genau das Maß an Nähe oder Abstand ein, das du benötigst, und erkenne für dich, wie du jetzt mit der Situation umgehen möchtest. Welche Grenzen erkennst du gerade, von denen dein Partner wissen muss? Denn noch bevor es überhaupt an die Beziehungsarbeit geht, solltet ihr beide eine wichtige Entscheidung treffen:

Tipp 3: Gehen oder bleiben? Entscheide dich!

Nimm dir Zeit für diese Entscheidung und stehe dann dazu. Oftmals herrscht der Irrglaube vor, nur der Partner, dessen Vertrauen gebrochen wurde, würde die Entscheidung, ob die Beziehung aufrechterhalten wird, treffen. Fakt ist: Ihr beide müsst eine Entscheidung treffen – unabhängig voneinander. Als vom Vertrauensbruch betroffene Person musst du entscheiden, ob du gewillt bist, deinem Gegenüber irgendwann vollständig zu verzeihen, und ob es dir gelingen kann, wieder Vertrauen aufzubauen. Geht der Vertrauensbruch auf deine Kappe, solltest du nicht, von Schuldgefühlen übermannt, die Beziehung zu deinem Gegenüber auf Biegen und Brechen aufrechterhalten. Frage dich, ob du die Beziehung weiterhin führen willst. Bist du bereit, das Leid und das anfängliche Misstrauen deines Partners oder deiner Partnerin auszuhalten? Kannst du sie auffangen, und bist du gewillt, an der Beziehung und der gemeinsamen Vertrauensbasis zu arbeiten?

Wenn ihr beide euch entscheidet, die Beziehung weiterzuführen, gibt es eine neue Chance für eure bestehende Partnerschaft.

Natürlich kann sich im Verlauf der Arbeit an der Partnerschaft immer noch herausstellen, dass eine Trennung für euch die bessere Wahl ist. Dieser Weg steht euch immer frei. Eine Entscheidung für oder gegen die Arbeit an der Beziehung ist an dieser Stelle jedoch wichtig, damit eine Trennung nicht dauerhaft als Bedrohung im Raum steht und möglicherweise sogar unbewusst strategisch und manipulativ eingesetzt wird, um die Beziehung nach den eigenen Wünschen zu formen.

Folgende zwei Fragen können euch als Entscheidungshilfe unterstützen:

Was spricht aktuell dafür, an der Beziehung zu arbeiten? (Zum Beispiel, dass die Liebe immer noch stark genug ist; dass es eine gemeinsame Zukunftsvision gibt; dass mein Partner sich professionelle Hilfe gesucht hat.)

Was kann durch eine Trennung möglich werden? (Zum Beispiel einen Partner zu treffen, der die gleiche Zukunftsvision hat wie ich; dass ich mich voll und ganz auf meinen eigenen Prozess konzentrieren kann; dass ich mir ein Umfeld suchen kann, indem ich Akzeptanz erfahre.)

Wie fühlst du dich, wenn du die Punkte betrachtest, die für eine Trennung sprechen, und jene, die dafür sprechen, an der Beziehung zu arbeiten?

Manchmal zeigt eine solche Aufstellung recht deutlich, welche Entscheidung in deiner Situation die bessere ist, weil du für eine der Optionen mehr und stärkere Argumente gefunden hast. Manchmal hilft es auch, auf das eigene Bauchgefühl zu hören, um die richtige Entscheidung zu treffen. Wenn du nach der Beantwortung der beiden Fragen noch keine klare Entscheidung treffen kannst, belasse es für den Moment dabei und komme in einigen Tagen noch mal hierher zurück. Vielleicht haben sich dann neue Punkte ergeben, die deine Entscheidung klarer stützen.

Tipp 4: Setzt euch offen und ehrlich mit der Situation auseinander

Oftmals erkennen wir im Rückblick nur das Ergebnis: den Vertrauensbruch. Die Entwicklung hat allerdings oftmals schon weit vorher begonnen. Ein entscheidender Schritt bei der Auseinandersetzung mit der Situation und der Arbeit an eurer Beziehung ist, euch offen und ehrlich damit auseinanderzusetzen, wann ihr euch aus den Augen verloren habt. Dazu gehört es auch, einander zuzuhören.

Tragt in die folgende Abbildung den Verlauf eurer Partnerschaft in Bezug auf Nähe und Distanz ein: Wie nah oder distanziert habt ihr euch in der Vergangenheit gefühlt und fühlt ihr euch heute? Dafür benutzt jeder Partner einen Stift in einer anderen Farbe und zeichnet seinen Weg ein. Die helle Mittellinie steht für den Punkt, an dem ihr euch auf Augenhöhe und verbunden fühlt. Natürlich kann es Phasen gegeben haben, in denen ihr gemeinsam mehr auf die Seite des einen oder des anderen Partners gerutscht seid und euch dort verbunden gefühlt und unterstützt habt. Sicher gibt es aber auch Phasen, in denen es große Distanz zwischen euch gab. Probiert so lange aus, bis ihr die richtige Nähe und Distanz in eurer Beziehung gefunden habt, und markiert gern auch Punkte, die für euch besonders herausstechen, in denen ihr euch beispielsweise besonders gut verbunden oder sehr distanziert gefühlt habt.

Verlauf der Beziehung auf dem Gebiet Nähe und Distanz

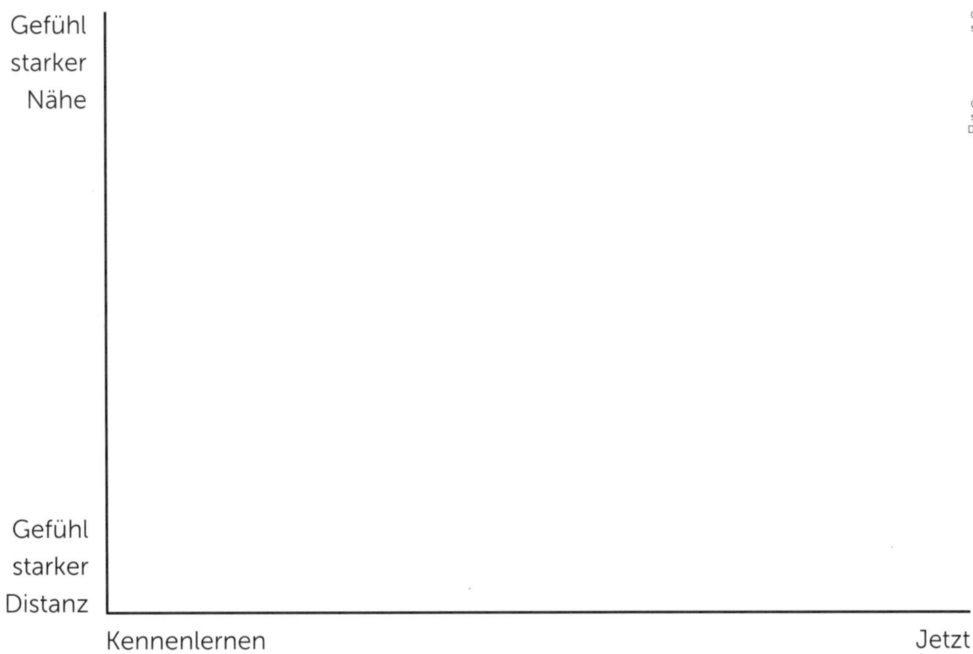

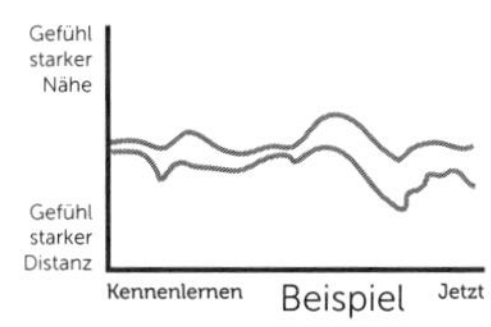

Beispiel

An welchem Punkt fand der Vertrauensbruch statt? Markiere ihn auf der Abbildung und benenne ihn unten.

___

___

___

Wo begann die kritische Phase, die schlussendlich zum Vertrauensbruch geführt hat? Ab welchem Punkt habt ihr euch aus den Augen verloren? Kreise in der Abbildung den Bereich ein oder ziehe ein Rechteck um die kritische Zeit. Und benenne sie im Folgenden mit Worten.

Nehmt euch jetzt Zeit, einander zuzuhören.

Sicherlich werdet ihr die Situation unterschiedlich erinnern und die Schwerpunkte verschieden legen. Das ist normal. Es geht hier nicht darum, über Richtig und Falsch zu diskutieren, sondern darum, einander zuzuhören und zu verstehen, wie ihr euch in dieser Phase gefühlt habt und auch heute noch fühlt. Es kann also sein, dass ihr zwei völlig unterschiedliche Geschichten über die Situation erzählt. Lasst das zu. Nehmt Abstand von einer Verteidiger-Haltung, sondern hört einander zu und schenkt euch Glauben. Denn ihr seid jetzt in dieser Situation mit dem Glauben an eure völlig eigene Geschichte – sie dem anderen abzuerkennen, schafft Leid und weitere Verletzung.

Welche Geschichte habe ich erlebt?

Welche Geschichte hat mein Partner oder meine Partnerin erlebt?

Wie geht es uns dabei, die Geschichte des anderen zu hören?

Was hättet ihr voneinander gebraucht?

Wie würdet ihr heute mit der Situation umgehen?

Was bedeutet diese Situation für die Zukunft?

Wie wir alte Verletzungen auflösen können, erfährst du im Kapitel 14, »Aufarbeitung und Entwicklung«.

Tipp 5: Befreie dich aus der hilflosen Position!

Wenn du als Person, deren Vertrauen gebrochen wurde, in einer machtlosen Position verharrst und den Zustand möglicherweise noch pflegst, indem du dich von Freunden und der Familie bemitleiden lässt, manifestiert sich dieser emotionale Zustand. Dann wird es schwierig, den Teufelskreis zu verlassen. Denn: Entsprechend der sich selbsterfüllenden Prophezeiung zieht eine Person, die überall Betrug und Lügen erwartet, mit der Zeit genau diese an.

Du bist noch so viel mehr! Du bist nicht nur eine Person, deren Vertrauen gebrochen wurde, sondern auch noch vieles anderes, beispielsweise eine wertvolle, ehrliche oder aktive Person, eine gute Freundin oder Mitarbeiterin, eine tolle Mutter oder ein toller Vater, eine selbstbewusste Frau oder ein selbstbewusster Mann. Mache dir bewusst, was du noch alles bist:

Welche Gedanken und Glaubenssätze darfst du noch loslassen? Zum Beispiel die Sorge, nicht gut genug zu sein, oder die Angst davor, verletzt zu werden.

Was kannst du konkret tun, um wieder in deine Kraft zu kommen?

Tipp 6: Festige den Wunsch, wieder zu vertrauen

Wieder zu vertrauen, erfordert sehr viel Bemühung, Disziplin und Zeit. Es wird dir selbstverständlich nicht von einem auf den anderen Tag gelingen. Das Vertrauen zurückzugewinnen, ist ein Prozess. Vielleicht hilft es dir, dir bewusst zu machen, dass ein Vertrauensbruch nicht bedeutet, dass die Beziehung grundsätzlich schlecht ist. Es scheint sich allerdings etwas innerhalb der Beziehung verändert zu haben – möglicherweise sind Wünsche und Bedürfnisse in eurer Beziehung entstanden, die bisher nicht bedient werden konnten. Möglicherweise war es euch bisher nicht möglich, offen und ehrlich zu sprechen. Vielleicht habt ihr euch bisher noch nicht alles voneinander gezeigt. Deine Beziehung benötigt jetzt, genau diese Veränderung herauszuarbeiten und die Partnerschaft daran anzupassen.

Was darf zukünftig in deiner Partnerschaft möglich werden?

Welche Veränderung benötigt deine Beziehung?

Tipp 7: Führt eine Beziehung auf Augenhöhe

Denn das mindert das Risiko eines erneuten Vertrauensbruchs und führt dazu, dass Probleme, Wünsche und Bedürfnisse offen in der Beziehung angesprochen werden, bevor es zu einem Vertrauensbruch kommt. Für eine gleichberechtigte Beziehung ist es allerdings wichtig, dass du dich selbst nicht stärker oder schwächer positionierst als deinen Partner oder deine Partnerin.

In welchen Bereichen eurer Beziehung seid ihr noch nicht auf Augenhöhe?

Was braucht ihr noch, um auch in diesen Bereichen eine Beziehung auf Augenhöhe zu führen?

Was darf sich ab jetzt ganz konkret verändern, damit ihr eine Partnerschaft auf Augenhöhe führen könnt?

Tipp 8: Setzt euch mit der Situation auseinander

Gemeinsam oder getrennt. Es ist entscheidend für die vertrauensvolle gemeinsame Zukunft, dass ihr beide euch folgende Fragen stellt:

Was hat mir bisher in der Beziehung gefehlt?

Was war gut an der bisherigen Beziehung?

Welche Ungleichgewichte gab es möglicherweise, beispielsweise bei Geben und Nehmen, Nähe und Distanz, Dominanz und Unterordnung?

Was in der Beziehung war gut und darf genau so bleiben?

Was darf sich zwischen euch verändern und wie darf es dann sein?

Es geht hier nicht um richtig oder falsch oder darum, dass sich einer der Partner verändern soll. Es geht hier nicht darum, eine Schuldfrage zu klären. Es geht wirklich darum, in einen offenen Austausch zu gehen, die Gründe zu erkennen und offenzulegen und keine Geheimnisse mehr zu haben. Ihr dürft wieder zulassen, in Kontakt und in Verbindung zu sein. Um das geht es und um nichts anderes!

Tracking und Kontrolle

In meiner Beratungspraxis arbeite ich mit vielen Paaren, die sich irgendwo im Teufelskreis der Eifersucht befinden. Entweder ganz unbegründet, ohne dass es jemals einen echten Vertrauensbruch im Sinne eines Betrugs oder Seitensprungs gegeben hätte, oder auch begründet, nach einer Affäre oder einem Seitensprung in der Beziehungshistorie.

Was mir in letzter Zeit immer öfter begegnet – deutlich häufiger als in den letzten Jahren –, ist die Kontrolle des Partners oder der Partnerin durch Tracking-Software. Das Handy des Partners zu kontrollieren, seine Nachrichten zu lesen und seine Telefon-Historie zu verfolgen, seine E-Mails zu kontrollieren und die Social-Media-Profile zu checken, ist oft schon eine Selbstverständlichkeit geworden. Mittlerweile begegnen mir viele Paare, die ebenso selbstverständlich den Standort des Partners über das Smartphone tracken, den Standort des Autos und die gefahrene Strecke. Im beidseitigen Einverständnis.

Ist Tracking in eurer Beziehung ein Thema? Hast du Zugriff auf die Nachrichten, Social-Media-Profile oder den Standort deines Partners und weshalb hältst du das für sinnvoll?

Als ich davon zum ersten Mal hörte, war ich absolut erstaunt: »Das geht?« – lautete meine erste Frage. Und die zweite: »Und: Hilft es?« Die Antwort überrascht wenig: So richtig hilft es nämlich nicht. Im Gegenteil. Sobald der Partner auf dem Heimweg von der Arbeit einen Umweg fährt – sei es, um in einem anderen Supermarkt einzukaufen als gewöhnlich oder um einen Stau zu umfahren –, bricht Panik aus. Sobald das Handy im Büro oder im Auto vergessen wird, werden böse Absichten unterstellt. Das Tracking führt zu mehr Stress und einer höheren Belastung der Partnerschaft.

Warum? Der Hauptgrund ist schnell erklärt: *Energy flows where attention goes.* Zu Deutsch: Die Energie fließt dorthin, wohin du deine Aufmerksamkeit richtest.

Worauf ist die Aufmerksamkeit gerichtet, wenn der Partner kontrolliert wird? Auf ein mögliches Fehlverhalten des Partners, auf einen möglichen Vertrauensbruch. Auf die Tatsache, dass ein Vertrauensbruch in jedem Moment (wieder) passieren könnte.

Partner, die einen Seitensprung des Partners erlebt haben, erzählen mir oft Dinge wie: »Ich erkenne mich nicht wieder. So will ich doch gar nicht sein. Ich merke, wie mir der Schweiß ausbricht, wenn meine Partnerin nicht pünktlich nach Hause kommt. Wenn ich sehe, dass sie einen Umweg fährt, bekomme ich Panik. Das bin doch nicht ich!« Und ich kann diese Gedanken so gut nachvollziehen. Kommen dir diese Gedanken bekannt vor?

Beantworte zunächst die Frage: Wie fühlst du dich, wenn du deinen Partner kontrollierst und trackst?

Vielleicht stellst auch du fest, dass dieses Verhalten nicht deiner Vorstellung einer Beziehung auf Augenhöhe entspricht. Dann schließen sich folgende Fragen direkt an:

Wer möchtest du denn dann sein? Wie möchtest du dich stattdessen verhalten?

Vielleicht möchtest du ein vertrauensvoller Partner sein. Ein entspannter Partner, der weiß, woran er ist. Ein attraktiver Partner, der einem nicht panisch und ängstlich begegnet. Ein Partner, der Partnerschaft auf Augenhöhe lebt.

Nach einem Vertrauensbruch wieder eine vertrauensvolle Basis aufzubauen, braucht Zeit. Das passiert nicht von heute auf morgen. Das ist Arbeit, es bedeutet, sich mit dem Geschehenen auseinanderzusetzen. Es bedeutet, sich auf das zu fokussieren, was gut ist. Sich drauf zu fokussieren, wo ihr hinwollt. Wohin soll eure Energie fließen? Auf eure gemeinsame Vision. Darauf, was sich verändern muss, damit ihr beide gut in der Beziehung sein könnt. Darauf, wer ihr füreinander sein wollt und wie ihr eure Beziehung gestalten wollt.

Und dafür braucht es vor allem eines: Schluss mit Kontrolle und Tracking! Denn eines wirst du dadurch nie erhalten: Sicherheit.

Kontrolle und Tracking schüren Misstrauen und Unsicherheit. Sie machen dir in jeder Sekunde bewusst, dass es da Spielraum für Unehrlichkeit und Geheimnisse gibt. Genau darauf legen sie den Fokus. Und genau da willst du doch ganz sicher nicht hin.

Ich habe in meiner Beratungspraxis schon einiges erlebt: langjährige Affären, Zweit-Handys, Außenbeziehungen, die von Familie und Freunden gedeckt wurden, versteckte zweite Identitäten inklusive Kindern mit einem anderen Partner. Kontrolle und Tracking helfen nicht dagegen. Wer ein Geheimnis haben möchte, wird es schaffen. Wer fremdgehen möchte, wird es schaffen. Du kannst niemals alle Möglichkeiten überprüfen und aushebeln. Das wird dir nicht gelingen. Und das ist doch auch sicher nicht, worauf du deinen Fokus legen möchtest. Lege deinen Fokus darauf, wo du hinmöchtest.

Wie möchtest du deine Beziehung leben?

Wie möchtest du dich in deiner Beziehung fühlen?

Wie möchtest du die Zeit mit deinem Partner oder deiner Partnerin gestalten?

Höre auf dein Bauchgefühl, und achte darauf, ob dein Partner deinen Wünschen gerecht wird oder ob dir etwas seltsam vorkommt. Schenkt dir dein Partner die Zeit und Aufmerksamkeit, die du in einer Beziehung angemessen findest? Kennst du sein soziales Umfeld? Bist du in alle seine Lebensbereiche in dem Maß eingebunden, zu dem du es angemessen findest?

Kannst du mit genau diesem Partner oder dieser Partnerin genau die Beziehung führen, die du dir wünschst?

Das ist die einzige Frage, auf die es im Endeffekt ankommt. Und um diese Frage zu beantworten, helfen die Tracking-Apps nicht weiter. Achte auf deinen Fokus. Achte darauf, wo du die Energie hingibst. Sei der Partner oder die Partnerin, die du sein möchtest. Nur das wird auf lange Sicht Zufriedenheit schaffen.

Reflexion: Vertrauen und Eifersucht

Meine wichtigsten Erkenntnisse aus diesem Kapitel:

Folgende Erkenntnisse habe ich schon umgesetzt:

Das möchte ich zukünftig noch ausprobieren:

Darüber möchte ich mich noch mit meinem Partner austauschen:

Das durfte sich in meiner Partnerschaft bereits beim Thema Vertrauen und Eifersucht verändern:

Das soll sich zukünftig in meiner Beziehung beim Thema Vertrauen und Eifersucht noch verändern:

11. Sexualität und Intimität

Sexualität ist für viele Menschen ein Grundpfeiler ihrer Partnerschaft. Nicht jedem Paar ist Sexualität gleich wichtig, und nicht in jeder Beziehung spielen Sexualität und Intimität die gleiche Rolle. Deshalb gibt es hier – wie auch in Bezug auf die anderen Kapitel – kein Richtig oder Falsch. Das Ziel besteht darin, dass ihr als Paar für euch reflektiert, wie ihr Sexualität und Intimität in eurer Partnerschaft leben möchtet.

Reflexion: Die eigene Sexualität kennenlernen

Es gibt Menschen, die einen ganz guten und offenen Zugang zu ihrer eigenen Sexualität haben, andere wiederum tun sich schwerer damit. Die folgenden Reflexionsfragen können dir dabei helfen, einen anderen Zugang zu deiner Sexualität zu bekommen und vielleicht etwas zu erfahren, das du noch nicht wusstest. Bleibe gut im Kontakt mit dir selbst und schaue, wie tief es heute für dich gehen darf. Du kannst die Ergebnisse dieser Reflexion mit deinem Partner oder deiner Partnerin teilen, musst es aber nicht. Es geht hier vor allem darum, dich selbst und deine Wünsche und Bedürfnisse besser zu verstehen. Teile also nur so viel, wie sich für dich gut anfühlt.

Im ersten Schritt erstellen wir eine Grafik über die Hochs und Tiefs deines eigenen sexuellen Erlebens (siehe die Abbildung auf Seite 181), denn die Sexualität verändert sich über das gesamte Leben.

Überlege, wann du zum ersten Mal in deinem Leben in sexuellen Kontakt gekommen bist und wie sich deine Sexualität seitdem entwickelt hat.

Zu welchen Zeiten deines Lebens hast du intensiven sexuellen Kontakt erlebt?

Zu welchen Zeiten deines Lebens hast du deine Sexualität als befriedigend erlebt?

Und wann eher nicht?

Wann bist du sexuell auf deine Kosten gekommen?

Und wann nicht?

Trage den Verlauf deiner Sexualität in deinem Leben in die folgende Grafik ein. Benenne gern verschiedene Zeiträume oder sexuelle Begegnungen. Du kannst sowohl sexuelle Erfahrungen mit anderen Menschen eintragen als auch mit dir selbst.

Es kann sein, dass du schon sehr viele verschiedene Phasen erlebt hast. Es kann aber auch sein, dass deine bisherige sexuelle Geschichte noch sehr kurz ist. Es kann sein, dass du mit ein und demselben Partner viele verschiedene Phasen erlebt hast oder dass es immer sehr konstant lief. Dass du viele verschiedene Partner hattest. Dass es verschiedene Phasen in deinem Leben gab. Nimm dir Zeit, diese Grafik zu erstellen. Überlege, ob du sie beschriften willst oder ob dir eine Linie reicht. Ob es mehrere Linien geben soll. Du bist da ganz frei.

Geschichte meiner sexuellen Erfahrungen

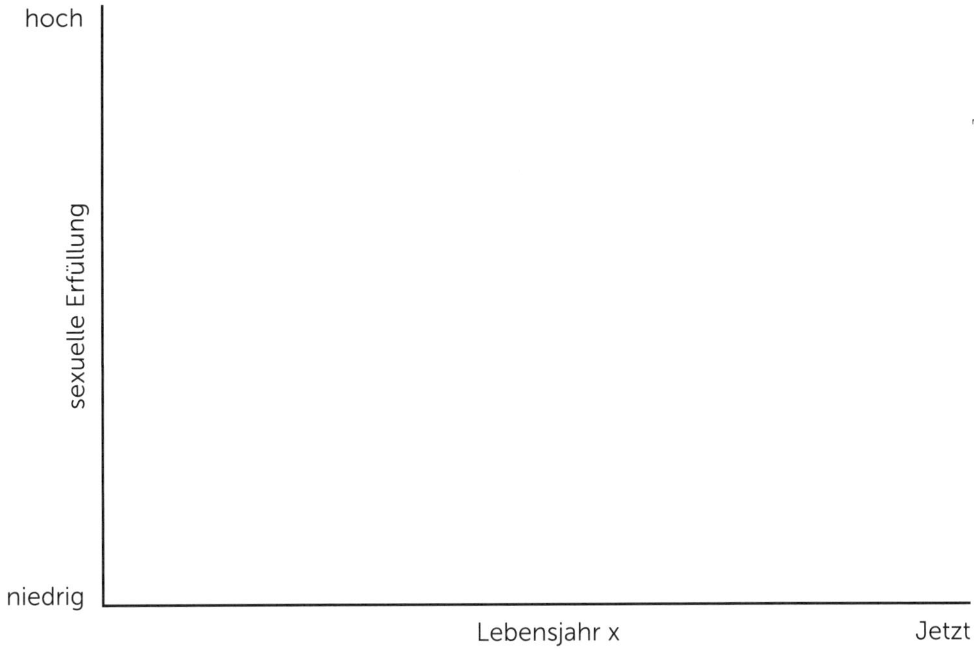

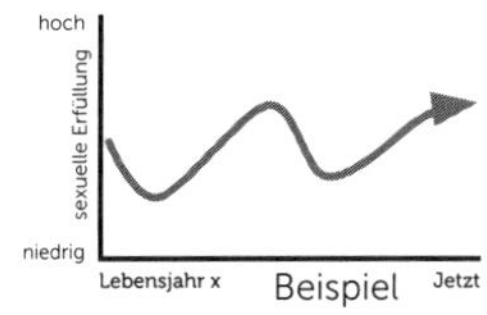

Beispiel

Schaue dir deine Grafik an und überlege dir:

Was hat die sexuell besten Zeiten deines Lebens ausgemacht?

Was hat die sexuellen Tiefpunkte deines Lebens ausgemacht? Und was haben sie gemeinsam?

Wann empfindest du Sex als sehr befriedigend?

Wann eher nicht?

Was ist die Gemeinsamkeit all dieser Phasen?

Vielleicht stellst du beim Blick auf deine Grafik auch fest, dass es noch offene sexuelle Wünsche in deinem Leben gibt.

Was hast du noch nicht verwirklicht, was du gern sexuell erleben möchtest?

Was sind deine wichtigsten unerfüllten erotischen Wünsche?

Was möchtest du noch unbedingt ausprobieren?

Nicht jeder Mensch lebt Sexualität gleich aus und mag die gleichen Dinge. Was ist deine wichtigste erotische Ressource? (Zum Beispiel die Beziehung zu deinem Körper, gelebte Sexualität mit deinem Partner.)

Was ist deine größte sexuelle Stärke? (Zum Beispiel eine bestimmte sexuelle Praktik, deine innere Haltung bezüglich Sexualität.)

Sexualität in einer Partnerschaft zu leben, bedeutet immer auch, einen Weg zu finden, der beiden Partnern gibt, was sie sich wünschen. Dabei ist es wichtig, neben den Wünschen des Partners auch die eigenen gut im Blick zu haben.

Was in deinem sexuellen Leben ist so wertvoll, dass du es unbedingt bewahren möchtest?

Reflexion: Sexualität in der Beziehung

In welcher Form und Intensität Sexualität in einer Partnerschaft gelebt wird, entscheidet das Paar für sich. Ob sexuelle Begegnungen häufig oder selten stattfinden, sagt wenig über die Verbundenheit der beiden Partner oder Partnerinnen aus. Wir müssen uns davon lösen, was wir über Sexualität gelernt haben, und wieder zu uns selbst zurückfinden: auf unsere eigenen Bedürfnisse hören und eine ganz eigene Intimität und Sexualität in der Partnerschaft entwickeln.

Folgende Reflexionsfragen bieten euch die Möglichkeit, miteinander ins Gespräch zu kommen:

Was versteht ihr unter dem Begriff Sexualität, was verbindet ihr damit?

Was bedeutet Intimität für euch und wie möchtet ihr Intimität in eurer Partnerschaft leben?

Wie fühlt ihr euch mit Blick auf Intimität und Sexualität in eurer Beziehung?

____

____

____

Was denkt ihr über Sex? Kreuzt die Punkte an, die ihr als zutreffend empfindet, und ergänzt gern, was euch spontan einfällt.

- ☐ Sex ist für mich Liebe.
- ☐ Sex ist für mich Intimität.
- ☐ Sex ist für mich Entspannung.
- ☐ Sex ist für mich Spaß.
- ☐ Sex ist für mich ein Spiel.
- ☐ Sex ist für mich Verschmelzung.
- ☐ Sex ist für mich der ultimative Kick.
- ☐ Sex ist für mich Energie.
- ☐ Sex ist für mich ____________________.

Wie erfüllt fühlst du dich sexuell in deiner Partnerschaft auf einer Skala von 1 bis 10? Eine 1 steht dabei für »gar nicht erfüllt«, eine 10 für »extrem erfüllt«.

gar nicht erfüllt (– 1 2 3 4 5 6 7 8 9 10 +) extrem erfüllt

Wie geht es dir, wenn du die Skala ansiehst? Bist du zufrieden?

____

____

____

Was war der höchste Wert, den ihr in eurer Beziehung auf der Skala der sexuellen Erfüllung bereits erreicht habt, und wie war es damals?

____

____

____

Wo darf sich deine Beziehung auf der Skala hinentwickeln? Welche Zahl würdest du gern (wieder) erreichen, und was wäre konkret anders, wenn dieses Ziel erreicht wäre?

____

____

____

Wie würdet ihr eure Sexualität gestalten, wenn sie euch beide vollkommen erfüllen würde?

Was möchtest du gern in der Sexualität mit deinem Partner oder deiner Partnerin verändern?

Welche Form der Veränderung wünschst du dir in Bezug auf die Sexualität von deinem Partner oder deiner Partnerin?

Was könntet ihr in den nächsten Tagen konkret verändern oder ausprobieren, damit es euch mit Sexualität in der Beziehung besser geht?

Sexualität als Ebene in der Partnerschaft

Fast jede Partnerschaft findet auf drei Ebenen statt:

- auf der Ebene der romantischen Liebe
- auf der Ebene der Anziehung und Sexualität
- auf der Ebene der Freundschaft

In welchem Verhältnis diese drei Ebenen Raum in der Beziehung einnehmen, ist von Paar zu Paar unterschiedlich. Einige Paare haben einen so starken freundschaftlichen Anteil, dass sich das Zusammenleben eher nach einer Wohngemeinschaft anfühlt – und das muss nicht schlecht sein, wenn beide Partner es annehmen und genießen können. In einigen Beziehungen spielen Anziehung und Sexualität eine so große Rolle, dass die tiefe Liebe manchmal auf der Strecke bleibt – das kann für beide jedoch genau das sein, was sie sich von einer Partnerschaft erhoffen. Bei Paaren, bei denen die romantische Liebe im Vordergrund steht, kann beispielsweise Sex eine eher untergeordnete Rolle einnehmen, stattdessen werden tiefgehende Gespräche geführt. Es gibt auch Paare, die ihre Partnerschaft ausgeglichen leben: gemeinsam und freundschaftlich ihre Kinder erziehen und Unternehmungen planen, sich immer wieder auch Zeit als Paar nehmen und ein erfülltes Sexleben genießen. Ein ausgeglichenes Verhältnis zwischen den drei Bereichen stellt jedoch nicht für jedes Paar den Weg zum Beziehungserfolg dar.

Sehen wir uns einmal an, wie ihr das Verhältnis der drei Beziehungsbereiche in eurer Beziehung einschätzt. Nimm dafür Buntstifte in drei verschiedenen Farben zur Hand und zeichne in den ersten Kreis in der folgenden Abbildung ein, wie du das Verhältnis zwischen romantischer Liebe, Intimität und Sexualität sowie Freundschaft gerade in eurer Partnerschaft empfindest. Dein Partner oder deine Partnerin nimmt ihre Einschätzung im zweiten Kreis auf die gleiche Weise vor.

Ebenen der Partnerschaft – Ist-Zustand

- ☐ Romantische Liebe
- ☐ Intimität und Sexualität
- ☐ Freundschaft

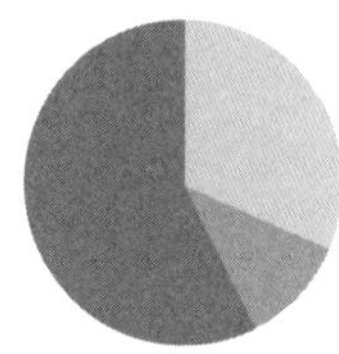

Beispiel

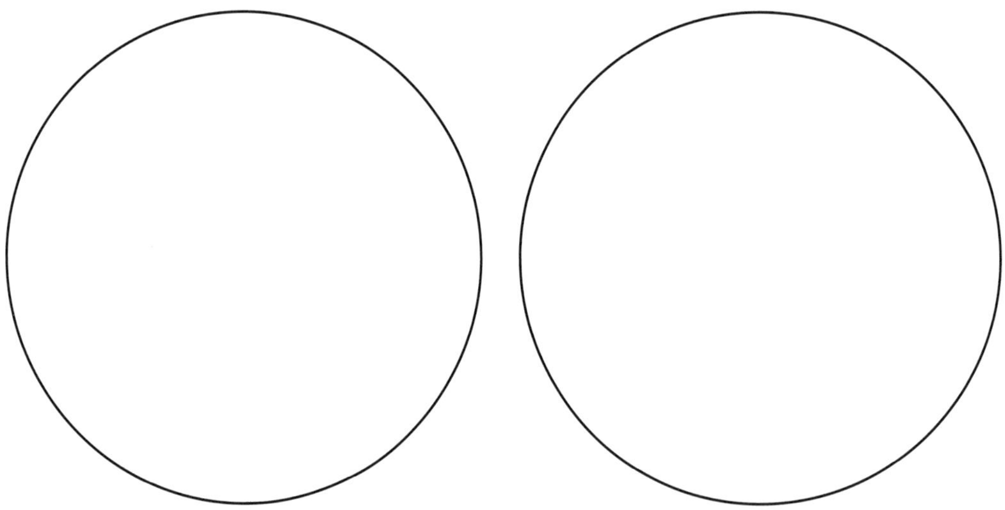

Wie geht es euch, wenn ihr die beiden Kreise anseht und vergleicht?

____

____

____

Worin seid ihr euch einig?

____

____

____

Was unterscheidet eure Einschätzung gerade?

Wie zufrieden seid ihr mit der Aufteilung zwischen den drei Beziehungsbereichen gerade?

Im zweiten Teil der Übung dürft ihr die Kreise erneut ausfüllen. Diesmal allerdings so, wie ihr euch die ideale Verteilung der Bereiche in eurer Partnerschaft wünscht – das Idealbild eurer Beziehung sozusagen.

Ebenen der Partnerschaft – Wunsch-Zustand

- [ ] Romantische Liebe
- [ ] Intimität und Sexualität
- [ ] Freundschaft

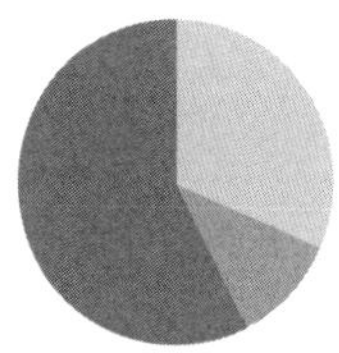

Beispiel

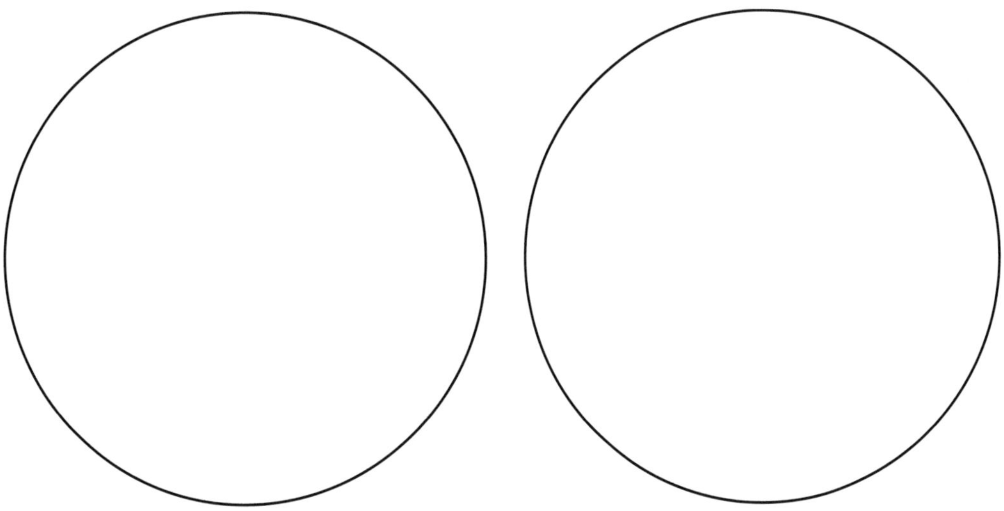

Wie geht es euch, wenn ihr euch die Visualisierung eurer Wunsch-Zustände anseht?

Wo seid ihr euch einig?

Wo unterscheiden sich eure Wünsche voneinander?

Inwiefern entsprechen eure Wunsch-Zustände dem aktuellen Ist-Zustand?

Was darf so bleiben, wie es ist?

Was sollte sich noch verändern, damit ihr ein erfülltes Gleichgewicht in eurer Beziehung lebt?

Sexualität entwickeln

Wenn Paare mit der Sexualität in ihrer Beziehung unzufrieden sind, obwohl sie generell die gleichen Vorstellungen von Sexualität haben, liegt es häufig daran, dass sich Muster eingestellt haben, die dem Paar nicht entsprechen oder sie von einer erfüllten Sexualität abhalten. Diesen Mustern gehen wir mit den folgenden Reflexionsfragen auf den Grund:

Wer beginnt in eurer Partnerschaft damit, Sexualität einzuleiten? Ist das immer die gleiche Person oder variiert ihr?

Gibt es Regelmäßigkeiten, Rituale und ausgesprochene oder unausgesprochene Regeln, wie ihr Sexualität einleitet?

Wie sehr erfüllt euch die Art und Weise, wie die Sexualität eingeleitet wird, auf einer Skala von 1 (gar nicht erfüllend) bis 10 (maximal erfüllend)?

gar nicht erfüllend (– 1 2 3 4 5 6 7 8 9 10 +) maximal erfüllend

Wenn ihr dem Partner oder der Partnerin ein Signal sendet, wie reagiert er oder sie?

Wer ist, was die gemeinsame Sexualität angeht, eher der Aktive, wer eher der Passive?

Wie kommuniziert ihr über Sexualität? Was wird ausgesprochen, was bleibt vielleicht unausgesprochen?

Sendet der Partner Signale, die seine Wünsche und Bedürfnisse deutlich zeigen?

Wählt ihr häufig den gleichen Ort und Zeitpunkt für Sexualität und Intimität oder variiert ihr?

Welche Rolle spielen Scham, Unsicherheit oder andere Gefühle in eurer Sexualität?

Nach welchen Regeln lebt ihr eure Sexualität in eurer Beziehung?

Wie kommuniziert ihr Lust oder Unlust in eurer Beziehung?

Wann und wodurch verhindert ihr Sexualität in eurer Beziehung?

Was darf sich in eurer Sexualität zukünftig verändern?

Wie wollt ihr diese Veränderung konkret angehen und umsetzen?

Reflexion: Sexualität und Intimität

Meine wichtigsten Erkenntnisse aus diesem Kapitel:

Folgende Erkenntnisse habe ich schon umgesetzt:

Das möchte ich zukünftig noch ausprobieren:

Darüber möchte ich mich noch mit meinem Partner oder meiner Partnerin austauschen:

Das durfte sich in meiner Partnerschaft bereits in Bezug auf Sexualität und Intimität verändern:

Das soll sich zukünftig in meiner Beziehung in Bezug auf Sexualität und Intimität noch verändern:

12. Akzeptanz und Respekt – Wahrnehmung und Aufmerksamkeit

Ein Problem, das mir viele Paare in der Paartherapie beschreiben und das sie über die Zeit immer stärker wahrnehmen, bis es schlussendlich zum Vertrauensverlust kommt, ist das Gefühl, nicht gesehen und nicht gehört zu werden. Das Gefühl, keine Aufmerksamkeit vom anderen zu erhalten, nicht begehrt und geliebt zu werden mit allem, was man ist. Dieses Kapitel dreht sich genau darum: um Akzeptanz, Respekt, Wahrnehmung und Aufmerksamkeit.

Reflexion: Mein Konzept von Akzeptanz in der Beziehung

Die meisten Menschen gehen davon aus, dass es nur eine Art und Weise gibt, Liebe zu zeigen. Dem anderen zu zeigen, dass er akzeptiert und respektiert ist, dass er wahrgenommen und wertgeschätzt wird: ihre eigene Art und Weise. Dabei gibt es ungefähr so viele Arten, Liebe und Wertschätzung zu transportieren, wie es Menschen auf diesem Planeten gibt. Was wir als Liebe und Wertschätzung empfinden, ist äußerst individuell. Es spielt hinein, wie wir aufgewachsen sind, Liebe von unseren Eltern empfangen haben und welche Kanäle bei uns besonders geöffnet sind. Wir werden uns später in diesem Kapitel mit konkreten Konzepten befassen. Im ersten Schritt geht es jedoch an die Reflexion eurer Beziehung – denn bereits hier könnt ihr viel übereinander lernen.

Wie stark geliebt und wertgeschätzt fühlst du dich aktuell in deiner Partnerschaft auf einer Skala von 1 bis 10? Eine 1 steht hierbei für »überhaupt nicht geliebt«, eine 10 für »unendlich geliebt«.

überhaupt nicht geliebt (– 1 2 3 4 5 6 7 8 9 10 +) unendlich geliebt

Wie fühlst du dich, wenn du diese Skala betrachtest?

______

______

______

Kannst du dich an eine Zeit erinnern, an der du dich einmal sehr von deinem Gegenüber geliebt und wertgeschätzt gefühlt hast? Was war die höchste Zahl, die ihr auf dieser Skala – aus deiner Perspektive heraus – jemals erreicht habt, und wie hast du dich damals gefühlt?

Was hat dein Partner oder deine Partnerin konkret getan, um dir zu dieser Zeit ihre Liebe und Wertschätzung zu zeigen? Durch welche ihrer Verhaltensweisen oder Gesten fühltest du dich so geliebt?

Bevor wir daran arbeiten, gegenseitig mehr Akzeptanz, Respekt, Wahrnehmung und Aufmerksamkeit in deiner Partnerschaft zu etablieren, sollten wir an erster Stelle einmal klären, was diese Konzepte für euch bedeuten, denn auch hier kann es erhebliche Unterschiede geben, die zu Missverständnissen führen.

Was bedeutet Akzeptanz in der Beziehung für dich? Wodurch zeigt sie sich?

Wann hast du dich in deiner Partnerschaft bereits einmal sehr akzeptiert gefühlt? Wie hat sich dein Partner oder deine Partnerin in dieser Phase oder Situation verhalten?

Wenn dein Partner oder deine Partnerin dir zukünftig noch mehr Akzeptanz schenken würde als bisher, was wäre dann anders? Wie würde sie sich zukünftig konkret anders verhalten? Wie würdest du dich dabei fühlen?

Was bedeutet Akzeptanz für deine Partnerin oder deinen Partner und wodurch fühlt er sich konkret von dir akzeptiert? Was wünscht er sich von dir, um sich stärker akzeptiert zu fühlen?

Wie stark respektiert fühlst du dich in deiner Partnerschaft aktuell auf einer Skala von 1 (gar nicht respektiert) bis 10 (absolut respektiert)?

gar nicht respektiert (– 1 2 3 4 5 6 7 8 9 10 +) absolut respektiert

Was würde sich in deiner Partnerschaft konkret verändern, wenn dich dein Partner oder deine Partnerin noch mehr respektieren würde als bisher? Wie würde sie sich verhalten und wie würdest du dich fühlen?

Wodurch fühlst du dich von deinem Partner oder deiner Partnerin respektiert? Welche Gesten, Worte oder Handlungen wählt sie, die dir deutlich zeigen, dass sie dich vollkommen respektiert?

Auf welche Art und Weise darf dein Partner oder deine Partnerin dir zukünftig noch mehr Respekt erweisen?

Durch welche deiner Worte und Handlungen fühlt sich deine Partnerin oder dein Partner von dir respektiert? Was wünscht er sich zukünftig noch, um sich stärker respektiert zu fühlen?

Wann hast du dich einmal besonders stark von deiner Partnerin oder deinem Partner wahrgenommen gefühlt?

Woran hast du erkannt, dass er dich in dieser Situation gesehen und gehört hat – wahrgenommen hat?

Wenn du dich nicht sehr stark wahrgenommen fühlst, was fehlt dir dann konkret?

Was würdest du dir zukünftig von deiner Partnerin oder deinem Partner wünschen, um dich stärker gesehen und wahrgenommen zu fühlen?

Was versteht deine Partnerin oder dein Partner darunter, gesehen, gehört und wahrgenommen zu werden? Wann fühlt er sich von dir besonders gut wahrgenommen? Welche Veränderung wünscht er sich möglicherweise für die Zukunft?

Welche Formen der Aufmerksamkeit bringt ihr euch in der Beziehung entgegen?

Kannst du dich an Aufmerksamkeiten deiner Partnerin oder deines Partners erinnern, die dich besonders berührt haben? Es müssen keine großen Gesten sein, manchmal sind es auch nur kleine Momente, die besonders in Erinnerung bleiben.

Wenn du dir für die Zukunft aussuchen könntest, welche Aufmerksamkeiten du von deiner Partnerin oder deinem Partner erhältst, wofür würdest du dich entscheiden? Formuliere eine Wunschliste der Aufmerksamkeiten aus:

Was bedeuten die Aufmerksamkeiten auf der Liste, die du gerade erstellt hast, für dich?

Welche Formen der Aufmerksamkeit sind deiner Partnerin oder deinem Partner besonders wichtig? Wovon würde er sich zukünftig mehr wünschen?

____

____

____

Konzept: Sprachen der Liebe

Welche Liebessprache sprichst du?

Vielleicht hast du festgestellt, dass ihr euch durch unterschiedliche Worte, Gesten und Handlungen geliebt, gesehen, gehört, respektiert und akzeptiert fühlt. Das ist ganz normal. Auch Gary Chapman, ein US-amerikanischer Paarberater, konnte das beobachten und hat sich gefragt, was das Geheimnis einer langfristigen Beziehung ist. Er hat beobachtet, wie viele Paare sich nach einigen Jahren Beziehung oder Ehe auseinanderleben. Wie hoch die Scheidungsraten steigen. Wie viele Menschen nicht mehr an eine Beziehung auf Lebenszeit glauben – einfach, weil sie noch nie erlebt haben, dass Liebe auch über die Zeit erhalten bleiben kann. Und auf Basis dieser Erkenntnisse hat Chapman das Konzept der fünf Sprachen der Liebe entwickelt. Und dass er hier von Sprachen spricht, ist kein Zufall.

Denke doch einmal daran, welche Sprachen du sprichst – und welche es da noch gibt. Die großen Weltsprachen, zum Beispiel Englisch, Spanisch, Mandarin, Deutsch, Französisch und noch viele andere Sprachen. Als Kind lernen wir oft zunächst nur eine Sprache: die Sprache, die unsere Eltern und Geschwister sprechen – die sogenannte Muttersprache. Später lernen wir dann noch weitere Sprachen, Fremdsprachen. Und das kostet schon sehr viel mehr Mühe. Wir sprechen meistens immer noch am besten unsere Muttersprache. Und die verstehen wir auch am besten. Mit dieser Sprache fühlen wir uns am wohlsten. Wenn wir aber immer häufiger eine Fremdsprache nutzen und uns mehr darin üben, dann fühlen wir uns mit der Zeit auch in dieser Sprache wohler. Und wir können uns immer besser mit Menschen verständigen, die diese Fremdsprache als Muttersprache gelernt haben.

Und so ähnlich ist es auch mit den Sprachen der Liebe. Es kann sein, dass sich deine Sprache der Liebe ganz grundlegend von der Sprache der Liebe deines Gegenübers unterscheidet. Und egal wie sehr du dich bemühst, deine Liebe auszudrücken, wenn dein Gegenüber deine Sprache nicht spricht, kann es dich nicht verstehen. Also ist es entscheidend, dass du die Sprache der Liebe deines Partners lernst!

Es gibt fünf grundlegende Sprachen der Liebe und eine ganze Reihe an Dialekten.

Je nachdem, wie liebevoll deine Erziehung war, wie stark du Liebe von deinen Eltern erhalten, aber auch selbst ausgedrückt hast, umso geübter bist du auch darin, deine Sprache der Liebe zu sprechen. Aber selbst wenn du das von zu Hause nicht so sehr mitbekommen hast, kannst du es immer noch ohne Probleme lernen.

Chapman sagt: Der Schlüssel zu einer lang andauernden und liebevollen Beziehung ist, die Muttersprache der Liebe des Partners bewusst wahrzunehmen und zu lernen. Um die Liebe in unserer Beziehung zu erhalten, müssen wir uns die Mühe machen, diese Fremdsprache zu erlernen. Wenn wir wollen, dass unser Gegenüber unsere Liebe auch spürt, müssen wir sie in seiner Muttersprache ausdrücken.

Deshalb ist es für den Anfang sinnvoll, herauszufinden, welche Sprache der Liebe du sprichst!

Kreuze dafür in der folgenden Liste all die Punkte an, durch die du dich sehr geliebt fühlst. Die Buchstaben am Ende einer jeden Zeile dienen der anschließenden Auswertung.

- ☐ Mein Partner schreibt mir einen Liebesbrief. **G**
- ☐ Ich verbringe Zeit mit meinem Partner allein. **Z**
- ☐ Mein Partner interessiert sich für meine Arbeit. **LA**
- ☐ Mein Partner legt seinen Arm um mich. **ZI**
- ☐ Mein Partner erweist mir kleine Gefälligkeiten. **H**
- ☐ Mein Partner sagt mir, dass er stolz auf mich ist. **LA**
- ☐ Mein Partner erledigt etwas für mich, was er selbst nicht gern tut. **H**
- ☐ Mein Partner überrascht mich mit einem Mitbringsel. **G**
- ☐ Mein Partner erledigt eine Aufgabe für mich, z. B. etwas aus der Reinigung abholen. **H**
- ☐ Mein Partner macht mir ein Geschenk. **G**
- ☐ Ich unternehme etwas gemeinsam mit meinem Partner. **Z**
- ☐ Mein Partner sagt mir, dass er mich attraktiv findet. **LA**
- ☐ Mein Partner sagt mir, dass er mich liebt. **LA**
- ☐ Ich halte Händchen mit meinem Partner. **ZI**
- ☐ Mein Partner hört mir in Ruhe zu. **Z**
- ☐ Ein Lob von meinem Partner bedeutet mir viel. **LA**
- ☐ Ich schätze es, wenn mein Partner sich Gedanken macht, bevor er mir etwas schenkt. **G**
- ☐ Ich verbringe eine lange Autofahrt allein mit meinem Partner. **Z**
- ☐ Mein Partner berührt mich. **ZI**
- ☐ Mein Partner gibt sich Mühe, mir das zu schenken, was ich mir wünsche. **G**
- ☐ Mein Partner übernimmt einen Teil der Hausarbeit für mich. **H**
- ☐ Mein Partner sitzt dicht neben mir. **ZI**
- ☐ Mein Partner massiert mir die Schultern. **ZI**
- ☐ Mein Partner nimmt mir immer wieder Erledigungen ab. **H**
- ☐ Ich gehe mit meinem Partner spazieren. **Z**

Schreibe auf, wie viele Kreuze du bei welcher Kategorie gesetzt hast:

ZI = ______________________________

G = ______________________________

Z = ______________________________

LA = ______________________________

H = ______________________________

In welcher Kategorie hast du die höchste Anzahl an Kreuzen gesetzt? ______________________

Vielleicht hast du bei mehr als einer Kategorie die gleiche Anzahl von Kreuzen gesetzt. Das ist nicht verwunderlich. Denn nicht jeder Mensch spricht nur eine Liebessprache. Häufig gibt es Mischformen oder mehrere bevorzugte Sprachen. Im Folgenden findest du die Beschreibung der Liebessprachen.

Lob und Anerkennung (LA)

Wenn das deine Liebessprache ist, fühlst du dich geliebt, wenn dein Partner dir das Gefühl von Dankbarkeit gibt. Wenn er dich wahrnimmt und dir zeigt, dass er stolz auf dich ist. Es tut dir auch gut, ermutigt zu werden, wenn dir etwas schwerfällt, wenn du mit dir selbst oder einer Aufgabe haderst. Ein übermäßiger Wunsch nach Lob und Anerkennung kommt ganz oft aus früheren Verletzungen deines Selbstwertgefühls. Du solltest deinen Selbstwert also steigern, wenn du nicht mehr so stark auf Lob und Anerkennung angewiesen sein möchtest. Und du kannst auch einmal überprüfen, ob du diese Zufriedenheit nicht auch aus deiner eigenen Haltung heraus erreichen kannst – ohne abhängig davon zu sein, dass dein Gegenüber dir Lob und Anerkennung schenkt –, beispielsweise indem du dich selbst und deine Leistung anerkennst.

Zweisamkeit (Z)

Wenn das deine Liebessprache ist, fühlst du dich geliebt, wenn dein Partner dir Zeit schenkt und ihr etwas zusammen unternehmen könnt. Dir ist es wichtig, dass ihr beide etwas gemeinsam tut, euch einander mit voller ungeteilter Aufmerksamkeit begegnet und euch gegenseitig auch in ganz verschiedenen Situationen kennenlernt. Menschen, denen Zweisamkeit sehr wichtig ist, haben oft das Gefühl, nicht wahrgenommen zu werden oder nur eine Option zu sein statt die Priorität. Manchmal ist der Grat auch sehr schmal zum Wunsch, immer im Mittelpunkt zu stehen.

Geschenke (G)

Wenn deine Muttersprache der Liebe die Geschenke sind, dann fühlst du dich besonders geliebt, wenn dein Partner deine Wünsche nach Beschenktwerden erfüllt. Das können Überraschungen sein oder Aufmerksamkeiten, auch richtige Geschenke. Wichtig ist für dich, dass sich deine Partnerin oder dein Partner an deine Wünsche erinnert und sie von sich aus erfüllt. Denn du merkst so, dass dein Partner sich mit dir und deinen Wünschen auseinandergesetzt hat. Wenn dieses Bedürfnis bei dir sehr stark vorhanden ist, ist ein schlecht ausgewähltes Geschenk auch das Schlimmste für dich – denn du glaubst, dass dein Partner dich nicht so gut kennt und sich nicht so viel Mühe für dich gegeben hat. Und das kann dazu führen, dass du seine Liebe und auch die ganze Beziehung infrage stellst.

Hilfsbereitschaft (H)

Wenn deine Liebessprache die der Hilfsbereitschaft ist, wünschst du dir Unterstützung und Gefälligkeiten von deinem Partner oder deiner Partnerin. Dein Partner möge dir aus Liebe zu dir helfen. Das kann beispielsweise Unterstützung im Haushalt sein, aber auch in beruflichen und anderen Belangen. Für viele Menschen, die die Liebessprache der Hilfsbereitschaft sprechen, ist zudem entscheidend, dass die Hilfe ihnen ohne vorherige Aufforderung entgegengebracht wird. Hilfe, um die erst gebeten werden musste, ist in den Augen vieler Menschen, die diese Liebessprache sprechen, nichts wert – ein Glaubenssatz mit großen Folgen für viele Partnerschaften, weshalb es sich lohnt, daran zu arbeiten und zu lernen, um Unterstützung zu bitten und sie trotzdem anzuerkennen.

Typisch für Menschen, die in übermäßigem Maße diese Sprache der Liebe sprechen, sind Sätze wie: »Wenn du mich wirklich lieben würdest, würdest du x tun.« Doch damit sollte sehr vorsichtig umgegangen werden, sonst entsteht eine Dynamik, bei der sich Forderung der einen Person und Rückzug der anderen Person hochschaukeln, was sogar in einer Trennung gipfeln kann. Denn auch Hilfsbereitschaft funktioniert nur auf Augenhöhe. In einer gesunden Partnerschaft betrachtet kein Partner die Hilfe des anderen wie eine Selbstverständlichkeit.

Zärtlichkeit und Intimität (ZI)

Wenn die Zärtlichkeit deine bevorzugte Liebessprache ist, fühlst du dich geliebt, wenn du deinem Partner oder deiner Partnerin körperlich nahe bist. Das können einfach Berührungen sein, aber auch die Sexualität in der Partnerschaft. Durch die Berührungen deines Gegenübers erfährst du, dass du angenommen bist. Dass ein Partner dich gern berührt und dich akzeptiert, wie du bist. Berührung und Sexualität sind für dich nicht nur ein Ausdruck von Lust und Leidenschaft, sondern stellen auch Nähe und Bindung her.

Körperliche Nähe ist wohltuend – es gibt sogar Studien, die zeigen, dass Umarmungen, die länger als 30 Sekunden dauern, nachweislich gegen Stress wirken, den Blutdruck senken und die Produktion von Oxytocin anregen – einem Bindungshormon. Doch ein extremes Verlangen nach Zärtlichkeit und Intimität kann auch ein Ausdruck dafür sein, dass du dich für nicht liebenswert hältst und dir Bestätigung durch besonders viel Intimität erhoffst.

Anwendung der Liebessprachen

Fasse zunächst mithilfe der folgenden Fragen zusammen, welche Liebessprachen ihr in eurer Partnerschaft sprecht.

Welche Liebessprache(n) sprichst du?

Welche Liebessprache(n) spricht dein Partner oder deine Partnerin?

Was könnt ihr aus diesem Konzept für euch mitnehmen?

Ihr habt nun reflektiert, welche Liebessprachen ihr sprecht. Das eigene Empfinden, Liebe zu zeigen und zu empfangen, geht über dieses Konzept hinaus. Ein Blick in euren Beziehungsalltag und die Vergangenheit eurer Partnerschaft kann euch dabei helfen, zu erkennen, wie sich die Liebessprachen bei euch ganz konkret äußern. Überlegt einmal, in welcher Situation ihr euch in der Vergangenheit ganz konkret geliebt gefühlt habt. Die Liebessprachen können euch dabei Hinweise geben, in welchen Situationen ihr besonders empfänglich für die Liebe eures Gegenübers seid.

Mit dem Wissen über die Liebessprachen: Wodurch fühlst du dich geliebt?

Durch welche Gesten, Worte oder Handlungen darf dein Partner oder deine Partnerin dir zukünftig ihre Liebe zeigen, damit sie wirklich ankommt?

Wodurch fühlt sich dein Partner oder deine Partnerin geliebt?

Wie kannst du zukünftig deinem Partner oder deiner Partnerin deine Liebe zeigen, sodass sie wirklich ankommt und verstanden wird?

Du erhältst jetzt einige Tipps, wie du deine Liebe zukünftig verstärkt auch in der Liebessprache deines Partners ausdrücken kannst. Besprecht die Ideen gern gemeinsam, um zu sehen, was für euch gilt und wovon eure Beziehung profitieren kann.

Wenn *Lob und Anerkennung* die Sprache der Liebe deines Gegenübers ist, dann sei achtsam im Alltag und bemerke auch die kleinen Dinge, die dein Partner für dich tut – lobe ihn dafür. Lobe ihn auch mal vor anderen. Folgende sieben Tipps können dir im Alltag helfen, deine Liebe auszudrücken:

- Nimm einen kleinen Notizzettel, hänge ihn an den Spiegel oder in deinen Kalender – irgendwo, wo du ihn immer wieder siehst –, und schreibe darauf Sprüche auf wie »Worte sind wichtig!« oder »Lob tut gut!« oder was immer du möchtest.
- Schreibe dir eine Woche lang jeden Abend auf, wie du deinen Partner gelobt hast, und mache dir damit selbst klar, wie gut du darin bist, Lob und Anerkennung zu äußern.
- Setze dir eine Monats-Challenge: Mache deinem Partner einen Monat lang jeden Tag ein anderes Kompliment.
- Lege dir eine Liste mit Komplimenten und Worten der Anerkennung an: Wann immer du ein schönes Kompliment liest oder hörst, kommt es auf die Liste. Und all diese Komplimente kannst du nach und nach deinem Partner weitergeben.
- Schreibe deinem Partner einen Liebesbrief – oder, wenn dir das Schreiben nicht liegt, einen Liebessatz auf eine besonders schöne Karte, damit er sich diese aufbewahren kann.
- Mache deinem Partner Komplimente im Beisein anderer Personen. Besonders schön ist es, Komplimente vor den gemeinsamen Kindern oder auch vor den Eltern zu erhalten.
- Mache dir selbst die Stärken deines Partners klar, und sage ihm, wie sehr du diese an ihm schätzt.

Wenn die Liebessprache deines Partners die *Zweisamkeit* ist, dann halte Verabredungen ein, sei pünktlich und vermeide Störungen, beispielsweise durch dein Smartphone. Lasst euch ganz aufeinander ein, gönnt euch auch mal einen Babysitter, wenn ihr gemeinsame Kinder habt, um euch völlig aufeinander zu konzentrieren.

Die folgenden Tipps können hilfreich sein, um die Liebe in der Sprache der Zweisamkeit auszudrücken:

- Besucht gemeinsam Orte aus der Kindheit deines Partners. Macht einen Spaziergang dort und sprecht über Kindheitserinnerungen: Was sind die schönsten Erinnerungen, was die schmerzhaftesten?
- Geht gemeinsam ganz bewusst durch die Natur: in die Berge, in den Stadtpark, aufs Feld, an den See. Verbringt Zeit dort bei einem Spaziergang oder einer Radtour, sprecht über eure Eindrücke, darüber, wie es euch geht.
- Bitte deinen Partner oder deine Partnerin, eine Liste zu erstellen mit fünf Dingen, die sie gern mit dir gemeinsam unternehmen würde, und dann nehmt euch eine Unternehmung pro Monat vor.
- Frage deinen Partner oder deine Partnerin, in welcher Umgebung sie am liebsten mit dir spricht, zum Beispiel über eure Beziehung oder darüber, wie es ihr geht. Und dann schreibe ihr in der nächsten Woche eine Nachricht und teile ihr darin mit, dass du gern einen Abend mit ihr dort verbringen würdest, und lade sie zu einem Treffen dort ein.
- Überlege dir eine Aktivität, die deine Partnerin oder dein Partner sehr mag, die dir bisher aber noch nicht so viel Spaß gemacht hat. Sage ihm, dass du gern deinen Horizont erweitern möchtest und ihn noch einmal begleiten möchtest, und gib dir Mühe – vielleicht gefällt es dir ja doch.

- Plant einen gemeinsamen Wochenendausflug im nächsten halben Jahr, und achtet darauf, dass ihr nur Zeit für euch habt. Keine Verpflichtungen, keine Kinder, keine Arbeit. Nehmt euch Zeit für euch. Plant das schon jetzt und legt einen Termin fest.
- Nimm dir jeden Tag ein paar Minuten, um mit deinem Partner oder deiner Partnerin über Dinge zu sprechen, die an diesem Tag passiert sind.
- Nehmt euch zwei Abende füreinander, die müssen zeitlich nicht nahe beieinander liegen – ein Abstand von 2 bis 3 Monaten reicht völlig. Beantwortet euch Fragen über eure Vergangenheit und über euch selbst. Geht in einen tiefen Austausch.

Wenn dein Partner die Liebessprache der *Geschenke* spricht, dann schenke ihm ganz bewusst ausgewählte Geschenke – vermeide in jedem Fall irgendwelche Mitbringsel, die nichts mit ihm zu tun haben. Es ist ganz besonders wichtig, dass du freiwillig schenkst – deshalb reicht es auch nicht aus, die Geschenke nur auf bestimmte Anlässe wie Weihnachten oder Geburtstag zu begrenzen. Ich habe aber Tipps für dich, wie du deinen Partner ganz wundervoll beschenken und ihm so deine Liebe zeigen kannst:

- Halte die Augen offen. Schöne Geschenke und Aufmerksamkeiten gibt es bestimmt auch in der Umgebung. Bring deinem Partner doch vom nächsten Spaziergang ein schönes Blatt von einem Baum, eine blühende Blume oder einen schön geformten Stein als kleine Aufmerksamkeit mit.
- Erkenne, wie viel Kraft in selbst gestalteten Geschenken liegt. Überlege einmal, was du gut kannst: vielleicht Malen, Töpfern oder Nähen. Vielleicht lohnt es sich auch, einen Kurs zu machen und beispielsweise ein Schmuckstück für deinen Partner herzustellen.
- Setze dir eine Wochen-Challenge: Mache deinem Partner oder deiner Partnerin an jedem Tag einer Woche ein kleines Geschenk oder bringe ihr etwas Besonderes mit! Wenn du sehr motiviert bist, kannst du den Zeitraum auch verlängern.
- Lege dir ein Notizbuch zu, in dem du Geschenkideen notieren kannst. Achte gut darauf, wann deine Partnerin oder dein Partner erwähnt, dass ihm irgendetwas gut gefällt. Schreibe es auf und schenke es zum nächsten Geburtstag.
- Falls du keine Ahnung hast, was du ihm schenken könntest, frage doch andere Experten: seine Familie oder enge Freunde. Sie haben manchmal richtig gute Ideen oder helfen dir, etwas Tolles zu organisieren.
- Schenke deinem Partner oder deiner Partnerin deine Anwesenheit. Indem du mit ihr zusammen ein Konzert oder ein Restaurant besuchst oder eine Party ihrer Wahl. Frage sie, worauf sie Lust hat, und unternimm einmal im Monat eine besondere Aktivität mit ihr.
- Schenke deinem Partner oder deiner Partnerin ein Buch. Lest es gemeinsam, lest es euch gegenseitig laut vor oder lest es parallel und tauscht euch einmal pro Woche über das aktuelle Kapitel aus.
- Mache deinem Partner ein nachhaltiges Geschenk: Pflanze einen Baum für ihn oder schenke ihm eine Topfpflanze, die jedes Jahr aufs Neue blüht – damit wirst du jedes Jahr aufs Neue Begeisterung in ihm wecken.

Wenn dein Partner die Liebessprache *Hilfsbereitschaft* spricht, kann es sein, dass er dich immer wieder um Unterstützung bittet und dich auffordert, ihm zu helfen. Er fühlt sich jedoch viel eher geliebt, wenn du nicht wartest, bis du darum gebeten wirst, sondern Unterstützung von dir aus zeigst. Das kann gut funktionieren mit folgenden Tipps:

- Schreibe eine Liste mit allen Bitten, die dein

Partner in den letzten Wochen an dich gerichtet hat, und erledige jede Woche eine dieser Bitten als Ausdruck deiner Liebe.

- Schreibe dir folgenden Satz auf: »Heute zeige ich dir meine Liebe, indem ich ...« und dann ergänze jeden Tag eine andere unterstützende Geste: Du kannst den Müll rausbringen, den Fahrradreifen flicken, den Rasen mähen, die Kinder abholen. Es müssen nicht immer große, lebensverändernde Gesten sein: Oft geht es um Hilfe bei alltäglichen Aufgaben.
- Bereite allein oder mit deinen Kindern eine Überraschung für deinen Partner oder deine Partnerin vor, wenn sie einmal nicht zu Hause ist.
- Gibt es einen Dienst, um den sie dich schon mehrmals gebeten hat? Wieso hast du diese Bitte bisher noch nicht erfüllt? Erweise ihr doch jetzt diesen Ausdruck der Liebe.
- Beginne ein großes Projekt, beispielsweise die Garage aufräumen oder den Keller entrümpeln, und sage deinem Partner, dass du das mit Liebe für ihn tust.
- Wenn du es dir finanziell leisten kannst: Beauftrage jemanden, deinem Partner oder deiner Partnerin unliebsame Arbeiten abzunehmen, zum Beispiel einen Reinigungsdienst oder einen Gärtnerservice.
- Frage deinen Partner oder deine Partnerin, welche Unterstützung sie sich ganz besonders von dir wünscht und worüber sie sich sehr freut. Und dann erfülle ihr diesen Wunsch, indem du kleine Veränderungen in deinen Alltag integrierst.

Wenn dein Partner oder deine Partnerin die Liebessprache *Zärtlichkeit und Intimität* spricht, stellt sie durch Körperkontakt Nähe und Bindung her. Der Verzicht auf Sex bedeutet für sie somit Liebesentzug – das solltest du keinesfalls missbrauchen. Die folgenden Tipps helfen dir, Liebe durch Intimität und Zärtlichkeit auszudrücken:

- Haltet im Alltag immer wieder mal Händchen.
- Berühre dein Gegenüber zwischendurch, beispielsweise wenn ihr gemeinsam beim Essen sitzt, ganz liebevoll mit dem Knie oder dem Fuß.
- Gehe auf ihn zu. Sage ihm, wie sehr du ihn liebst, umarme ihn lange und streichle ihm zum Beispiel über den Rücken. Mache das einfach so zwischendurch, nicht als sexuelles Vorspiel.
- Tritt hinter deinen Partner oder deine Partnerin, wenn sie sitzt, und massiere ihr die Schultern.
- Berühre sie auch in Gegenwart anderer, beispielsweise der Familie oder von Freunden. Lege den Arm um sie, während ihr euch mit den Gästen unterhaltet, oder lege ihr die Hand auf die Schulter, und zeige ihr so, wie sehr du sie wertschätzt und liebst, auch in Gegenwart anderer.
- Gehe deiner Partnerin oder deinem Partner entgegen, wenn er nach Hause kommt. Empfange ihn direkt an der Tür und begrüße ihn ganz liebevoll. Wenn du magst, mache das zu einer Routine.

Welche dieser Tipps möchtest du zukünftig anwenden?

____

____

____

Von welchen dieser Tipps wünschst du dir, dass dein Partner sie zukünftig anwendet?

Die Sprachen der Liebe müssen geübt werden. Wir werden nicht von einem Tag auf den anderen zu geübten Sprechern. Tauscht euch immer weiter darüber aus, wodurch ihr euch geliebt fühlt, und welche Gesten, Handlungen und Worte des anderen euch guttun.

In der Beziehung gehört werden

In vielen Beziehungen schleicht es sich über die Zeit ein, sich weniger Aufmerksamkeit entgegenzubringen, weniger in Kontakt zu sein, weniger zu sprechen und sich weniger auszutauschen, aber auch die Dinge, die gesagt werden, weniger intensiv wahrzunehmen. Vielleicht kennst du auch aus deiner Beziehung das Gefühl, nicht gehört und nicht verstanden zu werden. Das kann sich beispielsweise darin zeigen, dass

- dein Gegenüber Absprachen nicht einhält oder sich gar nicht erinnern kann, Absprachen getroffen zu haben,
- dass es im Gespräch immer wieder abschweift oder sich bewusst ablenkt, beispielsweise mit seinem Handy oder Blicken aus dem Fenster oder in den Fernseher,
- dass du auf Fragen, die du stellst, keine Antworten erhältst, sondern Schweigen entsteht.

All das sind Konsequenzen auf der Verhaltensebene, aber natürlich gibt es da noch die – für die Beziehung sehr viel relevanteren – Konsequenzen auf der emotionalen Ebene. Wenn wir uns nicht gehört und gesehen fühlen, fühlen wir uns in der Beziehung möglicherweise einsam und ungeliebt, zweifeln wir an den Gefühlen des Partners, und es stellt sich eine Wut oder Hilflosigkeit ein: das Gefühl, der Situation ausgeliefert zu sein.

Es ist absolut verständlich, dass unser Partner oder unsere Partnerin nicht zu jeder Zeit gleichermaßen aufnahmefähig ist. Wenn beispielsweise große Projekte im Job anstehen, die Kindererziehung herausfordernd ist oder es finanzielle Probleme gibt, kann es sein, dass der Partner gerade kein Ohr für deine Sorgen hat. Und trotzdem ist es wichtig, mit den eigenen Anliegen gehört zu werden.

Folgende vier Tipps können euch in der Beziehung dabei helfen, euch Gehör zu schenken und euch dabei auch wirklich zu verstehen.

Tipp 1: Öffne den Raum für ein Gespräch

Sicher kannst auch du gut nachvollziehen, dass man nicht immer gleich aufnahmefähig ist. Dass es Zeiten gibt, in denen es leichter fällt, dem Partner Gehör zu schenken, und solche, in denen die eigenen Themen viel Raum einnehmen. Es ist also im ersten Schritt sehr wichtig, zu überprüfen, ob der Raum für ein Gespräch gerade gegeben ist – ob er offen ist.

Generell gibt es im Tagesablauf jedes Paares Zeiten, in denen so ein Gesprächsraum eher geöffnet ist, und solche, in denen die Kapazitäten knapp sind. Vielleicht habt ihr morgens ein gemeinsames Frühstück, bei dem es sich lohnt, wichtige Themen anzusprechen, die dir auf dem Herzen liegen. Oder ihr seid morgens eher knapp dran und geht nach dem Aufstehen direkt aus der Tür. Dann ist euer Gespräch wohl besser am Wochenende aufgehoben.

Wann sind in eurer Beziehung generell Räume für Gespräche verfügbar?

Es kann schwer sein, zu akzeptieren, dass dein Gegenüber nicht immer ein offenes Ohr für deine Themen und Probleme hat. Wenn es dir gelingt, diese Tatsache anzunehmen, bietet dir das in jedem Fall die Chance, deine Energie auf das zu lenken, was wirklich nützlich ist: Räume zu finden, in denen ihr euch gut austauschen könnt.

Einerseits kannst du euren Tagesablauf analysieren und dir gemeinsam mit deinem Partner oder deiner Partnerin überlegen, wann ihr gut in Kontakt kommen könnt. Andererseits macht es Sinn, jedes Gespräch, bei dem du gern gehört werden möchtest, mit der Frage einzuläuten: »Hast du gerade Zeit und Energie? Ich möchte etwas mit dir besprechen!« Denn dieser Türöffner schützt dich im ersten Schritt vor groben Enttäuschungen und davor, deine Energie zu verschwenden, wenn es sowieso keine Chance gibt, gehört zu werden.

Wenn du bemerkst, dass es gerade Raum für dein Thema gibt, kannst du durch einen weiteren Schritt dafür sorgen, in diesem Gespräch auch zu bekommen, was du dir wünschst.

Tipp 2: Formuliere ein konkretes Anliegen

Ich höre so oft, dass Paare in der Kommunikation Enttäuschungen erleben, weil der Partner oder die Partnerin beispielsweise ungefragt Ratschläge gibt oder in anderer Weise der Erwartung nicht entspricht. Überlege dir also vor dem Gespräch, was du gerade brauchst! Und wenn du zum Beispiel feststellst, dass du mit deinem Anliegen lediglich Trost wünschst, dann kommuniziere das. Wir hatten zuvor das Beispiel mit dem eingelaufenen Pulli. Du holst deinen Pulli aus der Waschmaschine und stellst fest, dass er ganz klein geworden ist. Offenbar hast du die Maschine zu heiß eingestellt. Sage deinem Partner: »Oh je, schau mal, mein Lieblingspulli ist hin. Kannst du mich bitte trösten?« Dann weiß er, was du gerade brauchst, und die Wahrscheinlichkeit, dass er dir unpassend Ratschläge erteilt, verringert sich.

Stelle dir im nächsten Schritt die Frage: Wodurch würde ich mich getröstet fühlen? Wie müsste sich mein Partner / meine Partnerin verhalten, damit ich mich getröstet fühle? Und kommuniziere auch das: »Kannst du mich bitte in den Arm nehmen?«

Es gibt noch viele weitere Bedürfnisse, die du vielleicht gar nicht deutlich wahrnimmst. Stelle fest, was du brauchst, und kommuniziere auch diese gegenüber deinem Partner oder deiner Partnerin. Weitere Bedürfnisse sind beispielsweise

- Zustimmung und Unterstützung
- Ein Lösungsvorschlag
- Aufmunterung
- Ablenkung

Tipp 3: Mache deutlich, was die wichtigen Inhalte sind!

Sicher hat nicht jedes Gespräch die gleiche Relevanz. Die Information, dass dein Partner noch eine Rechnung überweisen muss oder den Termin mit dem Babysitter bestätigen soll, ist beispielsweise relevanter als das Gespräch darüber, wie sehr der Kollege heute genervt hat oder wie schön die Rosen im Garten blühen. Wenn wir über viele Dinge sprechen, ist die Gefahr umso größer, mit den wichtigen Inhalten nicht gehört zu werden – und auch dagegen kannst du etwas tun.

Wie du zukünftig wichtige Inhalte markieren kannst, besprichst du am besten mit deinem Gegenüber, damit ihr beide die gleiche Sprache sprecht. Generell kann es aber hilfreich sein, ein Signal oder Zeichen dafür festzulegen oder direkt zu sagen: »Ich möchte mit dir noch über ein wichtiges Thema sprechen. Dafür brauche ich deine ganze Aufmerksamkeit. Geht das gerade bei dir? Hörst du mir zu?«

Es kann auch hilfreich sein, danach noch einmal gemeinsam zu wiederholen, was besprochen wurde – im Sinne von: »Sind wir uns jetzt beide einig darüber, wie wir die Situation lösen / was die nächsten Schritte sind?« Diese einfachen Absprachen sorgen für Klarheit und dafür, dass du mit den wichtigsten Themen ganz sicher gehört wirst.

Wie könnt ihr zukünftig sicherstellen, dass ihr erkennt, wenn der andere etwas Wichtiges zu besprechen hat? Wodurch möchtet ihr euch das zukünftig deutlich mitteilen?

Tipp 4: Klärt, wodurch ihr euch verstanden fühlt!

Jeder Mensch hat sein ganz eigenes Konzept davon, was es bedeutet, zuzuhören und gehört zu werden. Sich über die eigenen Konzepte bewusst zu werden und Klarheit darüber zu erlangen, dass mein Konzept nur ein mögliches Konzept und nicht das allgemeingültige ist, sorgt für mehr Verbindung und Verständnis. Und es öffnet mich dafür, die Konzepte meines Gegenübers zu ergründen, zu verstehen und über ihn zu lernen. Folgende Fragen können euch helfen und einen Austausch anregen:

Was bedeutet Verständnis für euch?

Was bedeutet für euch, einander zuzuhören?

Wie habt ihr es in eurer Herkunftsfamilie erlebt? Wurde in der Herkunftsfamilie viel Verständnis gezeigt oder war das eher selten der Fall?

Wann habt ihr euch in eurer Partnerschaft schon einmal vollkommen verstanden gefühlt? Und wie hat sich euer Partner oder eure Partnerin damals verhalten?

Wann habt ihr euch einmal richtig gehört? Was habt ihr getan, dass der andere sich gehört gefühlt hat?

Wodurch fühlt ihr euch generell gut verstanden und gehört?

In der Beziehung gesehen werden

Wenn Paare zu mir in die Online-Paartherapie kommen, beschreiben sie oft einzelne Situationen, in denen es in ihrer Beziehung zum Streit gekommen ist. Sie beschreiben oft ganz genau, was der Partner gesagt oder nicht gesagt hat, was er getan hat, woran sie sich gestört haben und was sie verärgert hat. Beispielsweise:

- Mein Partner lässt überall seine dreckigen Socken herumliegen, obwohl ich ihm schon tausend Mal gesagt habe, wie sehr mich das stört.

- Meine Partnerin lässt immer wieder die Sitze im Auto umgeklappt. Wenn ich mit den Kindern irgendwohin fahren will, muss ich immer erst das gesamte Auto umbauen, während die Kinder quengeln.
- Mein Partner isst so oft das letzte Stück Pizza, ohne mich zu fragen, ob ich auch noch etwas möchte.

Gemeinsam schauen wir dann genauer hin: Wir überlegen, was diese Situationen gemeinsam haben und welche Themen dahinterliegen. Um was es eigentlich geht. Denn es ist selten die eigentliche Situation, die zu Enttäuschung und Frust führt. Es sind nicht die dreckigen Socken am Fußboden, die umgeklappten Autositze, das letzte Stück Pizza, das der Partner ungefragt gegessen hat. Die Themen dahinter sind andere. Und oft geht es hierbei um Wertschätzung. Darum, sich gesehen zu fühlen. Sich gehört zu fühlen. Sich geliebt zu fühlen. Ein Zitat, das in diesem Zusammenhang bedeutsam ist, stammt von Virginia Satir, der Begründerin der Familientherapie. Es lautet: »Ich glaube daran, dass das größte Geschenk, das ich von jemandem empfangen kann, ist, gesehen, gehört, verstanden und berührt zu werden. Das größte Geschenkt, das ich geben kann, ist, den anderen zu sehen, zu hören, zu verstehen und zu berühren. Wenn dies geschieht, entsteht Kontakt.«

Dieses Zitat ist berührend, denn es fasst in so kurzen und einfachen Worten zusammen, was wir uns in der Partnerschaft so sehr wünschen: uns gehört, gesehen und verstanden zu fühlen. Wenn das geschieht, fühlen wir uns wertgeschätzt und geliebt.

Wie sehr fühlst du dich von deinem Gegenüber gesehen auf einer Skala von 1 bis 10? 1 steht hierbei für »gar nicht gesehen«, 10 für »total gesehen«.

gar nicht gesehen – 1 2 3 4 5 6 7 8 9 10 + total gesehen

Was bräuchtest du, um dich besser gesehen zu fühlen?

Was wünschst du dir konkret von deinem Gegenüber?

Den anderen zu sehen, heißt, den anderen wahrzunehmen, mit allem, was er ist. Den Blick auch einmal tiefer zu richten als nur auf die Verhaltensebene. Den Partner in seinem ganzen Wesen zu erfassen. Die folgenden Reflexionsfragen können dir dabei helfen:

Was macht deinen Partner oder deine Partnerin für dich besonders?

Was liebst du an ihm/ihr?

Was macht deinen Partner oder deine Partnerin für dich aus?

Welches sind die Facetten und Eigenschaften, die er/sie am stärksten zeigt?

Welche Seiten von sich zeigt er/sie eher selten?

Was macht ihn/sie stark? Was schwach?

Welche Seiten mag er/sie an sich selbst, welche zeigt er/sie gern?

Welche ihrer Facetten lehnt er/sie eher ab?

Liebst du auch diejenigen Facetten, die er/sie selbst schwer akzeptieren kann?

Wofür brennt er/sie wirklich?

Was treibt ihn/sie im Leben an?

Was gibt ihm/ihr Kraft – was raubt ihm/ihr Kraft?

Was macht ihn/sie glücklich – was traurig?

___

___

___

Was wünscht er/sie sich?

___

___

___

Was sind seine/ihre tiefsten Sehnsüchte und Wünsche?

___

___

___

Stelle dich diesen Fragen und beginne, dein Gegenüber zu sehen. Mit allem, was es ist. Und wenn du es nicht weißt, frage nach! Wenn wir beginnen, den Partner wirklich zu sehen, bedeutet das nicht, bereits jetzt alles über ihn zu wissen. Es bedeutet vielmehr, sich gemeinsam auf die Suche zu machen. Sich in den Austausch zu begeben und sich kennenzulernen.

Wenn wir schon länger in einer Beziehung sind, neigen wir dazu, zu denken, wir wüssten jetzt alles über den Partner. Wir hören auf, Fragen zu stellen. Und verpassen damit all die Veränderungen, die er im Laufe der Zeit gemacht hat. Wir alle verändern uns täglich. Jedes Ereignis, jedes Erlebnis, jede Erfahrung – ob groß oder klein – ändert unsere Sicht auf die Welt. Wir müssen uns immer wieder miteinander verbinden, immer wieder miteinander in Kontakt kommen, uns immer wieder neu kennenlernen, von Veränderungen in unserem Denken und in unserer Sicht auf die Welt erzählen. Uns all diese Fragen, die am Anfang so selbstverständlich für uns waren, immer wieder neu stellen. Nur so bleiben wir in Verbindung. Nur so können wir unseren Partner wirklich sehen.

Im Alltag verlieren wir uns schnell aus den Augen. Wir verlassen morgens das Haus und kehren abends zurück, wir erzählen die wichtigsten Ereignisse des Tages, ohne uns Gedanken darüber zu machen, was der andere den ganzen Tag konkret getan hat.

Und deshalb vergessen wir, die Sitze im Auto zurückzuklappen. Weil wir nicht bildlich vor Augen haben, wie unser Partner, nachdem er in einem Kraftakt alle notwendigen Dinge zusammengepackt, eine Brotzeit vorbereitet und die Kinder angezogen hat, vor dem Auto steht und erst mal alle Sitze umklappen und die Kindersitze wieder befestigen muss.

Wir vergessen, was jede Aufgabe, jede Geste, jeder Gefallen, den unser Partner oder unsere Partnerin für uns tut, wirklich für sie bedeutet. Wir gewöhnen uns an den vollen Kühlschrank und vergessen, dass sie dafür wirklich den Weg zum Supermarkt auf sich nimmt, einen Einkaufszettel schreibt, zurückfährt, weil sie etwas vergessen hat, und all die Tüten allein ins Haus trägt. Wir vergessen, dass sie während des Spieleabends mit der Familie in Gedanken noch einmal die wichtigsten Punkte für das Meeting am nächsten Morgen durchgeht, weil sie ihrem Chef auf keinen Fall einen Nährboden für Kritik liefern will.

Wir vergessen, was jeder von uns tagtäglich im Kopf hat. Was im Leben des anderen los ist – also wirklich und konkret. Wie sein Leben aussieht. Wie sein Alltag aussieht. Nutze also heute die Chance und frage ihn:

- Wie sieht dein Alltag aus?
- Was beschäftigt dich?
- Wie kann ich dich in deiner Situation emotional unterstützen?
- Was wünschst du dir von mir?

Wir alle haben den Wunsch, gesehen und gehört zu werden. Wertgeschätzt und geliebt zu werden. Zu erfahren, dass wir für jemanden wichtig sind. Dass wir besonders sind. Wir denken, dem anderen müsste das schon von selbst auffallen. Und manchmal vergessen wir in diesem Zusammenhang, uns zu zeigen. Oder wir trauen uns nicht, alles von uns zu zeigen. Alles, was wir sind. Zum Sehen und Gesehenwerden gehören nämlich immer zwei. Einer, der genau hinschaut, und einer, der sich zeigt. Vielleicht hast du Angst, dass dein Partner dich nicht mehr lieben wird, wenn er die ganze Wahrheit über dich erfährt. Vielleicht denkst du, dass du dich deinem Partner gar nicht zumuten kannst oder darfst. Tatsächlich unterschätzen wir oft die Liebe, die uns wirklich entgegengebracht wird, und die Akzeptanz, die unser Partner aufbringen kann. Traue dich, dich mit allem zu zeigen, denn nur dann kannst du wirklich gesehen und geliebt werden.

Mit Kritik umgehen

Ganz egal, wie sehr wir unser Gegenüber lieben, wertschätzen, sehen und hören: Es wird immer auch Seiten an ihm geben, die stören. Es wird sich immer wieder auch auf eine Art und Weise verhalten, die wir nicht gutheißen können oder uns anders wünschen. Kritik bleibt in keiner Beziehung aus, auch nicht in der Partnerschaft.

Kritik ist nichts grundsätzlich Schlechtes. Kritik ist eine Chance, denn sie schafft die Möglichkeit zur Veränderung. Das ist oftmals nötig und darf gern in jeder Beziehung willkommen geheißen werden. Aber Kritik ist nur dann hilfreich, wenn sie ankommt.

Und sicherlich hast du auch schon das ein oder andere Mal erlebt, dass du kritisiert wurdest und dich angegriffen gefühlt hast. Und vielleicht auch sofort begonnen hast, dich zu verteidigen. Oder andersherum: Du hast deinen Partner kritisiert und er hat diese Kritik überhaupt nicht angenommen. Im Gegenteil: Vielleicht hat er widersprochen, versucht, sich herauszureden, oder ganz zugemacht und das Gespräch abgebrochen. Wenn so mit Kritik umgegangen wird, ist sie natürlich nicht sinnvoll. Und sie führt zu nichts. Schon gar nicht zu der Veränderung, die eigentlich gewünscht wird.

Tipp 1: Kritisiere konstruktiv und inhaltlich!

Gute Kritik erfüllt zwei Kriterien: Sie ist konstruktiv und inhaltlich. Konstruktive Kritik gibt eine Richtung vor, sie ist nicht anklagend oder bedrängend und drückt niemandem die Verantwortung auf.

Im Gegenteil: Sie zeigt einen Weg auf. Sie gibt die Chance zur Veränderung. Sie ist als Wunsch formuliert. Anstatt beispielsweise zu sagen »Immer muss ich dir hinterherräumen«, formuliere deine Kritik als Wunsch: »Ich wünsche mir, dass du zukünftig die Pfanne abspülst, nachdem du gekocht hast.« Dies zeigt einen direkten Weg aus dem Konflikt. Sie kritisiert und ist gleichzeitig versöhnlich. Konstruktive Kritik reicht die Hand.

Inhaltliche Kritik muss abgegrenzt werden zur persönlichen Kritik – zur Kritik an der Person. Denn es macht einen Unterschied, ob du ein Verhalten, einen Satz oder ein Wort kritisierst, das der andere gesagt hat, oder die Person an sich.

Es macht einen Unterschied, ob du sagst:

- »Du bist unehrlich.«
- »Du hast keine Ahnung.«
- »Du bist nicht gut genug.«

Oder ob du sagst:

- »Ich bin nicht mit dem einverstanden, was du sagst.«
- »Ich sehe das anders als du.«
- »Ich hätte mir gewünscht, dass du dein Versprechen gehalten hättest.«

Denn so kann dein Partner die Kritik besser annehmen. Sie eröffnet möglicherweise ein inhaltliches Gespräch über die Situation und ihr könnt gemeinsam Lösungen finden, anstatt dass eine Partei das Gefühl hat, angegriffen und kritisiert zu werden als die Person, die sie ist.

Tipp 2: Akzeptiere die Meinung deines Gegenübers

Du hast generell kein Recht, deinem Gegenüber seine Meinung abzuerkennen. Du darfst anderer Meinung sein. Du darfst nicht mit seiner Meinung einverstanden sein. Du darfst dir sogar wünschen, dein Gegenüber würde seine Meinung ändern – du darfst dir prinzipiell alles wünschen. Aber: Du hast kein Recht, ihm seine Meinung abzuerkennen. Respektiere, dass ihr unterschiedlicher Meinung seid.

Es macht einen großen Unterschied, ob du sagst:

- »Nein! Ich akzeptiere das nicht!«
- »Wie kannst du nur so denken!«

Oder ob du stattdessen sagst:

- »Ich verstehe deine Meinung, aber ich stimme dir nicht zu.«
- »Ich höre, was du darüber denkst, aber ich habe da eine andere Sicht.«

Denn Ersteres schafft Distanz und ihr entfernt euch voneinander. Es sorgt dafür, dass einer sich zurückzieht, und es sorgt in jedem Fall nicht dafür, dass ihr ein offenes und konstruktives Gespräch führen könnt über das, was stört, und über das, was ihr euch stattdessen wünscht.

Tipp 3: Sprich von dir

Und zwar nur von dir. Das kann zu Anfang schwerfallen. Ein kleiner Trick dabei ist, jeden Satz mit »Ich« zu beginnen. Dann kannst du gar nicht in das typische anklagende »Du hast … falsch gemacht!« verfallen. Du musst dann zwangsläufig bei dir bleiben. Und gerade in einem Gespräch über Dinge, die stören, ist es Gold wert, bei dir zu bleiben. So wirst du besser gehört mit dem, was du zu sagen hast, und – ein angenehmer Nebeneffekt – dein Gegenüber kann dir nicht widersprechen. Eine Anklage kann der andere sehr wohl niederschmettern. Deine Gefühle kann er dir nicht aberkennen.

Wenn es dir gelingt, bei dir zu bleiben, wirst du besser gehört! Ein einfaches Beispiel:

Anstatt zu sagen »Du hast schon wieder nicht die Küche aufgeräumt!« und damit das Risiko einzugehen, dass dein Partner oder deine Partnerin sich verteidigt, Ausreden vorbringt und gar nicht auf dein eigentliches Bedürfnis eingeht, sagst du besser: »Ich möchte gern, dass kein Geschirr hier steht, wenn ich koche. Kannst du deine Pfanne bitte noch aufräumen?«

Dein Bedürfnis kann man dir nicht aberkennen. Du nimmst der Diskussion jegliche Grundlage, indem du über dich und deine Bedürfnisse sprichst. Und du schützt deinen Partner davor, sich angegriffen zu fühlen.

Anders ist es natürlich, wenn du selbst Kritik zu hören bekommst.

Tipp 4: Überprüfe, ob die Kritik berechtigt ist

Bevor du beginnst, dich zu verteidigen, höre dir in Ruhe an, was dein Partner oder deine Partnerin zu sagen hat. Vielleicht formuliert sie sogar einen Wunsch. Möglicherweise gelingt ihr das jedoch nicht, dann kannst du selbst versuchen, den Wunsch in ihrer Kritik zu erkennen. In jedem Fall lohnt es sich, sich die Kritik erst einmal anzuhören und dann zu überlegen, ob die Kritik berechtigt ist. Ob die Sache, die dein Partner anspricht, etwas betrifft, was du selbst siehst. Was du selbst gern verändern würdest. Wo du dein Fehlverhalten selbst erkennen kannst, den Teil, den du zur Situation beigetragen hast.

Atme zwei oder drei Mal tief durch, bevor du antwortest. Das löst oftmals schon so viel und nimmt eine Menge Spannung aus der Situation. Vielleicht ist die Kritik berechtigt. Dann wirken die folgenden zwei kurzen Sätze wirklich Wunder:

»Du hast recht. Es tut mir leid!«

Diese beiden Sätze lösen so viel, wenn sie ehrlich und von Herzen kommen. Wenn du dein Fehlverhalten also selbst siehst, sei mutig und sprich diese Sätze aus. Komme deinem Partner entgegen und löse die Situation auf. Trage deinen Teil bei.

Ihr könnt dann auch über eure Wünsche und Bedürfnisse sprechen, aus der Kritik lernen und an der Situation wachsen. Wenn euch das gelingt, könnt ihr wirklich stolz sein, dass ihr eine solch ehrliche und wahrhaftige Beziehung führt.

Vielleicht kannst du deinen Anteil in der Situation aber auch nicht erkennen. Vielleicht hast du über das nachgedacht, was dein Gegenüber gesagt hat, und festgestellt, dass die Situation eigentlich nichts mit dir, sondern vielmehr mit seinem Verhalten zu tun hat. Dann kannst du ihm mitteilen, dass du mit der Kritik nicht einverstanden bist, und erklären, wie du die Situation siehst. Denke dabei an Tipp 1: Kritisiere sein Verhalten, nicht seine Person. Vergiss dabei nicht: Auch dann, wenn du das Gefühl hast, zu Unrecht kritisiert worden zu sein, darfst du deinem Gegenüber nicht seine Wahrnehmung aberkennen.

Und zum Abschluss möchte ich dir noch einen Tipp mitgeben, der vor allem dann wichtig ist, wenn dein Partner diese Regeln und Tipps nicht einhält, wenn es um Kritik geht:

Tipp 5: Du kannst es richtig machen

Ganz egal, wie sich dein Gegenüber verhält: Du kannst es richtig machen. Du kannst dich in jeder Situation dafür entscheiden, die Tipps zu befolgen. Du kannst dich immer wieder dafür entscheiden, von dir zu sprechen, konstruktiv zu bleiben, die Meinung deines Partners zu akzeptieren und Kritik nur inhaltlich zu üben. Egal wie verletzend, unfair oder gemein er wird. Egal wie sehr seine eigene Verletzung aus ihm spricht: Du hast die Wahl. Du musst da nicht mitmachen. Du kannst es anders machen. Und ich wünsche dir Stärke und Durchhaltevermögen, da gut bei dir zu bleiben.

Reflexion: Akzeptanz und Respekt – Wahrnehmung und Aufmerksamkeit

Meine wichtigsten Erkenntnisse aus diesem Kapitel:

Folgende Erkenntnisse habe ich schon umgesetzt:

Das möchte ich zukünftig noch ausprobieren:

Darüber möchte ich mich noch mit meinem Partner / meiner Partnerin austauschen:

Das durfte sich in meiner Partnerschaft bereits mit Blick auf die Akzeptanz und den Respekt, die wir uns entgegenbringen, und die Art und Weise, wie wir uns annehmen und wahrnehmen, verändern:

Das soll sich zukünftig in meiner Beziehung mit Blick auf die Akzeptanz und den Respekt, die wir uns entgegenbringen, und die Art und Weise, wie wir uns annehmen und wahrnehmen, noch verändern:

13. Alltag und Begegnung – Zeit und Gemeinsamkeit

Partnerschaften entstehen aufgrund der Gemeinsamkeiten zweier Menschen und wachsen an ihren Unterschieden. Trotzdem arbeite ich oft mit Paaren, die Sorge haben, an ihren Unterschieden zu zerbrechen. Die im Alltag immer wieder vor Herausforderungen stehen, unterschiedliche Bedürfnisse haben, unterschiedliche Vorstellungen davon, wie die gemeinsame Zeit gestaltet werden oder wer was in die Beziehung einbringen soll. Eure Unterschiede könnt ihr nicht verändern – ihr werdet niemals das Gleiche denken, fühlen und wünschen – aber ihr könnt lernen, die Unterschiede zu überbrücken und sie sogar für euch zu nutzen.

Reflexion der Konzepte

Nicht jedes Paar ist im Alltag mit den gleichen Herausforderungen konfrontiert und nicht in jeder Partnerschaft besteht der gleiche Wunsch nach gemeinsamer Zeit und Gemeinsamkeit. Lasst uns im ersten Schritt also einmal sehen, wie das in eurer Beziehung ist.

Wie viel Zeit verbringt ihr als Paar miteinander und wie zufrieden seid ihr mit dieser Zeit?

Wenn ihr etwas an eurer gemeinsamen Zeit verändern könntet, was wäre dann anders?

Wie würdet ihr euch im Alltag gern begegnen? Ihr könnt den Wunsch nach einem liebevollen Miteinander, nach gegenseitiger Fürsorge, nach einem respektvollen Umgang oder nach aufmerksamem Zuhören haben. Ihr könnt euch nach Nähe sehnen oder euch gegenseitig Raum geben wollen. Die Wünsche, die ihr an euren gemeinsamen Alltag habt, können vielfältig sein, und ihr beide könnt mitunter unterschiedliche, auf den ersten Blick schwer vereinbare Wünsche haben.

Sucht euch einige Wünsche heraus, wie ihr euch im Alltag gern begegnen würdet, und definiert die Konzepte etwas genauer:

So würden wir uns gern begegnen:	Das bedeutet für uns ganz konkret:
Beispiel: Jeder darf sein, wie er ist, und bekommt den Raum, den er braucht.	Beispiel: Wir dürfen uns an jedem Tag Zeit für uns selbst und unsere Hobbys nehmen, ohne das begründen zu müssen.

Mit welchen Herausforderungen seid ihr in eurem Alltag konfrontiert?

Wenn es euch gelingen würde, diese Herausforderungen zu meistern, was wäre dann konkret anders? Wie sollte es stattdessen sein?

Welche konkreten Wünsche hast du für euren gemeinsamen Alltag?

Was an eurem Alltag ist bereits jetzt richtig gut? Was dient euch und darf gern so bleiben?

Was sollte sich in eurer gemeinsamen Zeit noch verändern?

In welchen Bereichen gelingt es euch bereits jetzt gut, eure Zeit erfüllend zu gestalten?

Welche Rollen nehmt ihr in eurem Leben ein und in welcher Zeit stehen welche Rollen im Vordergrund?

In welchen Situationen und zu welchen Zeiten begegnet ihr euch als Paar?

Wo darf eure Partnerschaft noch mehr in den Vordergrund rücken?

Gemeinsamkeiten und Unterschiede

Vielleicht hast du bei der Erarbeitung der Antworten auf die Fragen im letzten Abschnitt festgestellt, wie unterschiedlich ihr in manchen Punkten denkt. Vielleicht stellst du dir manchmal die Frage, ob das überhaupt funktionieren kann: eine Beziehung zwischen zwei Menschen, die so unterschiedlich sind. Wenn es darum geht, wie viele Gemeinsamkeiten ein Paar haben muss, um gut zu funktionieren, und inwieweit sich beide voneinander unterscheiden sollen und dürfen, gibt es wie so oft kein Richtig oder Falsch!

Wichtig ist: Für das Paar muss es stimmen, es muss sich für beide richtig anfühlen.

Es gibt Paare, die fast schon verschmelzen. Die alles zusammen tun und in vielen Dingen die gleiche Meinung teilen. Die sich in den meisten Entscheidungen einig sind, wenig streiten und überall als Paar auftreten. Das ist wunderbar, wenn euch das guttut, euch gefällt und wenn es zu euch passt! Da gibt es nichts einzuwenden.

Und genauso ist es mit Partnerschaften, bei denen jede Person sehr selbstbestimmt lebt. Bei denen jeder sein eigenes Leben, seine eigenen Hobbys und seinen eigenen Freundeskreis hat. Die nur selten als Paar auftreten, und wenn doch, dann nicht so sehr wie eine Einheit wirken, sondern wie zwei völlig eigenständige Menschen, die es genießen, Zeit zusammen zu verbringen. Wenn das zu euch passt – perfekt!

Und natürlich gibt es auf dieser Skala noch viele Nuancen. Noch viel zwischen Schwarz und Weiß. Und das alles kann funktionieren, wenn es eben für euch das Richtige ist.

Dennoch lässt sich in den meisten Partnerschaften eine Entwicklung beobachten: Wenn zwei Menschen eine Beziehung beginnen, liegt der Fokus auf den Gemeinsamkeiten. Sie lernen sich kennen, verabreden sich, führen Gespräche, um herauszufinden:

- Passen wir zueinander?
- Gefällt mir der andere?
- Passen meine Einstellungen zu seinen?
- Teilen wir die gleichen Werte und Gedanken?

Und in diesem Prozess stellen sie vielleicht fest:

- Er hat die gleichen Ziele im Leben wie ich.
- Familie ist ihr genauso wichtig wie mir.
- Wir haben ein gemeinsames Hobby.
- Er mag den gleichen Stadtteil wie ich.
- Ihre Freunde sind ihr wichtig, so wie mir!

Der Fokus liegt also ganz eindeutig auf den Gemeinsamkeiten. Und die hat jedes Paar! Sonst würden die beiden Partner gar nicht den Weg zueinanderfinden. Das Paar versucht also im Kennenlernprozess, herauszufinden, wo sie sich ähneln. Wo sie übereinstimmen und wo es Gemeinsamkeiten gibt, auf denen man aufbauen kann. Zu Beginn einer Beziehung haben sie manchmal vielleicht sogar das Gefühl, der andere sei zu gut, um wahr zu sein. Sie entschließen also, die Beziehung einzugehen, und freuen sich, dass zu Beginn alles so beschwingt und scheinbar einfach funktioniert. Entscheidungen zu treffen, fällt leicht: Beide sind sich ähnlich und haben die gleichen Vorlieben und Wünsche. Über die Verhaltensweisen und Einstellungen, in denen sie sich unterscheiden, können sie in dieser Phase oftmals leicht hinwegsehen: Die Gemeinsamkeiten stehen im Vordergrund.

Im weiteren Verlauf der Beziehung passiert dann oftmals Folgendes: Die Gemeinsamkeiten werden zur Normalität. Die Partner gewöhnen sich an die Gemeinsamkeiten und nehmen sie nicht mehr bewusst wahr. Sie sind zu ihrem Alltag geworden. Sie freuen sich beispielsweise nicht mehr an jedem Tag darüber, dass der Partner einverstanden war, zusammenzuziehen. Ihnen ist nicht mehr bewusst, wie glücklich sie darüber waren, dass die Partnerin ebenfalls eine Familie gründen wollte. Ihnen fällt nicht mehr auf, wie eingespielt sie sind in der Freizeitgestaltung, im Alltag oder bei der Frage, was es heute Abend zu essen gibt. Was stattdessen auffällt, sind die Fehler des anderen. Die Makel. Oder anders gesagt: die Unterschiede. All die Dinge, in denen sie eben nicht unausgesprochen einer Meinung sind, die sie unterschiedlich handhaben. Und plötzlich ist da dieser Gedanke: Kann das überhaupt funktionieren?

An dieser Stelle ist es wichtig, den Fokus zurückzubringen auf die Ziele, Wünsche, Einstellungen und Verhaltensweisen, die ihr gemeinsam habt.

Worin seid ihr euch einig? Was habt ihr gemeinsam? Welche Dinge sind vielleicht schon selbstverständlich geworden, weil ihr sie vollkommen gleich seht und lebt?

Wenn es dir gerade schwerfällt, Gemeinsamkeiten zu finden, dann erinnere dich doch mal zurück an die Zeit, als ihr euch kennengelernt habt. An eure ersten Gespräche. An das, was du anderen Menschen über deinen Partner oder deine Partnerin erzählt hast. Vielleicht ist das schon eine ganze Weile her, aber möglicherweise fallen dir trotzdem noch einige Dinge ein, die du damals an dem anderen geschätzt hast – die ihr damals gemeinsam hattet. Wertschätze diese Gemeinsamkeiten und mache sie dir immer wieder bewusst.

Vervollständige die folgenden Sätze, um möglicherweise zu entdecken, wo ihr euch einig seid und was ihr gemeinsam habt:

Ich bin unheimlich froh, dass wir in unserer Beziehung ganz wie von selbst ...

Wir sind immer einer Meinung, wenn es um ...

In manchen Punkten verstehen wir uns einfach blind, zum Beispiel bei ...

Hast du gute Satzenden für dich gefunden? Dann teile sie doch heute mit deinem Partner oder deiner Partnerin. Bedanke dich doch einmal dafür, dass ihr in diesen Themen oft einer Meinung seid. Lege den Fokus in deiner Beziehung wieder auf genau diese Punkte, in denen ihr gut funktioniert.

Diese Einstellungen und Verhaltensweisen habt ihr gemeinsam. In diesen Themen könnt ihr euch verbinden, denn da gibt es kaum Raum für Konflikte oder Ablehnung. In diesen Themen seid ihr miteinander sicher. Sie stärken eure Beziehung und stellen das Fundament eurer Beziehung dar. Es ist so gut und so wichtig, diese Themen zu kennen und ihnen Wertschätzung entgegenzubringen.

Aber natürlich gehören auch Unterschiede in jeder Beziehung dazu. Natürlich versteht ihr euch nicht immer und uneingeschränkt blind. Natürlich habt ihr in einigen Themen unterschiedliche Herangehensweisen. Verschiedene Meinungen. Das ist normal. Ihr seid zwei Menschen mit zwei unterschiedlichen Lebensgeschichten. Ihr habt verschiedene Erfahrungen gemacht, unterschiedliche Lehren daraus gezogen und unterscheidet euch deshalb auch heute in euren Sichtweisen und Entscheidungen – und das ist gut und richtig so!

Dass ihr so unterschiedlich seid, könnt ihr weder beeinflussen noch verändern. Aber du hast die Wahl, wie du mit den Unterschieden in deiner Beziehung umgehst! Da gibt es verschiedene Möglichkeiten:

Zulassen, dass die Unterschiede euch trennen

Indem ihr euch immer nur damit befasst, was am anderen anders ist als an euch – möglicherweise sogar schlechter –, entfernt ihr euch über eure Unterschiede immer weiter voneinander. Sie wirken trennend anstatt verbindend. Ob dein Partner so denkt, kannst du nicht beeinflussen. Aber deine eigenen Gedanken und Verhaltensweisen hast du in der Hand. Anstatt also den Fokus auf die Unterschiede zu legen und sie trennend wirken zu lassen, kannst du viel eher folgendermaßen damit umgehen:

Vom Partner lernen

Sicher gibt es nämlich auch einige Punkte, in denen dein Partner oder deine Partnerin sehr gute Strategien gefunden hat, mit Situation umzugehen. Sicher gibt es einige Dinge, die sie sehr gut lösen kann – besser vielleicht als du. Indem du das anerkennst, verbindet ihr euch in diesem Unterschied. Dein Partner wird sich freuen, zu hören, dass du etwas von ihm lernen willst. Dass dir seine Lösungsstrategie gefällt. Dass er dein Vorbild ist. Vielleicht zeigt er dir sein Geheimnis. Erklärt dir, wie es ihm gelungen ist, diese gute Strategie zu finden. Lässt dich an seinen Erfahrungen teilhaben. Und verbindet sich so mit dir.

Sich vom Partner inspirieren lassen

Vielleicht bist du ab und zu neidisch auf deinen Partner oder deine Partnerin. Darauf, wie gut sie etwas kann. Wie leicht ihr etwas fällt. Wie konstruktiv sie mit Dingen umgeht. Vielleicht ärgert dich das regelrecht. Vielleicht macht es dich unzufrieden mit dir selbst und deiner eigenen Herangehensweise. Möglicherweise ruft es regelrecht Neid in dir hervor und sorgt dafür, dass du dich emotional von ihr entfernst.

Möglicherweise verändert der folgende Satz etwas für dich: »Neid ist die Nicht-Akzeptanz des Guten im anderen. Wenn wir das Gute im anderen akzeptieren, entsteht Inspiration.«

Anstatt abzulehnen, was dein Partner möglicherweise besser kann als du, nutze ihn als Inspirationsquelle. Übernimm das, was er bereits jetzt so wunderbar beherrscht, für dich! So lässt du deinen Partner so sein, wie er ist. Und gleichzeitig bereicherst du dich selbst.

Unterschiede können also Wunderbares bewirken, wenn wir sie reflektiert und konstruktiv für unsere Beziehung und unser Leben nutzen.

Wie kannst du eure Unterschiede zukünftig für dich und die Beziehung nutzen?

Es ist also wichtig, sich die Gemeinsamkeiten immer wieder bewusst zu machen, sie anzuerkennen und wertzuschätzen. Unterschiede müssen nicht zwangsläufig schlecht sein und trennend wirken. Viel eher können Unterschiede inspirieren und dafür sorgen, dass man voneinander lernt, die Beziehung verbessert und sogar von wichtigen Erkenntnissen und Erfahrungen des Partners oder der Partnerin profitiert.

Und trotzdem gibt es Unterschiede zwischen Partnern, über die man nicht sehr gut hinwegsehen kann. Die alles andere als eine Inspiration sind. Bei denen man die Sichtweise des Gegenübers weder übernehmen kann noch will. Die einfach nur stören und Konflikte verursachen. Und was hier helfen kann, sind folgende Punkte:

- Legt klare Absprachen und Regeln zwischen euch fest, die eure Unterschiede mit einbeziehen. Wenn zum Beispiel eine Person ein Morgenmensch ist, die andere morgens eher schlecht aus dem Bett kommt, könnt ihr vereinbaren, dass diejenige, der das Aufstehen leichter fällt, an jedem Tag die Kinder für die Schule weckt, und die andere als Ausgleich am Abend vorher die Pausenbrote vorbereitet.
- Grenze dich ab, mache dir immer wieder klar: »Ich trage nicht die Verantwortung für die Worte oder Taten meines Partners – er steht für sich und ich stehe für mich!«
- Nimm dir Zeit, die Dinge zu tun, die für dich selbst wichtig und richtig sind. Überprüfe, wie viel Verantwortung du übernommen hast, die eigentlich zu deinem Partner oder deiner Partnerin gehört. Wenn du beispielsweise feststellst, dass sie eine Aufgabe, die sie im Haushalt übernommen hat, noch nicht ausgeführt hat, gehe nicht über deine Grenze und übernimm diese Aufgabe nicht zusätzlich zu deinen eigenen Verpflichtungen. Überlasse es ihr, die Aufgabe auf ihre Art und Weise und in ihrem Tempo zu übernehmen, und frage dich stattdessen: »Was würde mir jetzt guttun?« Vielleicht möchtest du einen Spaziergang machen, ein Buch lesen oder jemanden anrufen, der dir nahesteht. Erkenne dich selbst an und stärke dich – denn dann wird es immer weniger wichtig, wie dein Partner die Dinge gestaltet, die in seiner Verantwortung liegen: Die Dinge, die du beeinflussen kannst, löst du so, wie es für dich gut und richtig ist.

Aktiv in Beziehung sein

Was mir viele Paare, die in der Online-Paartherapie mit mir arbeiten, mitteilen, ist, dass sie das Gefühl haben, in ihrer Beziehung nur noch nebeneinanderher zu leben. Vielleicht kennst du das auch aus deiner Beziehung. Nebeneinanderher zu leben, bedeutet, in der Beziehung beziehungslos zu sein. Und das bedeutet im Prinzip, dass ihr eine doppelte Einsamkeit lebt. Die Einsamkeit im fehlenden Kontakt miteinander, sodass ihr – jeder für sich – in der Beziehung einsam seid, und gleichzeitig aber auch eine lebensübergreifende Einsamkeit, denn solange ihr unverbunden miteinander in Beziehung seid, seid ihr ja auch mit keiner anderen Person in einer Beziehung.

Was sind deine Gedanken dazu? Erkennst du dich in diesem Bild wieder oder eher nicht?

Wenn du feststellst, dass auch du und dein Gegenüber eher nebeneinanderher leben, als aktiv in Beziehung zu sein, muss das nicht so bleiben. Wenn du deine Beziehung aktiv leben möchtest, kannst du das tun, denn du gestaltest deine Beziehung. Du erschaffst deine Beziehung – Tag für Tag! All deine Handlungen, deine Gesten, dein Umgang mit deinem Partner oder deiner Partnerin, gestalten eure Beziehung. Und natürlich ist das schöner und einfacher, wenn dein Partner direkt mitzieht und zurückgibt, aber selbst wenn nicht, hat deine Bemühung dauerhaft einen Einfluss auf ihn.

Deshalb ist es so wichtig, sich selbst klar zu werden, wie du deine Beziehung leben möchtest. Und diese Wunschbeziehung dann an jedem Tag umzusetzen, miteinander darüber zu sprechen, was du dir vorstellst und wünschst.

Wie möchtest du deine Beziehung leben? Wenn alles so richtig gut wäre, wie wäre es dann?

Möglicherweise erscheint dir das aktuell in deiner Partnerschaft noch nicht umsetzbar.

Vielleicht hast du das Gefühl, eure Beziehung würde nur noch von den Faktoren aufrechterhalten werden, die euch im Außen verbinden: eure Kinder, finanzielle Verpflichtungen oder ein gemeinsames Haus. Möglicherweise denkst du, ihr könntet nicht mehr ohneeinander leben, weil ihr durch diese Faktoren voneinander abhängig seid.

Menschen, die sich in dieser Situation befinden, haben oft das Gefühl, dass es überhaupt keinen Ausweg mehr für sie gibt! Wenn du dich darin wiederfindest, überlege doch mal:

Was hält dich wirklich bei deinem Partner oder deiner Partnerin? Sind es die Kinder? Das Haus? Finanzielle Abhängigkeit? Wie steht es mit der Liebe füreinander? Ist der Wunsch, ein gemeinsames Leben zu verbringen – unabhängig der äußeren Umstände – noch da?

Für eine glückliche und erfüllte Beziehung ist eins wichtig: Ihr sollt euch nicht brauchen. Ihr sollt auch ohneeinander können – aber nicht wollen. Eine Partnerschaft wird umso komplexer, je stärker ihr auch in eurem Lebensumfeld verbunden seid. Eine Familie zu gründen, Kinder zu bekommen, ein Haus oder eine Wohnung zu kaufen, sich finanziell aneinanderzubinden – das macht es schwer, die Beziehung aus dem reinen Wunsch zu führen, nicht ohneeinander zu leben. Schnell werden Themen wie Geld oder Kindererziehung dominant in der Beziehung, und euer Leben als Paar, die partnerschaftliche Kommunikation und das Miteinander kommen zu kurz.

Also nimm dir die Zeit, für dich zu überprüfen, was es ist, was dich in der Partnerschaft hält. Weshalb du die Partnerschaft, die möglicherweise aktuell weniger leidenschaftlich und stattdessen eher teilnahmslos stattfindet, noch aufrechterhältst.

Wenn du zu dem Ergebnis kommst, dass es wirklich nur die äußeren Umstände sind, die die Beziehung noch aufrechterhalten, lasse den Gedanken daran zu, wie du dein Leben weitergestalten möchtest, denn du hast ein Leben in Freunde, Glück und Erfüllung verdient!

Wenn du zu dem Ergebnis kommst, dass die Basis – die Liebe füreinander – noch da ist, dann gehe in Kontakt. Sprich mit deinem Partner oder deiner Partnerin über deine Gedanken und Gefühle. Durchbrecht die Strukturen, die euch dahin gebracht haben, wo ihr jetzt seid!

Welche Gedanken hast du dazu?

Welche dieser Gedanken sollte dein Gegenüber kennen?

Macht euch wieder klar, dass ihr ohneeinander könnt und dass es immer eine Lösung gibt. Dass ihr möglicherweise grundlegende Strukturen in eurem gemeinsamen Leben verändern müsst, weil sie euch nicht dahin gebracht haben, wo ihr hinwolltet, und stellt euch die Frage, ob das für euch eine Option ist. Und vielleicht gelingt es euch dann, zu dem Schluss zu kommen, dass ihr euch als Paar wieder näherkommen wollt. Ihr könnt euch heute entscheiden, eine neue Richtung einzuschlagen, wenn ihr das wollt!

Was darf sich konkret verändern? Welche Aspekte eurer Beziehung wollt ihr wieder stärken und wie wollt ihr das konkret umsetzen?

Möglicherweise stellst du auch fest, dass ihr euch nichts mehr zu sagen habt. Vielleicht hast du das Gefühl, nichts, was du dem Partner erzählen könntest, würde ihn wirklich interessieren. Möglicherweise hat er dir sogar schon einmal zurückgemeldet, dass ihn nicht interessiert, was du zu sagen hast. Oder es ist andersrum: Die Themen, mit denen sich dein Partner oder deine Partnerin beschäftigt, interessieren dich nicht mehr so sehr.

Möglicherweise hast du das Gefühl, ihr sprecht aneinander vorbei, und dass du deshalb keine Lust mehr hast, etwas von dir zu teilen. Dann ist es kein Wunder, dass ihr euch nebeneinander und nicht miteinander entwickelt. Denn sich im Gespräch zu begegnen, ist ein grundlegender Faktor, der in Partnerschaften zu gemeinsamem Wachstum führt.

Sich im Gespräch zu begegnen, ist die Voraussetzung dafür, eine erfüllte und glückliche Beziehung zu führen. Und zwar nicht nur in besonderen Situationen, nicht nach einem Streit, am Hochzeitstag, im Urlaub, sondern immer, heute, jetzt!

Selbst die Erkenntnis, sich nichts mehr zu sagen zu haben, kann geteilt werden. Deinem Gegenüber mitzuteilen, wie sich die Situation für dich anfühlt. Ihm mitzuteilen, dass auch du bemerkst, wie sehr ihr euch auseinanderentwickelt, kann ein erster Schritt in ein offenes und begegnendes Gespräch sein. Wie wird dein Gegenüber wohl reagieren, wenn es erfährt, dass du denkst, dass ihr euch nichts mehr zu sagen habt? Was wird es mit ihm machen, zu erfahren, dass in dir der Wunsch nach Verbindung steckt, der Wunsch, euch wieder näherzukommen?

Zuneigung wächst, je mehr wir voneinander wissen. Oft befürchten wir das Gegenteil: Wir haben Angst, uns zu zeigen mit all unseren Gedanken, Gefühlen und Wünschen, weil wir Angst haben, schwach zu wirken oder abgelehnt zu werden. In Wirklichkeit ist es aber so, dass Schwäche zu zeigen, die Bindung vertiefen kann.

Was möchtest du mit deinem Gegenüber teilen? Wovon soll er wissen? Worüber wollt ihr sprechen?

Wie könnt ihr zukünftig wieder Aktivität in eure Partnerschaft bringen? Was wollt ihr miteinander teilen? Was unternehmen? Was gemeinsam erleben?

Was waren die Aktivitäten und Themen, durch die ihr euch früher verbunden gefühlt habt?

Wie könnt ihr daran anknüpfen oder euch etwas ganz Neues aufbauen?

Routinen in der Partnerschaft

Viele Paare erleben, wie schwer es fällt, neue Verhaltensweisen in ihrer Partnerschaft zu etablieren und von möglicherweise destruktiven Verhaltensweisen auch dauerhaft Abstand zu nehmen. Hierbei können Routinen und Rituale helfen. Sie sind ein sehr wichtiges Element in vielen funktionierenden Partnerschaften. Sie können Sicherheit und Beständigkeit geben. Sie legen mitunter fest, wie man sich als Paar definiert, und geben der Partnerschaft in einem gewissen Maß einen Rahmen. Und das Beste ist: Diesen Rahmen könnt ihr selbst gestalten durch die bewusste Gestaltung eurer Routinen. Denn jede Beziehung verfügt über Routinen und Rituale. Diese sind jedoch oft unbewusst und nicht immer sehr verbindend oder konstruktiv.

Machen wir jetzt gemeinsam die Bestandsaufnahme:

Welche Routinen und Rituale gibt es in deiner Partnerschaft?

Was läuft immer nach dem gleichen Muster ab?

In welchen Punkten seid ihr ein eingespieltes Team?

Routinen und Rituale verstecken sich vor allem in solchen Aktivitäten und Zeiträumen, die sich in regelmäßigen Abständen wiederholen. Das kann das unbewusste Abendritual sein, gemeinsam eine Serie oder einen Film zu schauen und dabei vor dem Fernseher zu essen; es kann auch die Art und Weise sein, das Wochenende zu verbringen, dass es da Kaffee ans Bett gibt; oder ihr habt einen festen Ablauf für besondere Ereignisse, beispielsweise der Besuch im Lieblingsrestaurant am Jahrestag. All das sind Rituale. Es gibt die kleinen, die jeden Tag stattfinden, und solche, die sich wöchentlich, monatlich oder eben jährlich wiederholen. Und dann gibt es noch solche Rituale, die sich nur auf ganz besondere und nicht regelmäßig stattfindende Ereignisse in der Partnerschaft beziehen, beispielsweise die Geburt eines Kindes.

Überlege also:

Welche Routinen verfolgt ihr täglich?

Welche Routinen bestimmen eure Woche? Eure Wochenenden?

Welche jährlichen Rituale habt ihr?

Und welche anderen, vielleicht unregelmäßig stattfindenden Rituale sind Teil eurer Beziehung?

Und frage dich dann auch einmal:

Wie bewusst sind dir diese Routinen und Rituale eigentlich?

Hast du sie bewusst gewählt oder haben sie sich eher so eingespielt?

Zweiteres muss natürlich nichts Schlechtes bedeuten, es kann aber wichtig sein, sich bewusst zu diesem Ritual oder dieser Routine zu bekennen und sie als Teil der Partnerschaft anzuerkennen.

Wenn man sich jetzt mit der Frage beschäftigt, welche die guten, welche die richtigen Routinen und Rituale für deine Partnerschaft sind, so gibt es natürlich keine allgemeingültige Antwort. Es lässt sich aber sagen: Alles, was euch und eure Partnerschaft stärkt, ist gut! Jedes Ritual, von dem ihr profitiert, tut etwas Gutes für eure Beziehung und sollte beibehalten werden.

Allerdings lohnt sich schon einmal der Blick hinter die Kulissen, ob eine Routine eure Partnerschaft wirklich stärkt oder ob sie beispielsweise nur dafür sorgt, einem Konflikt, der längst ausgetragen werden sollte, aus dem Weg zu gehen. Manchmal haben wir zum Beispiel das Gefühl, dass jeden Abend gemeinsam fernzusehen unsere Beziehung stärkt, weil wir gemeinsam Zeit verbringen und etwas tun, was uns Freude bringt. Tatsächlich sitzen wir aber nur im gleichen Raum, schauen auf den Bildschirm und beschäftigen uns eigentlich überhaupt nicht miteinander. Diese Entspannung, die sich einstellt, vermittelt uns das Gefühl, etwas Gutes für unsere Beziehung zu tun, obwohl wir uns tatsächlich aus den Augen verlieren und uns mehr für das Befinden einer fiktiven Person im Film interessieren als dafür, wie der Tag unseres Partners oder unserer Partnerin war oder wie es ihr gerade geht.

Wenn du also jetzt die Routinen, die sich in deiner Partnerschaft etabliert haben, erkannt hast, überlege dir: Welche Routinen nähren deine Partnerschaft? Welche Rituale und Routinen tun euch gut?

Was wirkt verbindend und stärkt eure Beziehung?

Und diese Routinen und Rituale kannst du sehr gern in deiner Partnerschaft aufrechterhalten, wenn sich das für dich richtig anfühlt. Denn das ist, was Routinen tun sollen: unsere Partnerschaft nähren. Uns stärken und verbinden.

Welche Routinen wirken eher trennend oder helfen euch nicht dabei, die Beziehung zu leben, die ihr leben wollt?

Wenn du bemerkst, dass einige Rituale und Routinen nicht stärkend wirken, dass sie sogar trennend wirken und ihr euch dadurch aus den Augen verliert, lohnt es sich, darüber nachzudenken, ob ihr sie nicht ersetzen wollt. Ihr könnt sie direkt durch eine neue Routine, eine positive, stärkende Routine ersetzen. Oder ihr konzentriert euch zunächst nur darauf, diese Routine zu durchbrechen. Das ist nicht immer ganz leicht, denn sicher habt ihr dieses schwächende Verhalten, das so trennend wirkt, das Distanz aufbaut, schon eine ganze Weile lang eingeübt. Vielleicht seid ihr es so gewohnt, die Dinge so zu tun, wie ihr sie immer tut, dass es euch am Anfang richtig Mühe kostet, einmal etwas anderes zu probieren! Es ist anstrengend und macht vielleicht nicht sofort Spaß. Wichtig ist: Ihr solltet nun nicht den Anspruch haben, die neuen Rituale ab Tag 1 perfekt umzusetzen. Dass ihr nie schwach werdet oder die Dinge nie wieder so angeht, wie ihr sie früher angegangen seid. Dass ihr eure Abende nie mehr so verbringt, wie ihr es aktuell tut. Darum geht es nicht. Es geht darum, sich in einer neuen Routine zu üben. Die neue Routine immer wieder in Angriff zu nehmen und langsam – von Mal zu Mal – zu lernen, wie gut diese neue Routine euch tut. Nicht den Anspruch an euch zu haben, die neue Routine ab jetzt an jedem Tag perfekt umzusetzen, sondern es immer wieder zu versuchen. Jeden Tag aufs Neue. So lange, bis es an jedem Tag funktioniert, ohne euch Mühe zu kosten. Bis sie normal für euch ist und euren Alltag darstellt.

Denn dann, wenn diese neuen Routinen dein Alltag sind, dann stärkt dein Alltag deine Beziehung. Dann hast du Wachstum, Stärkung und Verbindung in deinen Alltag integriert. Dann hast du all die Dinge, die gut für dich sind – gut für deine Partnerschaft sind –, zu deinem Beziehungsalltag gemacht. Dann stärkst du deine Beziehung mit allem, was du tust, wie selbstverständlich.

Vielleicht hast du schon jetzt ein paar Ideen für tolle neue Routinen. Für solche Routinen, die dich stärken. Vielleicht sind diese Routinen aber auch noch ein Buch mit sieben Siegeln für dich. In jedem Fall werde ich dich jetzt dabei unterstützen, eine stärkende Routine in deiner Beziehung zu integrieren, und zwar ganz einfach zu Beginn im Rahmen einer Morgen- und Abendroutine. Und keine Sorge, so eine Morgen- oder Abendroutine muss nichts Großes sein! Es geht schlicht darum, sich am Morgen und am Abend miteinander zu verbinden. Wenn auch nur ganz kurz. Einmal miteinander in Kontakt zu kommen – in einen wahrhaften Kontakt. Und wie ihr das macht, darin seid ihr völlig frei.

Sehen wir uns im ersten Schritt die Morgenroutine an: Sinnvoll ist eine Routine, die sich leicht in euren Alltag integrieren lässt und nicht viel Zeit in Anspruch nimmt. Für die man vielleicht auch nicht unbedingt hellwach sein muss. Aber in der man sich verbindet, miteinander in Kontakt kommt.

Überlege zunächst, wie euer Morgen aktuell aussieht. Von dem Moment an, in dem der Wecker klingelt, gehen die meisten Menschen jeden Tag denselben Weg: duschen, Zähne putzen, Kaffee oder Tee machen, frühstücken, Unterlagen für die Arbeit packen, das Bett machen, sich fürs Büro stylen. Überlege kurz: Wie sieht dein Morgen aus? Und wie der deines Partners oder deiner Partnerin? Und wo gibt es die Möglichkeit, eure beiden Routinen für einen Moment zu verbinden? Das kann sein:

- Vor dem Aufstehen für einige Minuten kuscheln.
- Den anderen fragen, wie er geschlafen hat und wie er sich gerade fühlt, ob er gut im Tag angekommen ist.
- Gemeinsam eine Tasse Kaffee trinken.
- Dem Partner, der länger liegen bleiben kann, einen Kaffee ans Bett bringen und sich kurz auf die Bettkante setzen für ein paar Worte.
- Gemeinsam frühstücken und miteinander reden, statt nur Zeitung zu lesen.

Welche kurze oder auch längere Routine könnte für euch passen?

____

____

____

Und genauso verhält es sich mit der Abendroutine. Nicht an jedem Abend habt ihr gleich viel Zeit. Einige Abende sind verplant, einige Abende verbringt ihr vielleicht auch nicht gemeinsam und könnt deswegen keine länger dauernde Abendroutine pflegen. Und doch sollte es auch hier möglich sein, sich an jedem Abend einmal miteinander zu verbinden:

- Euch abends fragen, wie euer Tag war, was ihr erlebt habt und wie es euch geht – nicht nur als Floskel, sondern mit echtem Interesse.
- Im Bett einander ein Buch, eine kurze Geschichte oder ein Gedicht vorlesen.
- Ein schönes Abendessen zelebrieren.
- Einen Abendspaziergang machen, um noch mal an die frische Luft zu kommen.
- Sich mit einem Glas Wein oder einer Tasse Tee

zusammensetzen und den anderen fragen, womit er sich gerade beschäftigt.

Ihr braucht nicht an jedem Abend eine große Aktivität zu planen. Vielleicht reicht euch auch ein Abend pro Woche, an dem ihr euch bewusst Zeit füreinander nehmt und darüber sprecht, wie es euch geht und was euch beschäftigt. Aber zumindest solltet ihr euch abends, bevor ihr einschlaft, einmal wirklich miteinander verbunden haben und wissen, wie es dem anderen geht, wie er sich in der Beziehung fühlt und was ihn beschäftigt.

Welche Abendroutine passt zu deiner Beziehung?

Eine Routine zu etablieren, wirkt auf den ersten Blick nicht so schwierig, und trotzdem höre ich so oft: »Dafür habe ich keine Zeit!«

Dann überlege dir doch einmal, wofür du dir sonst so Zeit nimmst. Hast du Zeit für Netflix, für Überstunden oder für Sport? Hast du Zeit, deine Freunde und deine Familie zu treffen? Zeit, in die Kneipe zu gehen, um etwas zu trinken? Zeit zum Shoppen oder zum Zocken? Zeit für Social Media, Instagram und Co? Dann ist es nicht so, dass du keine Zeit für Routinen, Rituale und deine Beziehung im Allgemeinen hast, sondern dass du dir dafür keine Zeit nimmst, und auch das ist dann eine bewusste Entscheidung.

Es gibt Menschen, die keine Zeit für ihre Beziehung haben, weil sie Kinder zu versorgen haben – eine Familie haben. Wenn du dazugehörst, mach dir bitte bewusst, dass deine Beziehung die Basis deiner Familie ist. Deine Beziehung ist, worauf du deine Familie aufbaust. Wenn deine Beziehung zerbricht, was passiert dann mit der Familie?

Nimm dir bitte Zeit für deine Beziehung und das ist eine Entscheidung. Nimm dir Zeit, deine Beziehung zu pflegen, zu nähren und zu stärken, damit sie weiter die Basis für diese Familie sein kann.

Übe dich also in den nächsten Tagen und Wochen darin, Routinen in deiner Beziehung zu etablieren, die deiner Partnerschaft dienen. Und denke daran: Ihr könnt auch mal etwas ausprobieren. Nicht alles Neue ist gleich in Stein gemeißelt. Probiert aus, worauf ihr Lust habt. Probiert aus, was euch guttut. Und passt eure Routinen an eure Lebenssituation an, immer dann, wenn sich etwas ändert, oder wenn ihr merkt, dass eine alte Routine euch nicht mehr dient.

Die Säulen der Beziehung und das Beziehungskonto

Auf den nächsten Seiten möchte ich dir das psychologische Modell des emotionalen Beziehungskontos vorstellen. Es stammt von John Gottman und Howard Markman – sie haben die Grundlagen ehelicher Zufriedenheit untersucht und dabei dieses Modell entwickelt.

Das Beziehungskonto funktioniert ganz ähnlich wie ein normales Bankkonto. Du kannst auf das Beziehungskonto einzahlen. Beispielsweise in Form von Aufmerksamkeiten wie Geschenken oder lieben Worten gegenüber deinem Partner oder deiner Partnerin. Es geht nicht immer um materielle Einzahlungen. Du bekommst sehr wahrscheinlich ein paar Punkte auf deinem Beziehungskonto gutgeschrieben, wenn du deinem Partner ein Geschenk mitbringst – einen Strauß Blumen, das Lieblingsessen, ein schönes Schmuckstück. Aber sicher bekommst du auch Punkte gutgeschrieben – und zahlst somit ein –, wenn du deinem Partner zuhörst, ihn ernst nimmst und dir Mühe gibst, seine Gedanken und Gefühle nachzuvollziehen. Wenn du dir Zeit für ihn nimmst.

Und wie vom Bankkonto wird auch vom Beziehungskonto hin und wieder abgehoben. Nämlich genau dann, wenn du mehr nimmst, als du gibst, oder wenn du die Gefühle deines Partners verletzt, seine Bedürfnisse übergehst oder sein Vertrauen missbrauchst. Immer dann hebst du etwas vom Konto ab. Und wenn du davor regelmäßig eingezahlt hast und so dafür gesorgt hast, dass dein Konto im Plus ist, wird das meistens verziehen und fällt nicht so sehr ins Gewicht. Natürlich ist es trotzdem nicht erstrebenswert und auch nicht gut für deine Beziehung. Aber Verletzung lässt sich leider nicht immer vermeiden.

Richtig schwierig wird es, wenn ein Partner oder eine Partnerin über einen längeren Zeitraum oder in einem größeren Ausmaß vom Konto abhebt. So dass sie irgendwann im Minus ist. Dass ihr Beziehungskonto irgendwann leer ist, wenn nicht sogar überzogen.

Es ist nicht so, dass du zu Hause eine Strichliste darüber führen solltest, was dein Gegenüber für dich getan hat und was nicht. Das Beziehungskonto läuft tatsächlich meist komplett unbewusst ab. Doch wenn ihr über einen längeren Zeitpunkt ein Ungleichgewicht aufgebaut habt, weil einer mehr genommen als gegeben hat, wirst du bemerken, dass du dich in der Beziehung unwohl und möglicherweise auch vernachlässigt fühlst. Ohne das Modell des Beziehungskontos zu kennen, hast du also vielleicht schon einmal seine Auswirkung zu spüren bekommen.

Wenn in einer Partnerschaft die eine Person dauerhaft ihr Beziehungskonto überzieht, kann es passieren, dass die andere mit dem Gedanken spielt, diese unausgeglichene Beziehung zu beenden.

Das Beziehungskonto dient also als Metapher für die Bemühung um die Beziehung, für das Interesse aneinander, für vertrauenswürdiges Verhalten. All das wird von deinem Beziehungskonto abgebucht oder auf dieses Konto einbezahlt. Und ob du genug einbezahlt hast, ob du genug Interesse gezeigt und dich genug bemüht hast, darüber entscheidet dein Partner oder deine Partnerin. Andersrum ist es natürlich genauso: Ob die Worte oder Handlungen deines Gegenübers als Plus auf deinem Beziehungskonto landen, entscheidest du. Vielleicht hast du bereits die Erfahrung gemacht, dass du etwas Liebevolles oder Gutes für deinen Partner getan hast, es aber gar nicht angekommen ist. Möglicherweise hat es ihn nicht besänftigt oder erfreut, so wie du das geplant hattest. Weil er entscheidet, was bei ihm ankommt. Das kann damit zu tun haben, dass ihr verschiedene Liebessprachen sprecht (siehe Kapitel 12) und du in einer Währung auf sein Konto einbezahlst, die er nicht annimmt. Es kann aber auch daran liegen, dass dein Konto beispielsweise so weit im Minus ist, dass deine liebevolle Geste ein Tropfen auf den heißen Stein ist, der dich so schnell nicht wieder ins Plus bringt.

Zu Beginn der Beziehung, wenn Paare frisch verliebt sind, dann zahlen sie meistens kräftig ein. Sie nehmen sich viel Zeit füreinander. Sie überlegen sich Überraschungen, tun Dinge gern dem Partner zuliebe, geben sich Mühe und präsentieren sich von ihrer besten Seite. Häufig ist es so, dass dieses Engagement für die Beziehung mit der Zeit abnimmt. Manchmal ist dann bereits so ein großer Puffer auf dem Konto, dass man davon noch eine Weile ganz gut leben kann und es nicht direkt eine Krise gibt, weil mal nichts einbezahlt wird. Aber dieser Puffer ist mit der Zeit aufgebraucht. Einerseits, weil immer mal die ein oder andere Situation dazu führt, dass etwas vom Konto abgehoben wird. Andererseits, weil Verhalten häufig als selbstverständlich vorausgesetzt wird. Für Treue beispielsweise gibt es in den meisten Beziehungen nicht jeden Tag aufs Neue eine Einzahlung auf das Beziehungskonto. In vielen Beziehungen werden aber auch alltägliche Aufgaben wie Kochen oder Wäschewaschen zur Selbstverständlichkeit. Und so passiert es häufig, dass Paare sich nach einer gewissen Zeit in der Beziehung nicht mehr wertgeschätzt fühlen.

Machen wir das Beziehungskonto in deiner Partnerschaft einmal sichtbar: Wie erfüllt sind die einzelnen Bereiche des Beziehungskontos in eurer Partnerschaft? Nehmt euch gern zwei verschiedenfarbige Stifte und tragt jeder für sich in die folgenden beiden Abbildungen ein, wie viel ihr beide in den jeweiligen Säulen eurer Beziehung beitragt. Einige Säulen werden stärker ausgefüllt sein als andere. In einigen Säulen wird die eine Person mehr beitragen als die andere. Nehmt euch Zeit, eure Wahrnehmungen zu besprechen und die Säulen zu füllen.

Beziehungskonto: Wie erfüllt fühlt sich Partner A in den einzelnen Bereichen?

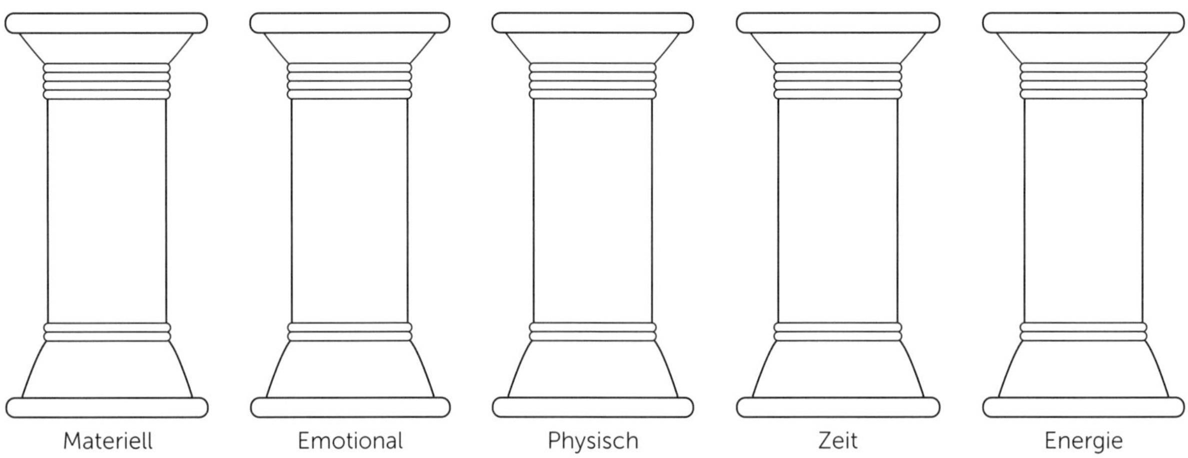

Beziehungskonto: Wie erfüllt fühlt sich Partner B in den einzelnen Bereichen?

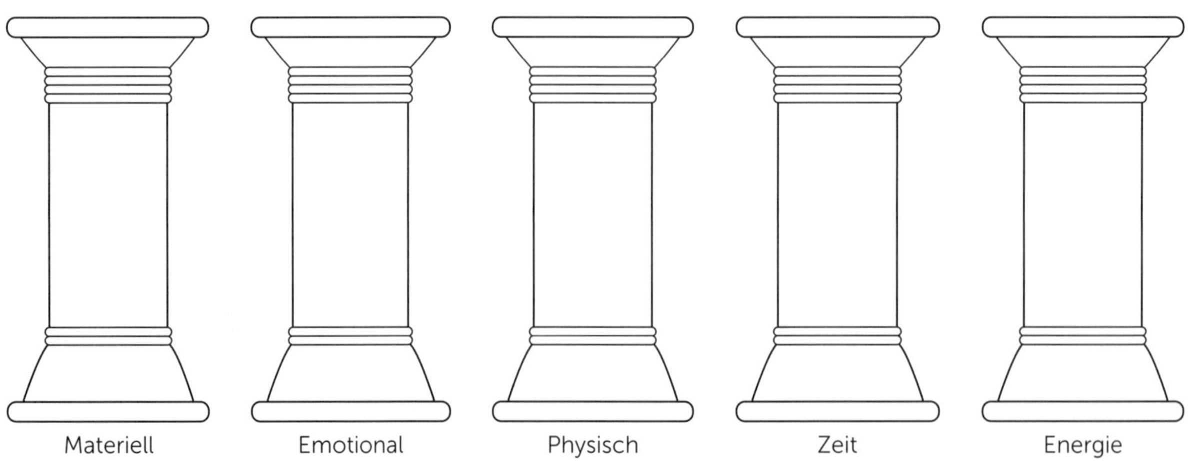

Die *materielle* Säule wird mit allem gefüllt, was ihr an materiellen Gütern in die Beziehung einbringt. Hier geht es natürlich um die Finanzen, darum, wer die gemeinsamen Ausgaben trägt, aber auch um Geschenke und materielle Aufmerksamkeiten.

Die *emotionale* Säule beschreibt, wer in der Beziehung wie viel emotionalen Halt gibt und wie viel der Themen auffängt. In welchem Maß ihr einander den Rücken stärkt.

In der *physischen* Säule könnt ihr markieren, wer in der Beziehung wie viel der zu erledigenden Arbeit übernimmt. Hier kann es sich um den Haushalt handeln, darum, Dinge zu reparieren, den Garten in Ordnung zu halten oder sich sonst wie mit der eigenen Körperkraft einzubringen.

Die Säule *Zeit* beschreibt, wer in der Partnerschaft wie viel seiner Zeit zur Verfügung stellt. Das kann Zeit bedeuten, die ihr aktiv zusammen verbringt, oder auch Zeit, in der ihr gemeinsame Dinge plant und euch mit der Partnerschaft beschäftigt.

Die letzte Säule beschreibt, inwieweit ihr die euch zur Verfügung stehende Energie für eure Partnerschaft nutzt. Inwieweit setzt ihr euch dafür ein, Konflikte zu klären, einander zuzuhören und das zu geben, was es gerade braucht. Wie sehr setzt ihr eure Energie für die Partnerschaft ein?

Wie geht es dir, wenn du die fertig ausgefüllten Säulen betrachtest?

In welchem Maß wirken die Säulen ausgeglichen? Wie bringt ihr beide euch ein?

Welche Säulen sind gut gefüllt und stellen euch bereits jetzt vollkommen zufrieden?

In welchen Bereichen eurer Beziehung gibt es noch Verbesserungsbedarf? In welchen Säulen darf sich noch etwas verändern?

Wie soll es zukünftig sein? Was kannst du aktiv beitragen, um die schwachen Säulen der Partnerschaft zu stärken?

Was wünschst du dir von deinem Gegenüber?

Jede Person hat in einer Beziehung im gleichen Maß dafür Sorge zu tragen, dass das Konto im Plus ist. Dass sie regelmäßig einzahlt und somit dafür sorgt, dass sich das Gegenüber wertgeschätzt, geliebt und verstanden fühlt. Macht euch euren Kontostand also immer wieder einmal sichtbar, beispielsweise durch diese Säulenübung. Sprecht frühzeitig darüber, wenn ihr das Gefühl bekommt, ein Partner hebt mehr ab als der andere, und bleibt im Kontakt darüber, was ihr einzahlen könnt und in welchen Bereichen eure Fähigkeiten und Stärken liegen.

Das Ziel eines Beziehungskontos liegt nicht darin, dass jeder Partner genau 50 Prozent einzahlt. Im besten Fall gibt jede Person das in die Beziehung, was sie in Leichtigkeit geben kann, und ihr ergänzt so eure Fähigkeiten im Gesamtbild zu einer ausgeglichenen und glücklichen Beziehung.

Gemeinsame Zeit und Rollen in der Partnerschaft

Häufig haben Paare wenig gemeinsame Zeit, weil sie mit Erwartungen von außen konfrontiert sind. Damit, was sie in anderen Bereichen ihres Lebens zu tun haben und welche Leistung dort von ihnen verlangt wird. Nicht immer können wir verändern, was von uns erwartet wird. Nicht immer haben wir einen Einfluss darauf, wie viel Zeit für die Partnerschaft bleibt. Dennoch ist es sinnvoll, sich einmal bewusst zu machen, welche Rollen du in deinem Leben zu erfüllen hast und wie zufrieden dich diese Situation macht.

Sehen wir uns einmal den Ist-Zustand eurer Zeitverteilung an. Jede Person trägt in ein Tortendiagramm in die folgende Abbildung ein, wie viel Zeit sie den einzelnen Rollen und Aufgaben ihres Lebens widmet.

Trage also in eines der beiden Tortendiagramme ein, wie viel Zeit du aktiv für deine Partnerschaft aufbringst, wie viel Zeit für deinen Job, deine Freunde und die Familie oder die Freizeit. Du kannst das Tortendiagramm auch durch eigene Rollen und Lebensbereiche ergänzen. Möglicherweise hast du ein zeitaufwendiges Hobby, einen Nebenjob, oder du bemerkst, dass du viel Zeit vor deinem Smartphone, Laptop oder dem Fernseher verbringst. All diese Aspekte deines Lebens kannst du in das Tortendiagramm einzeichnen.

Wie viel Zeit verbringe ich womit?

- ☐ Partnerschaft
- ☐ Freunde und Familie
- ☐ Hobbys und Zeit für mich
- ☐ Job
- ☐ ______________________
- ☐ ______________________

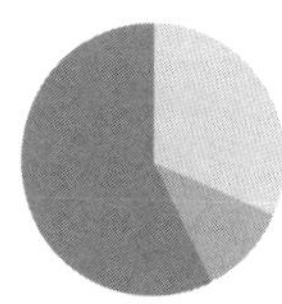

Beispiel

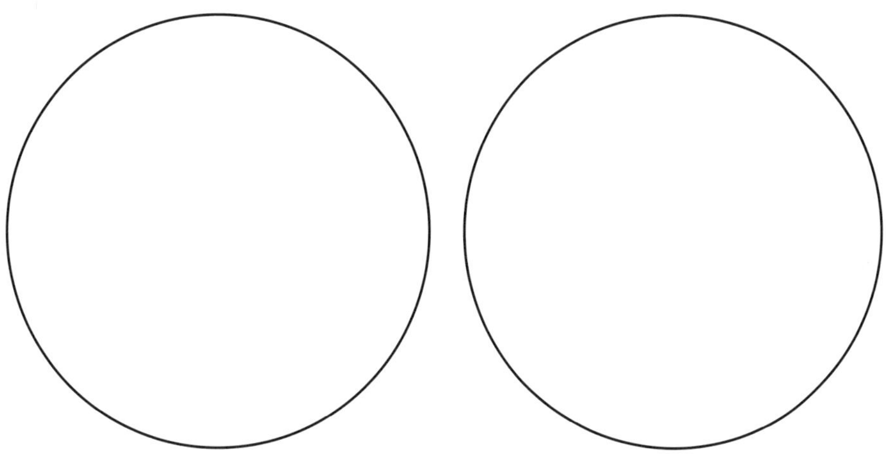

Wie geht es dir damit, die Zeitverteilung deines Lebens im Tortendiagramm zu sehen?

____

____

____

Welchen Bereichen deines Lebens würdest du gern mehr Zeit widmen?

Welche Bereiche deines Lebens dürfen künftig weniger Zeit in Anspruch nehmen?

Zeichne in einem zweiten Diagramm in der folgenden Abbildung ein, wie der Wunsch-Zustand deiner Zeitverteilung aussehen würde. Ein Kreis ist wieder für dich und der andere Kreis für deinen Partner oder deine Partnerin. Ergänze auch hier Bereiche, die zu deinem Leben passen. Du kannst im Diagramm auch Bereiche ergänzen, die aktuell keinen Platz in deinem Leben haben.

Wie viel Zeit möchte ich womit verbringen?

- ☐ Partnerschaft
- ☐ Freunde und Familie
- ☐ Hobbys und Zeit für mich
- ☐ Job
- ☐ ____________
- ☐ ____________

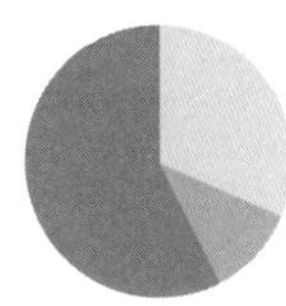

Beispiel

Worin siehst du die größten Unterschiede zwischen dem Ist-Zustand und dem Wunsch-Zustand deiner Zeitverteilung?

Wie geht es dir, wenn du den Wunsch-Zustand betrachtest?

Was könnte sich in deinem Leben verändern, wenn es dir gelingt, diesen Wunsch-Zustand mehr und mehr zu deiner Wirklichkeit werden zu lassen?

Was kannst du aktiv tun, um dein Leben vom Ist-Zustand zu deinem Wunsch-Zustand zu verändern?

Schreibe drei Dinge auf, die du ab heute konkret verändern wirst, um mehr Zeit für die Aspekte deines Lebens zu haben, die dir wirklich wichtig sind:

Reflexion: Alltag und Begegnung – Zeit und Gemeinsamkeit

Meine wichtigsten Erkenntnisse aus diesem Kapitel:

Folgende Erkenntnisse habe ich schon umgesetzt:

Das möchte ich zukünftig noch ausprobieren:

Darüber möchte ich mich noch mit meinem Partner / meiner Partnerin austauschen:

Das durfte sich schon in unserem Alltag und der Art und Weise, wie wir uns begegnen, verändern:

Das soll sich zukünftig in meinem Beziehungsalltag und bei der Art und Weise, wie wir uns begegnen und unsere gemeinsame Zeit verbringen, verändern:

14. Aufarbeitung und Entwicklung

In meiner Arbeit erlebe ich oft Paare, die immer wieder an derselben Stelle scheitern und denen es nicht gelingt, ihre Beziehung weiterzuentwickeln, weil es noch alte Verletzungen gibt. Vertrauensbrüche oder andere negative Erfahrungen, die bisher nicht aufgearbeitet werden konnten. So verharren sie lange in der Vergangenheit und können ihre Partnerschaft nicht wirklich leben. Sie fühlen sich in der Beziehung nicht erfüllt und glücklich, sondern einsam, verletzt oder verloren.

In diesem Kapitel befassen wir uns damit, wie ihr alte Verletzungen aufarbeiten könnt, um eure Beziehung weiterzuentwickeln.

Reflexion zur Aufarbeitung und Entwicklung

Ihr habt in den letzten Kapiteln schon viel Wissen und einige Techniken an die Hand bekommen, die euch dabei helfen können, eine glückliche und erfüllte Beziehung zu leben. Das bedeutet nicht, nie wieder mit Herausforderungen konfrontiert zu sein, sondern zu lernen, konstruktiv mit Schwierigkeiten umzugehen und sie gemeinsam gut zu lösen.

Lasst uns einmal reflektieren, wie euch das bereits gelingt, was es noch aufzuarbeiten gibt und was sich in eurer Partnerschaft entwickeln darf.

Was tut euch und eurer Beziehung so richtig gut?

Was ist aktuell vielleicht noch schwierig?

Wann gibt es vielleicht doch einmal einen Konflikt oder Streit, wann habt ihr ein Tief?

Warum bringen euch speziell diese Situationen noch so aus dem Gleichgewicht, obwohl ihr andere Situationen wunderbar meistern könnt?

Was ist an den schwierigen Situationen anders?

Welche Themen sind noch offen? Welche unbearbeiteten Verletzungen gibt es?

Was muss unbedingt noch aufgearbeitet werden, damit es euch dauerhaft gut miteinander gehen kann?

Welche Themen kommen immer wieder auf den Tisch und fanden bisher noch keinen Abschluss?

Was möchtet ihr in eurer Beziehung noch etablieren, was ihr bisher nicht umgesetzt habt?

Was wünscht ihr euch für die Zukunft?

Welche Entwicklung darf eure Beziehung noch machen?

Was möchtet ihr noch miteinander ausprobieren?

Welche Wünsche gibt es vielleicht noch, die ihr bisher noch nicht miteinander geteilt habt?

Alte Verletzungen und Themen aufarbeiten

In beinahe jeder Beziehung kommt es hin und wieder zu Verletzungen und Enttäuschungen. In einigen Partnerschaften kommen diese alten Verletzungen jedoch immer wieder auf den Tisch. Das Paar findet keinen Abschluss, in jedem neuen Konflikt wärmen die beiden Partner alte Konflikte wieder auf. Oder es fällt ihnen schwer, dem Gegenüber wieder zu vertrauen, weil die alte Verletzung auch nach Jahren noch zu präsent und nicht gut aufgearbeitet ist.

Verletzungen aufzuarbeiten – vor allem, wenn sie schon sehr lange Teil der Beziehungsgeschichte sind und sich über die Jahre zu immer tieferen Verletzungen weiterentwickelt haben –, kann herausfordernd sein. In diesem Kapitel teile ich einen Weg mit dir, alte Verletzungen dauerhaft aufzuarbeiten, sodass sie in zukünftigen Konflikten keine Rolle mehr spielen.

Schritt 1: Bewusstheit schaffen

Macht euch bewusst, welche Verletzungen aufgearbeitet werden müssen. Im vorherigen Kapitel habt ihr bereits in der Reflexion Themen gesammelt, die immer noch unbearbeitet sind. Außerdem könnt ihr die folgende Übung nutzen, um die Themen in eurer Beziehungsgeschichte zu erkennen, die noch keinen guten Abschluss gefunden haben.

Zeichnet in die folgende Abbildung eure Beziehungslinien ein: Wie nah und wie distanziert habt ihr euch in den verschiedenen Phasen eurer Beziehung gefühlt? Je distanzierter, desto mehr nach unten geht die Linie. Je mehr ihr in Verbindung wart, desto mehr geht die Linie nach oben. Markiert jetzt deutlich die Punkte eurer Beziehung, an denen es Verletzungen gegeben hat, die bis heute noch nicht aufgelöst und verziehen werden konnten.

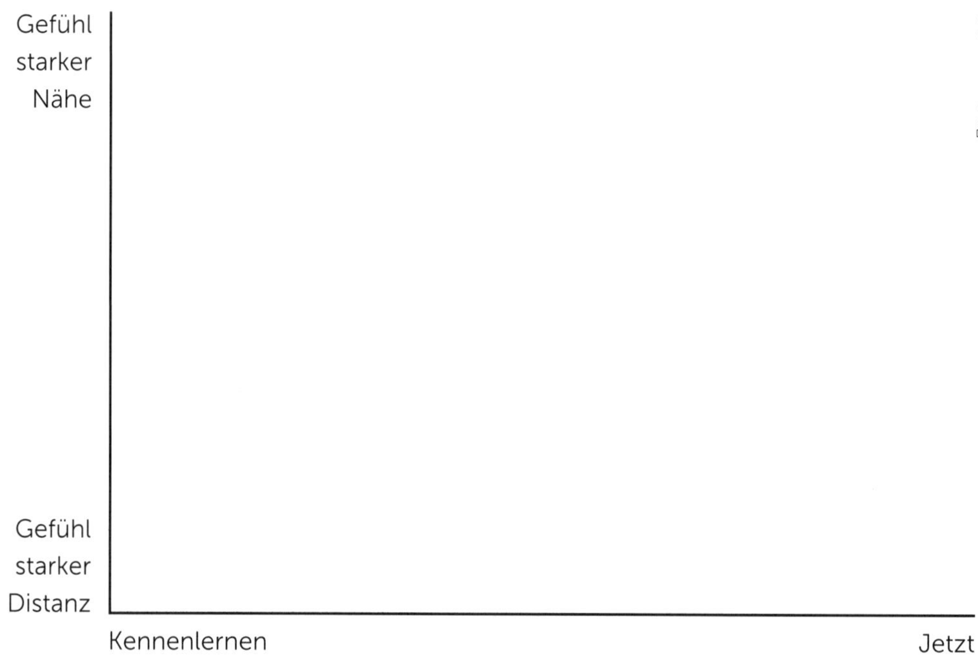

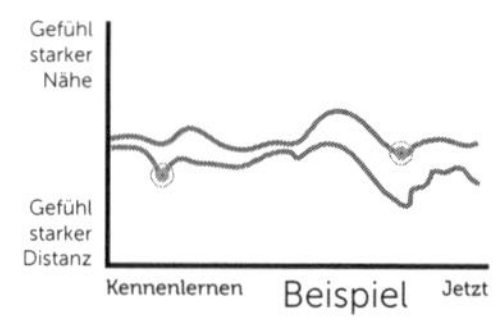

Beispiel

Beziehungslinie mit Verletzungen

Erstellt jetzt eine Liste all der Themen, die ihr sammeln konntet, und schreibt auf, wer von euch dieses Thema einbringt – wer also bisher noch nicht mit dem Thema abschließen konnte.

Thema	Wer bringt es ein?

Schritt 2: Einen Lösungsraum öffnen

Genauso wie bei der Lösung von Konflikten muss für die Aufarbeitung alter Themen ein geeigneter Raum geschaffen werden. Ihr müsst also beide offen sein, einander zuzuhören und zu einer Einigung zu kommen. Außerdem solltet ihr euch an einem sicheren Ort befinden und genug ungestörte Zeit zur Verfügung haben. An einem Abend sollten zudem nicht mehrere alte Themen bearbeitet werden. Ihr solltet euch stattdessen auf ein Thema pro Gespräch einigen. Hier geht es auch darum, für sich selbst einzustehen und sich für die Arbeit am eigenen Thema einzusetzen. Die Person, die zum jeweiligen Zeitpunkt ein Thema einbringt, sollte bereit sein, sich zu öffnen und sich fähig fühlen, der anderen zu verzeihen, wenn das Gespräch konstruktiv verläuft. Die andere Person sollte bereit sein, zuzuhören und ihr Gegenüber anzunehmen mit allem, was zu diesem Thema zu tun und zu sagen ist.

Solltet ihr feststellen, dass sich mehrere Themen auf eurer Liste befinden, kann es sinnvoll sein, eine Art Lösungsroutine zu entwickeln. Ihr könnt euch beispielsweise so lange für einen Abend pro Woche oder Monat verabreden, bis alle Themen bearbeitet sind. Findet hier einen Umgang, der sich für euch stimmig anfühlt.

Wie wollt ihr dafür sorgen, dass die Themen angegangen werden und ein geeigneter Raum zur Verfügung steht?

Schritt 3: Die Voraussetzungen und das Vorgehen besprechen

Themen kommen immer wieder an die Oberfläche, wenn sie noch keine wirklich zufriedenstellende Heilung erfahren haben. Damit ihr euer Thema in diesem Gespräch also wirklich tiefgreifend bearbeiten und damit abschließen könnt, ist es wichtig, im Vorfeld zu besprechen, was das Thema braucht, damit es gelöst werden kann. Typische Gesten oder Handlungen, die benötigt werden, um ein Thema abzuschließen, sind beispielsweise die folgenden:

- Eine Entschuldigung
- Die eigene Sichtweise erzählen können und damit gehört werden
- Eine konkrete Lösung oder Absprache
- Ein Versprechen oder eine Zusage
- Aufmerksamkeit und Verständnis

Die Person, die das Thema einbringt, sollte also im Vorfeld reflektieren, was es braucht, um das Thema gut abzuschließen zu können, und diesen Wunsch zu Beginn des Gesprächs dem Gegenüber mitteilen.

Was braucht es, um das Thema, das ihr gerade bearbeiten wollt, abzuschließen?

Was brauchst du dafür konkret von deinem Gegenüber?

Woran würdest du merken, dass du gerade genau das bekommst, was du dir wünschst?

Wie sollte sich dein Gegenüber in keinem Fall verhalten?

Wie sollte der Satz konkret formuliert sein oder die Handlung oder Geste konkret aussehen, die du dir von deinem Gegenüber wünschst, damit du sie gut annehmen kannst?

Was könntest du heute überhaupt nicht annehmen?

Damit euer Gespräch trotz der Schwierigkeit einen guten Abschluss finden kann, ist es sinnvoll, bereits jetzt darüber zu sprechen, wie ihr euch nach dem Gespräch wieder versöhnen und annähern könnt. Strategien zur Versöhnung habt ihr bereits in Kapitel 9, »Schritt 5: Annäherung und Versöhnung«, für euch entwickelt – nutzt sie auch hier wieder.

Schritt 4: Das Thema bearbeiten

Was es braucht, um das Thema gut zu bearbeiten, hängt von euren Bedürfnissen und Wünschen ab. Es kann sein, dass ein Partner oder eine Partnerin ihre Sichtweise einer Situation aus der Vergangenheit schildern und dabei getröstet oder gehalten werden möchte. Vielleicht müsst ihr für eine konkrete Situation auch tatsächlich eine Lösung entwickeln oder es braucht eine Entschuldigung.

Nehmt euch Zeit, das Thema wirklich zu bearbeiten. Das kann auch mal länger als einen Abend dauern – dann verabredet euch für ein weiteres Gespräch. Tatsächlich muss eine Veränderung aber nicht unbedingt lange dauern. Es kann sein, dass sich auch ein großes Thema, das lange eure Beziehung bestimmt hat, auflöst, sobald es Raum bekommt. Veränderung und Versöhnung darf auch schnell passieren.

Schritt 5: Verzeihen und Vergeben

Die meisten Themen benötigen in irgendeiner Weise eine Vergebungsarbeit. Es kann sein, dass ein konkretes Verhalten vergeben werden muss, dass die Situation selbst Vergebung verlangt oder auch dass Verletzungen, die entstanden sind, weil die Situation immer und immer wieder auf den Tisch kam, vergeben werden müssen. Manchmal gehört es auch dazu, zu vergeben, dass so viel gemeinsame Zeit durch das Thema verloren gegangen ist. Überlegt selbst für jede Situation, ob es etwas zu vergeben gibt, und nutzt die folgenden Fragen für die Vergebung:

Welche Handlungen, Gedanken oder Gefühle möchte ich mir selbst verzeihen?

Welche Handlungen, Gedanken oder Gefühle, die mein Partner oder meine Partnerin mir gegenüber gezeigt hat oder mich hat spüren lassen, möchte ich ihr verzeihen?

Welche beiderseitigen Anteile am Geschehen sehen wir und möchten sie uns verzeihen?

Schritt 6: Versöhnung

Vielleicht habt ihr bereits euer perfektes Versöhnungsritual gefunden, vielleicht probiert ihr euch noch aus. Nutzt die folgenden Fragen gern, um eure Versöhnung zu reflektieren:

Welche Erfahrungen haben wir bisher mit Versöhnung gemacht?

Wie haben wir uns konkret versöhnt?

Wie war das Ergebnis? Wie nachhaltig war unsere Versöhnung?

Was müsste sich konkret verändern, damit die Versöhnung zukünftig besser klappt?

Was möchten wir beim nächsten Mal ausprobieren, um uns gut zu versöhnen?

Alte Themen und Verletzungen aufzuarbeiten, ist wichtig für viele Beziehungen. Nicht weniger wichtig ist es jedoch, die Beziehungen zu entwickeln und all das wertzuschätzen, was bereits jetzt gut ist. Dafür nehmen wir uns in den nächsten Unterkapiteln Raum.

Die Werte und Ressourcen eurer Beziehung

Um die Beziehung langfristig glücklich und erfüllt zu leben und sich als Paar weiterzuentwickeln, ist es wichtig, sich immer wieder mit den Unterschieden auseinanderzusetzen, sie zu überbrücken und zu lernen, sich auf das zu fokussieren, was bereits jetzt gut ist.

Folgende Fragen können dabei helfen – deine Antworten kannst du natürlich immer weiter ergänzen, denn es werden sich in den nächsten Tagen, Wochen, Monaten und Jahren sicher noch viele weitere Punkte ergeben, die gut sind.

Was habt ihr bereits gemeinsam erfolgreich gelöst?

In welchen Punkten seid ihr euch einig?

Welche positiven Erlebnisse und Erfahrungen habt ihr gemeinsam schon gemacht?

In welchen Situationen fühlt ihr euch gut verbunden?

Die Ressourcen eurer Beziehung, die ihr gerade in den Fragen gesammelt habt, könnt ihr euch immer wieder bewusst machen. Daneben kann eure Beziehung weiter wachsen, wenn ihr sie nach euren gemeinsamen Werten ausrichtet.

Vielleicht hast du dir schon einmal Gedanken darüber gemacht, welchen Werten du in deinem Leben folgst, nach welchen Werten und Idealen du handelst und dein Leben ausrichtest. Einerseits hast du individuelle Werte, die deinem Leben eine Richtung geben und dein Denken und Handeln bestimmen. Und andererseits folgst du auch in deiner Partnerschaft gemeinsamen Werten. Denn gemeinsame Werte schweißen zusammen und geben der Partnerschaft eine Richtung und einen Sinn.

Wir entscheiden nicht immer bewusst, einem Wert zu folgen. Das geschieht oft unbewusst. Vor allem dann, wenn wir die Werte nicht selbst entwickelt haben. Denn Werte und Wertvorstellungen werden uns meistens vermittelt durch unsere Eltern, die Gesellschaft oder eine Religion. Wir lernen schon in frühester Kindheit durch Lob und Zuwendung oder durch Bestrafung und Nichtbeachtung, was von uns erwartet wird, welche unserer Verhaltensweisen erwünscht sind und welche eben nicht. Und daraus leiten wir ab, was richtig ist und was falsch. Und aus diesen Erkenntnissen entwickeln sich unsere Wertvorstellungen, unsere Vorstellungen darüber, wie man denken und handeln soll. Außerdem spielt das Modelllernen hier eine große Rolle: Wir lernen also durch die Beobachtung unserer Eltern und anderer Menschen, welche Werte wir verwirklichen sollen, und übernehmen diese.

Und so kommt es, dass wir viele unterschiedliche Werte haben, die auch miteinander in Konkurrenz treten können: Beispielsweise besteht vielleicht der Wunsch, beruflich Karriere zu machen, und gleichzeitig der Wunsch, ein guter und präsenter Partner und Elternteil zu sein.

Außerdem verändern sich unsere Werte auch im Laufe unseres Lebens: Im Alter ist uns der berufliche Erfolg vielleicht nicht mehr so wichtig wie in einem früheren Lebensabschnitt. Wenn wir schwer krank werden, gerät die Gesundheit an die oberste Stelle. Wenn es Konflikte in der Partnerschaft gibt, nimmt möglicherweise der Stellenwert von Vertrauen, Ehrlichkeit und Liebe zu.

Es ist sehr wichtig, die eigenen Werte und auch die Werte in deiner Partnerschaft zu kennen – und auch zu erkennen, wenn sie sich verändern, denn deine Werte unterstützen dich auch in der Entscheidungsfindung. Du kannst, wenn du deine Werte und die Werte in deiner Partnerschaft kennst, ganz einfach bestimmen, wie du dein Leben oder deine Partnerschaft leben möchtest, weil du dich an deinen eigenen Wertvorstellungen orientieren kannst und nicht immer schauen musst, was die Menschen um dich herum machen und ob sie vielleicht etwas besser machen als du. Wenn du deine eigenen Werte kennst, wird es dir leichter fallen, Prioritäten zu setzen und dich für das zu entscheiden, was dir für dich und für deine Beziehung wirklich wichtig ist – du musst dann nicht mehr jede Option in Erwägung ziehen. Nur wenn du deine Werte kennst, kannst du auch nach ihnen leben und eine Beziehung führen, die dich mit Zufriedenheit erfüllt. Und ein ganz wichtiger Punkt ist, dass deine Werte deine wichtigsten Lebensziele unterstützen. Ein Mensch, der familienorientiert ist, dem Zusammenhalt, Liebe und Familiensinn wichtig sind, hat ganz andere Lebensziele als ein Mensch, dem beruflicher Erfolg, Freiheit und Selbstbestimmtheit wichtig sind. Wenn du deine Werte kennst und nach ihnen lebst, wirst du zwangsläufig ein Leben gestalten, das auf deine Lebensziele hinarbeitet.

Damit dir das gelingt, erarbeiten wir auf den nächsten Seiten deine persönlichen Werte und die Werte deiner Beziehung.

Schritt 1: Werteliste erstellen

Erstelle dir eine Werteliste. Das ist eine Liste deiner persönlichen Werte, die sich auf circa zehn Werte beschränken sollte. Es gibt Unmengen an Werten, weshalb diese Übung nicht einfach ist und sicher auch etwas Zeit benötigt. Einige Werte sind erfahrungsgemäß häufiger vertreten als andere, beispielsweise die Werte Familie, Leistung, Großzügigkeit und Güte, Heimatverbundenheit, Spiritualität, Unabhängigkeit, Ehrlichkeit, Dankbarkeit oder Pünktlichkeit.

Sammelt also hier eure wichtigsten Werte. Die Reihenfolge spielt noch keine Rolle, sie wird im nächsten Schritt erarbeitet.

Werte von Partner A	Werte von Partner B

Schritt 2: Nach Wichtigkeit ordnen

Wenn ihr euch entschieden habt, welche der Werte für euch zu den wichtigsten zehn gehören, dann könnt ihr diese Werte nach ihrer Wichtigkeit ordnen. An erster Stelle sollte der Wert stehen, der für dich im Leben am wichtigsten ist, danach der zweitwichtigste usw. Du kannst dir diesen Schritt erleichtern, indem du dich selbst fragst: »Ist mir Wert X wichtiger oder Wert Y?« Zum Beispiel: »Ist es mir wichtiger, eine gute Partnerschaft zu führen oder eine gute Beziehung zu meinen Kindern zu haben?« Jetzt merkst du schon, wie schwierig das mitunter auch sein kann, also nimm dir bitte Zeit dafür und überlege ganz in Ruhe.

Werte von Partner A nach Wichtigkeit	Werte von Partner B nach Wichtigkeit

Schritt 3: Die Werte überprüfen

Wir haben viele Wertvorstellungen und Werte übernommen und erlernt. Manchmal gelten diese Werte auch weiterhin für unser Leben, aber manchmal verwirklichen wir sie nur aus Gewohnheit, ohne dass sie unserem Leben wirklich entsprechen. Und genau da kommt es immer wieder zu Konflikten in der Partnerschaft. Wenn du Werte hast, die dir persönlich gar nicht entsprechen, sie aber noch nie überprüft hast, kann es sein, dass es dein Gegenüber irritiert, dass du dich in bestimmten Situationen auf eine Art und Weise verhältst, die gar nicht zu deinem sonstigen Verhalten und zu deinen sonstigen Vorstellungen, Wünschen und Bedürfnissen passt. Sieh dir also noch einmal jeden Wert im Einzelnen an und frage dich:

- Führt mich dieser Wert zu dem Leben, das ich wirklich führen möchte?
- Hilft mir dieser Wert, meine wichtigsten Ziele zu erreichen?

Du könntest zum Beispiel feststellen, dass dein Wert »Sauberkeit im Haus« dir viel Zeit abverlangt und dich daran hindert, mehr Zeit mit deinem Partner zu verbringen. Dann frage dich weiter:

- Woher kommt dieser Wert, der eigentlich für mich gar nicht mehr so gut passt?
- Warum glaube ich immer noch, mein Leben nach diesem Wert leben zu müssen?

Hier könntest du feststellen, dass dieser Wert in deiner Ursprungsfamilie eine große Rolle spielte und du ihn schon in der Kindheit übernommen hast. Jetzt kannst du überlegen, welchen Stellenwert Sauberkeit im Haus für dich noch haben soll und was wichtiger ist für dich.

Du solltest deine persönliche Werteliste nicht nur jetzt, sondern auch später immer wieder einmal überprüfen. Gerade nach einschneidenden Lebensereignissen, beispielsweise der Geburt eines Kindes, können sich die persönlichen Werte schnell verändern.

Schritt 4: Gemeinsame Werteliste erstellen

Vergleicht nun eure Werteliste und beantwortet folgende Fragen:

Worin seid ihr euch einig?

____

____

____

Welche Werte gelten darüber hinaus für eure Partnerschaft?

____

____

____

Welchen Werten seid ihr in der Vergangenheit möglicherweise automatisch gefolgt und welche Werte möchtet ihr für die Zukunft etablieren? Wie möchtet ihr diese Werte auch konkret leben?

Erstellt nun eine gemeinsame Werteliste für eure Beziehung:

Gemeinsame Werteliste

Wenn ihr euch noch unsicher seid, welche Werte für eure Partnerschaft gelten, könnt ihr die Übung auf der nächsten Seite für euch nutzen, um eure gemeinsamen Werte zu entwickeln.

Übung: Die goldene Hochzeit

Stellt euch vor, ihr feiert goldene Hochzeit. Wenn ihr noch nicht verheiratet seid, stellt euch vor, ihr würdet im nächsten Jahr heiraten, und rechnet dann 50 Jahre Partnerschaft dazu. Wenn ihr schon verheiratet seid, berechnet, wann ihr goldene Hochzeit feiert. Wenn das vom Alter nicht mehr möglich ist oder ihr aus irgendwelchen anderen Gründen nicht heiraten werdet oder euch das einfach nicht vorstellen wollt, geht davon aus, ihr feiert demnächst euren 90. Geburtstag, ihr seid geistig fit und habt die Jahre bis zu diesem Tag – bis zu eurem 90. Geburtstag – an der Seite eures Partners oder eurer Partnerin verbracht.

Welches Jahr haben wir dann? Am Tag eurer goldenen Hochzeit, am Tag eures 90. Geburtstags?

____

Wie alt seid ihr am Tag eurer goldenen Hochzeit? ____________________

Stellt euch vor, ihr feiert ein großes Fest. Jemand aus eurer Familie hält euch zu Ehren eine Rede. Beispielsweise eines eurer Kinder oder eine Schwester, ein Bruder, ein guter Freund. Was sagt diese Person über euch beide und eure Beziehung? Schreibe eine Rede auf oder nur Stichpunkte. Es ist eine schöne und wertschätzende Rede – keine, die Kritik enthält. Es geht hier nicht um eine absolute Wahrheit, sondern darum, herauszufinden, was für euch am Ende eurer Beziehung als Essenz bleibt.

____

____

____

Was sagen andere über eure Beziehung, nachdem sie schon 50 Jahre währt?

____

____

____

Was sagst du selbst anlässlich deiner goldenen Hochzeit? Welche Rede hältst du?

____

____

____

Worauf bist du stolz?

____

____

____

Was hat euch so lange zusammengehalten?

____

____

____

Analysiere jetzt diese Reden. Finde heraus, was diese Reden über eure wichtigsten Werte aussagen können. Wenn beispielsweise gesagt wurde, wie schön eure gemeinsamen Reisen waren, dann gehört das Reisen in jeden Fall zu euren Werten. Schau dann genauer hin: Was für Reisen waren das? Eher gefährliche Abenteuerreisen, dann zählen Abenteuer und Abwechslung möglicherweise zu euren wichtigsten Werten. Oder eher Reisen auf Kreuzfahrtschiffen, in Hotels – dann zählen vielleicht die Werte Luxus und Genuss zu euren wichtigsten. Ergänze jetzt die Liste mit den zehn wichtigsten Werten für deine Beziehung. Wenn du dir unsicher bist, welchen Wert du aufnehmen sollst, dann frage dich:

- Wie wäre es, wenn es diesen Wert in deiner Beziehung nicht gäbe?
- Wie fühlt es sich an, das Gegenteil dieses Werts zu leben?
- Wie sehr stehst du zu diesem Wert und verteidigst du ihn zum Beispiel in Diskussionen?

Gemeinsame Werte schweißen zusammen, während gegensätzliche Werte eher zu Konflikten führen. Aber unterschiedliche Werte sind nicht immer automatisch gegensätzlich. Ihr könnt diese unterschiedlichen Werte auch nutzen, um herauszufinden, wo in eurer Beziehung sich Konfliktpotenziale verstecken – etwa wenn der eine Partner sich Verlässlichkeit wünscht, der andere aber Freiheit. Bleibt achtsam gegenüber diesen Konfliktpotenzialen und lebt eure gemeinsamen Werte dafür umso stärker.

In Verbindung und auf Augenhöhe bleiben

Viele Paare äußern den Wunsch nach einer Beziehung auf Augenhöhe. Ein wertschätzender Umgang zwischen dem Paar entwickelt sich jedoch nicht von selbst und muss durch aktive Arbeit erhalten werden. Vielleicht bemerkst auch du den Wunsch, eine Beziehung auf Augenhöhe zu führen und auch dauerhaft in guter, wertschätzender Verbindung zu bleiben.

Eine Beziehung auf Augenhöhe zu führen, bedeutet, gleichwertig und gleichberechtigt in der Partnerschaft zu sein. Wie das in einer Beziehung umgesetzt wird, ist sehr individuell. Überlege doch einmal, wie eine Beziehung auf Augenhöhe – eine gleichberechtigte und gleichwertige Partnerschaft – für dich konkret aussieht.

Eine Beziehung auf Augenhöhe kann eine Beziehung sein, in der beide Personen zu Wort kommen und Gefühle zeigen dürfen – die Menschen sein dürfen, die sie sind. Es kann eine Partnerschaft sein, in der die Zeit der Partner oder Partnerinnen gleich viel wert ist und in der man frei ist, zu entscheiden, wie man sie verbringt. Eine Beziehung auf Augenhöhe kann offen für Veränderung und Entwicklung sein. Auf Augenhöhe zu sein, kann bedeuten, mit allem da sein zu dürfen und vollständig akzeptiert zu werden. Auf Augenhöhe zu sein, muss nicht bedeuten, die gleiche Meinung in allen Punkten zu vertreten, sein Gegenüber bedingungslos zu unterstützen und mit allem einverstanden zu sein. Es kann bedeuten, alles nebeneinander stehenzulassen, alles anzuerkennen, nichts abzuerkennen. Nicht zu urteilen und nicht zu verurteilen. Die Meinung meines Gegenübers genauso ernst zu nehmen wie die eigene. Sich immer daran zu erinnern, dass die Gefühle des Gegenübers sich für ihn genauso stark anfühlen wie die eigenen für sich selbst. Sich daran zu erinnern, dass das Gegenüber eine andere Geschichte hat als man selbst. Dass es von anderen Erfahrungen geprägt ist, andere Schlüsse aus vergleichbaren Situationen zieht. Auf Augenhöhe zu sein, kann bedeuten, sein Gegenüber zu sehen und zu hören. Wahrzunehmen, was der Partner sagt. Nachzufragen, bis man es verstanden hat. Es kann bedeuten, den Willen zu haben, Verständnis zu zeigen, Unterschiede zuzulassen. Unstimmigkeiten auszuhalten und sich davon nicht angegriffen zu fühlen. Es kann bedeuten, nicht die eigenen Bedürfnisse auf den Partner zu projizieren und ihn dadurch misszuverstehen. Es kann bedeuten, bei sich zu bleiben. Die Verantwortung für sich selbst zu tragen oder sie wieder zu sich selbst zurückzunehmen. Dem Partner die Verantwortung für sich zurückzugeben im Wissen und tiefen Vertrauen, dass er sie tragen kann. Auf Augenhöhe zu sein, kann bedeuten, zu geben, was man guten Gewissens geben kann.

Das alles kann es bedeuten oder etwas ganz anderes. Wie lautet deine Definition? Was bedeutet es für dich, in sozialen Beziehungen auf Augenhöhe zu sein?

Woran merkst du, dass deine Beziehung auf Augenhöhe stattfindet?

Wodurch erlebst du dieses Gleichgewicht im Alltag deiner Partnerschaft?

Was muss sich noch verändern, damit ihr eure Beziehung auf Augenhöhe leben könnt?

Eine Beziehung auf Augenhöhe erfordert Reflexion und Auseinandersetzung mit den eigenen Wünschen, Bedürfnissen und Themen. Sie gelingt wahrscheinlich mal besser und mal weniger gut. Sie bedeutet kontinuierliche Arbeit, und dabei kann es helfen, sich hin und wieder die folgende Frage zu stellen: Was kann ich heute tun, um eine Beziehung auf Augenhöhe zu leben?

Über die Zeit hinweg werdet ihr in eurer Partnerschaft mal mehr und mal weniger auf Augenhöhe und in Verbindung sein. Es wird Veränderungen brauchen, damit ihr neue gute Erfahrungen miteinander machen und trotz aller Veränderung auf Augenhöhe bleiben könnt. Eine Chance, um neue Erfahrungen zu machen und die Beziehung zu entwickeln, besteht darin, etwas anders zu machen als bisher. Wer immer das Gleiche tut, wird immer das Gleiche bekommen. Ihr müsst etwas verändern, um euch neue Möglichkeiten zu schaffen.

Das kann etwas ganz Kleines sein:

- Übernehmt die Aufgabe des anderen im Haushalt.
- Brecht mit einer Routine, die sonst fest euren Alltag bestimmt.
- Tauscht beim gemeinsamen Essen mal die Plätze.
- Sagt etwas, das ihr noch nie gesagt habt.
- Oder sagt etwas nicht, das ihr sonst immer sagt.

Etwas anders zu machen, gibt die Chance, die Beziehung aus neuen Augen zu erleben – vielleicht einmal aus den Augen des Partners – und so immer wieder aufs Neue zu entscheiden, was euch noch dient und was nicht. Wenn ihr euch immer wieder bewusst für etwas in eurer Beziehung entscheidet – und selbst wenn es die Entscheidung dafür ist, alles beim Alten zu belassen –, bleibt ihr wahrhaftig in Verbindung. Wenn ihr etwas Neues probiert, das nicht gut funktioniert, macht ihr einfach wieder, was ihr schon immer getan habt, aber ihr habt eine neue Erfahrung gemacht, über die ihr euch austauschen könnt.

Ihr könnt auch große Dinge anders machen:

- Verändert eure Abendgestaltung: ein Spaziergang statt fernsehen.
- Geht mal wieder in ein neues Restaurant anstatt in euer Stammlokal.
- Trefft Freunde, die ihr nicht so häufig trefft.
- Beginnt ein neues gemeinsames Hobby.

Wenn es euch nicht gefällt, lasst ihr es eben wieder sein. Das Alte läuft euch nicht weg – dahin könnt ihr immer wieder zurück!

Was hilft euch, gut in Verbindung zu bleiben?

Was ist etwas, das euch guttut und unbedingt so bleiben soll?

In welchen Bereichen könnt ihr einmal etwas Neues ausprobieren und was könnte das sein?

In Verbindung zu kommen, muss nicht aufwendig sein oder lange dauern. Manchmal ist es ein einfaches Gespräch, das ein bisschen tiefer geht als ein Gespräch im Alltag. Einstiegsfragen dafür können beispielsweise die folgenden sein:

- Wie gehts dir gerade wirklich?
- Womit beschäftigst du dich gerade?
- Worüber würdest du gern sprechen?
- Wovon würdest du gern erzählen?

Das öffnet oftmals viele Türen und bringt euch in Verbindung. Du kannst auch aktiv auf dein Gegenüber zugehen, ihn um seine Zeit bitten und von dir aus ein Gespräch starten.

Wenn ihr euch zeigt mit allem, was ihr gerade seid, und mit allen Themen, die in eurem Leben gerade präsent sind, erschafft ihr Verbindung. Und das lohnt sich an jedem einzelnen Tag. Nimm es dir doch zum Ziel, dich zukünftig an jedem Tag mit deinem Partner oder deiner Partnerin zu verbinden – selbst wenn es nur einige Minuten sind.

Eure Vision für die Zukunft

Ihr könnt nur dann eure Wunschbeziehung kreieren, wenn ihr ein genaues Bild davon habt, wie diese Beziehung aussehen soll. Dieses Bild werden wir jetzt gemeinsam erschaffen.

Sucht euch einen beliebigen Zeitpunkt in der Zukunft aus, der sich für euch richtig anfühlt. Das können zwei Jahre sein oder fünf Jahre. Vielleicht möchtet ihr euch heute auch eine Vision für eure Beziehung in zehn Jahren ausmalen oder einen bestimmten Tag wählen. Ihr könnt die Fragen immer wieder für Visionen in verschiedenen Zeitabständen nutzen, um so ein klareres Bild für die gewünschte Entwicklung eurer Beziehung zu schaffen. Beantworte die folgenden Fragen im Hier und Jetzt, so als wären sie schon Realität.

Unsere Beziehungsvision für das Jahr ____________

So sieht unsere Liebe und unser emotionaler Zusammenhalt aus:

____

____

____

Diese Themen sind gerade relevant für uns:

____

____

____

So sieht unser Alltag aus:

____

____

____

So fühlen wir uns miteinander:

____

____

____

So sieht unsere finanzielle Situation aus:

Diese Dinge verbinden uns gerade besonders stark:

Diese Krisen haben wir überstanden:

Folgende Erwartungen haben wir aneinander:

Sind wir zu zweit? Haben wir Kinder oder Enkelkinder? So steht es um unsere Familie:

Hier wohnen wir und so sieht es bei uns aus:

Das sind unsere Ziele:

Eine langjährige Beziehung ist der emotionale Raum, in dem sich unser Leben abspielt und in dem wir unsere Lebensträume verwirklichen. Umso wichtiger ist es, sich der eigenen Wünsche und Träume bewusst zu sein, um sie Realität werden zu lassen.

Vielleicht kennst du die Bücher des Autors John Strelecky. Er beschäftigt sich damit, was uns glücklich macht und welches Leben wir leben möchten, und führt im Rahmen dessen das Konzept der Big Five ein. Die Big Five sind fünf wichtige Lebensziele eines jeden Menschen. Jede Person definiert ihre ganz eigenen Big Five: Die fünf Erfahrungen oder Erlebnisse, die ihr Leben zu einem erfüllten und erfolgreichen Leben machen. Und dabei ist es ganz egal, ob es große oder kleine Ziele sind. Wichtig ist einzig und allein, dass diese Ziele etwas bedeuten.

Ziele, die unter die Big Five fallen können, könnten beispielsweise die folgenden sein: den richtigen Partner oder die richtige Partnerin finden und heiraten, eine Familie gründen, ein Haus bauen, den Traumjob haben, eine bestimmte Summe als Jahreseinkommen verdienen, eine Weltreise machen, einen bestimmten Ort bereisen, eine langjährige und tiefe Freundschaft pflegen, eine Fähigkeit perfektionieren, sich für ein soziales Projekt engagieren. Es gibt unendlich viele weitere große und auch kleine Ziele, die zu den Big Five einer Person zählen können.

Heute wandeln wir das Konzept ein wenig ab und beschäftigen uns mit den Big Five eurer Beziehung: Was sind die fünf Erfahrungen, die ihr gemeinsam als Paar noch machen möchtet?

Wenn du dir als Ziel setzt, eine glückliche und erfüllte Beziehung zu leben, in der du dich verwirklichen und deine Träume leben kannst, was gehört für dich dann dazu?

Die Big Five deiner Partnerschaft können beispielsweise so aussehen:

- in eine gemeinsame Wohnung ziehen
- heiraten
- ein Kind bekommen
- ein Haus bauen
- einen Hund adoptieren

Oder auch etwas unkonventioneller:

- im Campingbus die Welt bereisen
- in einer Mehrgenerationen-WG leben
- ein Unternehmen gemeinsam gründen
- ein Kind adoptieren
- gemeinsam im Ausland leben

Die Big Five eines jeden Paares sind sehr individuell. Jedes Paar sollte die eigenen Wünsche und Ziele für sich selbst formulieren und ausarbeiten. Da hilft es wenig, sich zu vergleichen – außer, um sich Inspiration zu holen.

Nehmt euch die Zeit, euch einmal über eure Wünsche und Ziele auszutauschen, und formuliert eure Big Five für eure Beziehung. Sprecht darüber, was ihr in eurem Leben noch vorhabt. Was ihr plant und was sich erfüllen soll, damit diese Beziehung eine erfolgreiche ist, in der ihr euch verwirklichen konntet und die keine Wünsche offengelassen hat. Die Fragen auf der nächsten Seite können euch helfen, eure Big Five zu finden.

Welche fünf Erfahrungen möchte ich in dieser Beziehung machen?

Was möchte ich erlebt haben, um am Ende meines Lebens auf diese Beziehung zurückzuschauen und das Gefühl zu haben, das Beste daraus gemacht zu haben?

Die Big Five unserer Beziehung:

1.
2.
3.
4.
5.

Welchen ersten Schritt könnt ihr bereits jetzt zur Verwirklichung der Big Five in eurer Beziehung gehen?

Reflexion: Aufarbeitung und Entwicklung

Meine wichtigsten Erkenntnisse aus diesem Kapitel:

Folgende Erkenntnisse habe ich schon umgesetzt:

Das möchte ich zukünftig noch ausprobieren:

Darüber möchte ich mich noch mit meinem Partner austauschen:

Das durften wir schon aufarbeiten und entwickeln:

Das sollten wir zukünftig in unserer Beziehung noch aufarbeiten und entwickeln:

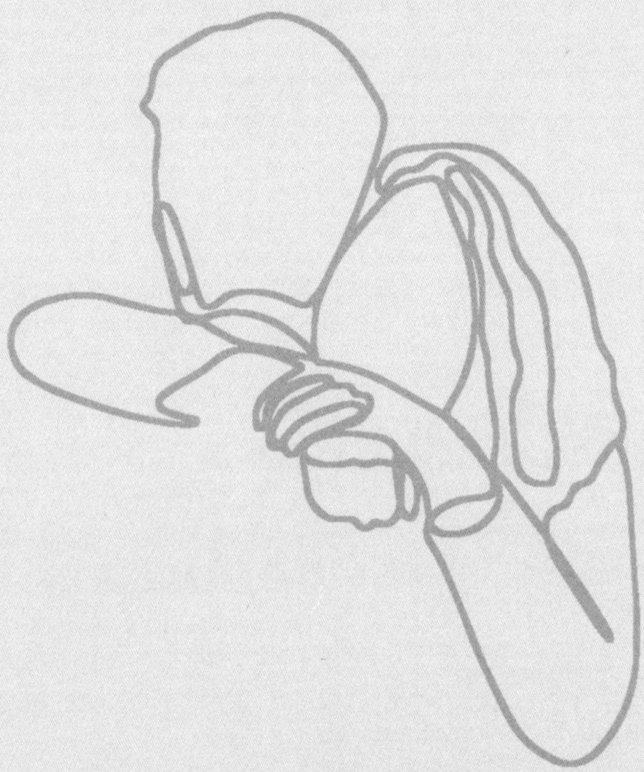

TEIL 4

VERTIEFUNG – PARTNERSCHAFT LANGFRISTIG MEISTERN

15. Reflexion: Veränderungen in meiner Beziehung

In den letzten Kapiteln habt ihr viele Ebenen eurer Beziehung gründlich reflektiert. Ihr habt Übungen und Techniken kennengelernt, von psychologischen Theorien erfahren und seid einander nähergekommen. Damit all diese Entwicklung von Dauer ist, werden wir nun einmal reflektieren, wo ihr heute – nach der Arbeit an diesem Buch – steht, welche Erfolgsstrategien ihr mitnehmen könnt und wie ihr auch über die Arbeit an diesem Buch hinaus in eurer Beziehung erfolgreich bleiben könnt.

Wie geht es dir gerade in deiner Partnerschaft und weshalb?

Was ist bereits gut in eurer Partnerschaft?

Wo darf sich noch etwas zwischen euch verändern?

Betrachte die folgende Skala von 1 bis 10. Wo siehst du eure Beziehung gerade auf dieser Skala? Eine 1 bedeutet hierbei, dass die Qualität eurer Beziehung aktuell maximal niedrig ist, eine 10 bedeutet die höchstmögliche Beziehungsqualität – ein Miteinander, an dem es nichts mehr zu verbessern gibt. Kreuze an, wo ihr euch – aus deiner Perspektive – gerade befindet.

sehr schlechte Beziehungsqualität – 1 2 3 4 5 6 7 8 9 10 + bestmögliche Beziehungsqualität

Was geht dir durch den Kopf, wenn du diese Skala betrachtest? Und welche Gefühle entstehen bei dir?

____

____

____

Reflexions-Beziehungsrad bearbeiten

Um zu sehen, was sich durch die Arbeit mit diesem Buch bereits in eurer Beziehung verändert hat, nehmen wir uns noch einmal die Übung aus Kapitel 3 zur Hand – wenn ihr mögt, bearbeitet euer Reflexions-Beziehungsrad:

Beziehungsrad

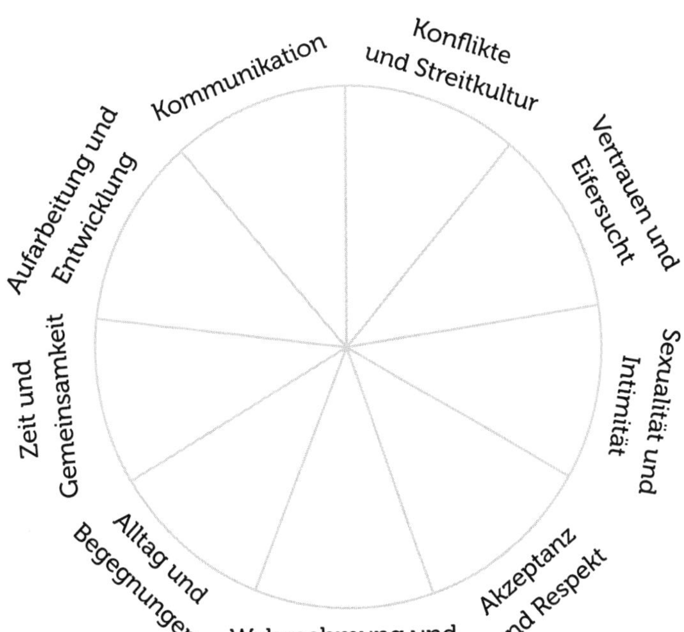

Wie erfüllt bin ich aktuell im Bereich Kommunikation in meiner Partnerschaft auf einer Skala von 1 (gar nicht erfüllt) bis 10 (maximal erfüllt)?

gar nicht erfüllt (– 1 2 3 4 5 6 7 8 9 10 +) maximal erfüllt

Was hat sich in diesem Lebensbereich durch die Arbeit mit diesem Buch bereits verändert?

Was hat in diesem Lebensbereich gut für euch funktioniert? Was konntet ihr gut anwenden?

Welche Veränderung in diesem Lebensbereich möchtet ihr dauerhaft aufrechterhalten?

Was darf sich noch verändern? Woran möchtet ihr noch konkret arbeiten?

Wie erfüllt bin ich im Bereich Konflikte und Streitkultur in meiner Partnerschaft auf einer Skala von 1 (gar nicht erfüllt) bis 10 (maximal erfüllt)?

gar nicht erfüllt (– 1 2 3 4 5 6 7 8 9 10 +) maximal erfüllt

Was hat sich in diesem Lebensbereich durch die Arbeit mit diesem Buch bereits verändert?

Was hat in diesem Lebensbereich gut für euch funktioniert? Was konntet ihr gut anwenden?

Welche Veränderung in diesem Lebensbereich möchtet ihr dauerhaft aufrechterhalten?

Was darf sich noch verändern? Woran möchtet ihr noch konkret arbeiten?

Wie erfüllt bin ich im Bereich Vertrauen und Eifersucht in meiner Partnerschaft auf einer Skala von 1 (gar nicht erfüllt) bis 10 (maximal erfüllt)?

gar nicht erfüllt (– 1 2 3 4 5 6 7 8 9 10 +) maximal erfüllt

Was hat sich in diesem Lebensbereich durch die Arbeit mit diesem Buch bereits verändert?

Was hat in diesem Lebensbereich gut für euch funktioniert? Was konntet ihr gut anwenden?

Welche Veränderung in diesem Lebensbereich möchtet ihr dauerhaft aufrechterhalten?

Was darf sich noch verändern? Woran möchtet ihr noch konkret arbeiten?

Wie erfüllt bin ich im Bereich Sexualität und Intimität in meiner Partnerschaft auf einer Skala von 1 (gar nicht erfüllt) bis 10 (maximal erfüllt)?

gar nicht erfüllt (– 1 2 3 4 5 6 7 8 9 10 +) maximal erfüllt

Was hat sich in diesem Lebensbereich durch die Arbeit mit diesem Buch bereits verändert?

Was hat in diesem Lebensbereich gut für euch funktioniert? Was konntet ihr gut anwenden?

Welche Veränderung in diesem Lebensbereich möchtet ihr dauerhaft aufrechterhalten?

Was darf sich noch verändern? Woran möchtet ihr noch konkret arbeiten?

Wie erfüllt bin ich im Bereich Akzeptanz und Respekt in meiner Partnerschaft auf einer Skala von 1 (gar nicht erfüllt) bis 10 (maximal erfüllt)?

gar nicht erfüllt (– 1 2 3 4 5 6 7 8 9 10 +) maximal erfüllt

Was hat sich in diesem Lebensbereich durch die Arbeit mit diesem Buch bereits verändert?

Was hat in diesem Lebensbereich gut für euch funktioniert? Was konntet ihr gut anwenden?

Welche Veränderung in diesem Lebensbereich möchtet ihr dauerhaft aufrechterhalten?

Was darf sich noch verändern? Woran möchtet ihr noch konkret arbeiten?

Wie erfüllt bin ich im Bereich Wahrnehmung und Aufmerksamkeit in meiner Partnerschaft auf einer Skala von 1 (gar nicht erfüllt) bis 10 (maximal erfüllt)?

gar nicht erfüllt (– 1 2 3 4 5 6 7 8 9 10 +) maximal erfüllt

Was hat sich in diesem Lebensbereich durch die Arbeit mit diesem Buch bereits verändert?

Was hat in diesem Lebensbereich gut für euch funktioniert? Was konntet ihr gut anwenden?

Welche Veränderung in diesem Lebensbereich möchtet ihr dauerhaft aufrechterhalten?

Was darf sich noch verändern? Woran möchtet ihr noch konkret arbeiten?

Wie erfüllt bin ich im Bereich Alltag und Begegnung in meiner Partnerschaft auf einer Skala von 1 (gar nicht erfüllt) bis 10 (maximal erfüllt)?

gar nicht erfüllt (– 1 2 3 4 5 6 7 8 9 10 +) maximal erfüllt

Was hat sich in diesem Lebensbereich durch die Arbeit mit diesem Buch bereits verändert?

Was hat in diesem Lebensbereich gut für euch funktioniert? Was konntet ihr gut anwenden?

Welche Veränderung in diesem Lebensbereich möchtet ihr dauerhaft aufrechterhalten?

Was darf sich noch verändern? Woran möchtet ihr noch konkret arbeiten?

Wie erfüllt bin ich im Bereich Zeit und Gemeinsamkeit in meiner Partnerschaft auf einer Skala von 1 (gar nicht erfüllt) bis 10 (maximal erfüllt)?

gar nicht erfüllt (– 1 2 3 4 5 6 7 8 9 10 +) maximal erfüllt

Was hat sich in diesem Lebensbereich durch die Arbeit mit diesem Buch bereits verändert?

Was hat in diesem Lebensbereich gut für euch funktioniert? Was konntet ihr gut anwenden?

Welche Veränderung in diesem Lebensbereich möchtet ihr dauerhaft aufrechterhalten?

Was darf sich noch verändern? Woran möchtet ihr noch konkret arbeiten?

Wie erfüllt bin ich im Bereich Aufarbeitung und Entwicklung in meiner Partnerschaft auf einer Skala von 1 (gar nicht erfüllt) bis 10 (maximal erfüllt)?

gar nicht erfüllt (– 1 2 3 4 5 6 7 8 9 10 +) maximal erfüllt

Was hat sich in diesem Lebensbereich durch die Arbeit mit diesem Buch bereits verändert?

Was hat in diesem Lebensbereich gut für euch funktioniert? Was konntet ihr gut anwenden?

Welche Veränderung in diesem Lebensbereich möchtet ihr dauerhaft aufrechterhalten?

Was darf sich noch verändern? Woran möchtet ihr noch konkret arbeiten?

Das Reflexions-Beziehungsrad auswerten

Betrachte nun dein Beziehungsrad und lasse es auf dich wirken.

Welche Gedanken oder Erkenntnisse kommen dir bei der Betrachtung des Beziehungsrads nach all der Arbeit, die ihr bereits geleistet habt?

Welche Entwicklung wird durch das Beziehungsrad sichtbar?

Was erkennst du im Beziehungsrad über deine Beziehung, das vorher so noch nicht sichtbar war?

Beim Vergleich dieses Beziehungsrades mit dem vom Anfang des Buches stellst du sicher einige positive Veränderungen fest. Was hast du aktiv dafür getan?

Was hat dir dabei geholfen, in einigen Facetten jetzt noch erfüllter zu sein und zu leben?

Sammle deine Erfolgsstrategien und inneren Einstellungen, Gedanken, Verhaltensweisen und Routinen aus der Arbeit mit diesem Buch:

Langfristiger Erfolg für deine Partnerschaft wird sich dann einstellen, wenn du langfristig deine ganz persönlichen Erfolgsstrategien anwendest. Nicht minder wichtig ist es jedoch, kontinuierlich an deiner Partnerschaft zu arbeiten und immer wieder mit deinem Partner oder deiner Partnerin zu prüfen, wie es euch gerade geht. Vielleicht habt ihr auch während der Arbeit mit diesem Buch immer wieder Phasen erlebt, in denen ihr motiviert wart und aktiv an eurer Beziehung gearbeitet habt, und solche, in denen es schwerer war, euch für die Arbeit mit diesem Buch zu motivieren. Und dennoch seid ihr jetzt hier am Ende angelangt. Nutzt das Wissen, das ihr auf dem Weg gesammelt habt, direkt für euch.

Was können wir zukünftig tun, wenn wir vom Weg abweichen und unsere Beziehung aus den Augen verlieren?

Wie können wir sicherstellen, dass wir dranbleiben und uns immer wieder die Zeit nehmen, an unserer Beziehung zu arbeiten und genau hinzusehen?

Was kann uns helfen, uns daran zu erinnern, an unserer Beziehung zu arbeiten?

Stelle dir jetzt sofort den Wecker in deinem Handy oder plane einen Termin in 2, 6 und 12 Monaten in deinem Kalender, um kontinuierlich an deiner Partnerschaft zu arbeiten. Dein Partner oder deine Partnerin sollte diese Termine ebenfalls in einem Kalender eintragen.

Check-in nach 2 Monaten:

Beziehungsrad nach 2 Monaten

Wie geht es uns gerade in unserer Partnerschaft?

Was klappt aktuell gut und ist noch präsent?

Wo dürfen wir nacharbeiten, noch mal im Buch nachlesen oder wieder aktiver den Fokus setzen?

Was möchten wir in den nächsten vier Monaten aktiv gemeinsam erarbeiten, erreichen oder aufrechterhalten?

Check-in nach 6 Monaten:

Beziehungsrad nach 6 Monaten

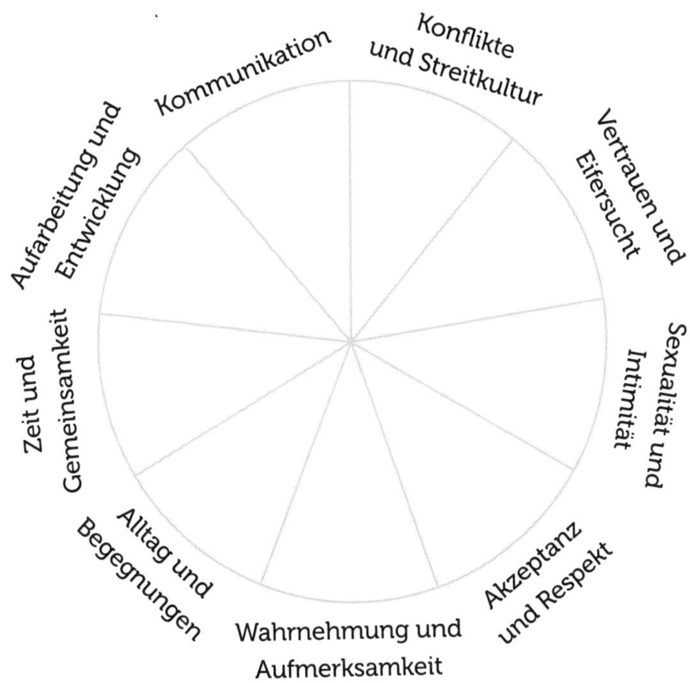

Wie geht es uns aktuell in der Beziehung?

____

____

____

In welchen Bereichen funktioniert unsere Beziehung gerade richtig gut?

____

____

____

Wo benötigen wir mehr Aufmerksamkeit oder noch mal konkrete Arbeit?

____

____

____

Wie ist es uns mit unserem Vorsatz aus dem letzten Check-in in den letzten 4 Monaten ergangen?

Was wünschen wir uns für das nächste halbe Jahr für unsere Beziehung?

Was werden wir in den nächsten 6 Monaten aktiv dafür tun?

Check-in nach 12 Monaten:

Beziehungsrad nach 12 Monaten

Wie geht es euch heute, ein Jahr nach Abschluss der Arbeit mit diesem Buch, in eurer Beziehung?

Welche Fortschritte konntet ihr über das gesamte Jahr hinweg aufrechterhalten?

Was hat sich in den letzten 12 Monaten verändert?

Wie ist es euch mit dem Wunsch aus dem letzten Check-in ergangen?

Wenn ihr euch durch die Check-ins im letzten Jahr gut unterstützt gefühlt habt, speichert gern neue Termine im 6- oder 12-Monatsabstand in euren Kalendern und macht einen halbjährlichen Check-in zu eurer Beziehungsroutine. Denn so werdet ihr auch auf lange Sicht erfüllt und glücklich in eurer Partnerschaft bleiben.

Abschließende Impulse und Gedanken

Wenn du dich durch die einzelnen Kapitel dieses Buchs gearbeitet hast, weißt du jetzt, was für dich funktioniert. Du kennst deine persönlichen Erfolgsstrategien, hast so viel über dich und deine Beziehungsfähigkeit und auch über deinen Partner oder deine Partnerin erfahren.

Eine erfüllte und erfolgreiche Beziehung ist kein Selbstläufer. Sie bedeutet die Auseinandersetzung mit sich selbst und miteinander an jedem Tag. Ihr werdet immer wieder Phasen erleben, in denen euch das leichter fällt, und solche, in denen es schwierig ist.

Eine erfolgreiche Beziehung unterscheidet sich von all den gescheiterten Beziehungen dadurch, dass sich beide Partner oder Partnerinnen an jedem neuen Tag entscheiden: für das Glück, für die Freude, für die Verbindung. Aber auch für die Arbeit, das Durchhalten, die Anstrengung und die aktive Auseinandersetzung mit allen Themen, die in der Beziehung aufkommen.

Du hast in diesem Buch die wichtigsten Theorien, Übungen und Strategien kennengelernt, die dir dabei helfen können, dauerhaft erfüllt und erfolgreich in deiner Beziehung zu sein. Das fühlt sich mal leichter und mal schwerer an. Fokussiere dich auf die Dinge, die gut sind. Zelebriere die Phasen der Liebe und Leichtigkeit und nimm die Kraft, die sie dir schenken, mit in herausfordernde Zeiten. Im besten Fall bleibt dieses Buch auch in den nächsten Monaten und Jahren dein Begleiter, denn es werden dich zu jeder Zeit andere Themen ansprechen und dir wichtig erscheinen. Nutze das Buch so, wie es dir und deiner Beziehung dient, frei nach dem Motto:

- Wenn etwas nicht funktioniert, lass es sein!
- Wenn etwas gut funktioniert, mach mehr davon!

Wir verändern uns kontinuierlich und so tut es auch unsere Beziehung. Hier und heute hast du die Fähigkeit und das Handwerkszeug, um jeder Krise zu begegnen.

Ich wünsche dir, dass es dir immer gelingt, in Verbindung zu gehen, offen zu bleiben und deine Beziehung zu entwickeln. Ich wünsche dir Freude, Erfüllung und Liebe an jedem Tag. Und wenn meine Impulse und Übungen dich dabei unterstützen, ist es mir eine Ehre, an deiner Seite zu sein.

Alles Gute für dich und deine Beziehung!
Linda Mitterweger

Über die Autorin

Linda Mitterweger studierte Psychologie an der Katholischen Universität Eichstätt-Ingolstadt, der University of Oulu, Finnland, und der Catholic University in Ružomberok, Slowakei. Anschließend bildete sie sich am Münchner Institut für Systemische Weiterbildung (misw) in Systemischer Beratung und Therapie weiter.

Seit 2018 betreibt sie eine eigene Praxis für Paartherapie. Ihr erfolgreicher »Paartherapie Podcast«, der seit 2019 wöchentlich erscheint, wird monatlich über 10.000-mal gehört. Sie ist Autorin von vier Büchern.

Seit 2020 reist sie um die Welt und lebt und arbeitet als digitale Nomadin.

Mehr Informationen gibt es auf www.psy-on.de und auf Instagram @linda.mitterweger